国内商品期权
应用实务

韩　锦◎编著

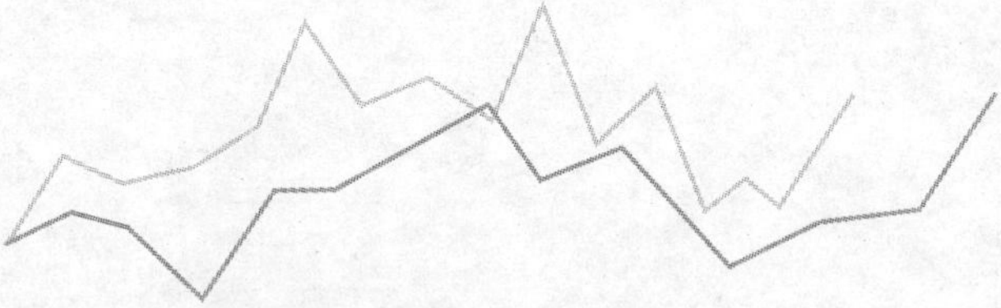

中国财政经济出版社

图书在版编目（CIP）数据

国内商品期权应用实务/韩锦编著．—北京：中国财政经济出版社，2015.9
ISBN 978-7-5095-6279-6

Ⅰ.①国…　Ⅱ.①韩…　Ⅲ.①期货交易-研究-中国　Ⅳ.①F832.5

中国版本图书馆CIP数据核字（2015）第145610号

责任编辑：蔺红英　贾延平　　　　责任校对：胡永立
封面设计：田　晗　　　　　　　　版式设计：兰　波

中国财政经济出版社 出版
URL：http：//www.cfeph.cn
E-mail：cfeph@cfeph.cn

社址：北京市海淀区阜成路甲28号　邮政编码：100142
营销中心电话：88190406　北京财经书店电话：64033436　84041336
北京中兴印刷有限公司印刷　各地新华书店经销
787×960毫米　16开　13.5印张　213 000字
2015年9月第1版　2015年9月北京第1次印刷
定价：32.00元
ISBN 978-7-5095-6279-6/F·5059
（图书出现印装问题，本社负责调换）
本社质量投诉电话：010-88190744
打击盗版举报热线：010-88190492，QQ：634579818

目　录

近些年，我国金融创新蓬勃发展，但“期权”对于绝大多数投资者甚至众多金融从业人员来说，都还是相对陌生的名词。

说到金融创新，国内保险业可谓是一马当先，创新产品层出不穷，各类险种五花八门，几乎涵盖了我们生活的方方面面，人寿保险、健康保险、意外伤害保险、财产保险……目前国内险种已超过上百个了。那么，有没有一种保险是针对期货交易亏损的呢？

其实，现在就有一种说法，叫做“期货是现货的保险”，意思是现货市场的价格风险通常可以运用期货市场的套期保值功能及套利手段来规避。但有没有一种金融衍生产品能够为期货市场的价格波动风险进行“再保险”呢？经过期货专业人士历经多年的不懈努力，借鉴保险产品的某些基本特征，期权——这个比期货工具更复杂、更有魅力的金融衍生产品在美国诞生，并迅速风靡全球金融市场。在商品期货市场上，期权究竟是一种什么样的工具，它的魅力在哪里，企业该如何正确地运用它为生产经营服务，这些都是以下我们要探讨的问题。

有了商品期货为什么还要推出商品期权交易

商品期权（Commodity Options）作为期货市场的一个重要组成部分，是全球资本市场最具活力的风险管理工具之一。

对企业和投资者来说，可能有人会想，现在中国期货市场的发展已经较为成熟了，上市的品种也比较齐全，不管是企业还是投资者都有些应接不暇了，那为什么交易所现在又大力推广期权交易呢？期权市场对企业来说有什么作用？期权与期货之间是什么关系？今后企业规避价格风险究竟是用期货好还是用期权好呢？以下案例能让读者对期权有一个感性的认识。

1. 企业集团总裁最关心的是什么

2013 年，作为公司研究所负责人，我被市场部邀请一同前去拜访一位大型油脂企业的老总。临行前，我好好地做了一下功课，把国内油脂压榨行业的基本面情况、油脂的价格走势、行业数据、技术图表等资料准备了一大堆，结果，还未跟该企业老总进行交流，他就说，我不看这些玩意，我就问你两个问题：第一，你对全球经济和国内宏观经济怎么看；第二，你对油脂整个产业链怎么看，特别是对上游种植和下游养殖行业的现状和发展趋势有什么见解。于是大家就天南地北地聊开了。我发现这位企业老总对油脂行业以外的其他相关行业的企业生产经营状况很感兴趣，尤其是对相关企业运用期货工具在做法上的一些细节问得较为详细。他说，作为一个这么大型国际性油脂集团的主要负责人，我每天都睡不好啊！你们知道我每天最关心的是什么吗？试想，如果你是这样一个大型企业集团的老总，你最关心这个企业什么？也许你会说，每天最重要的事当然就是要看企业的经营报表。他说我也看报表啊，问题是看报表中的哪一项？有人说肯定是利润，关注企业赚不赚钱啊。但这位老总随后的一席话让我感觉到这是一位目光深邃、颇有远虑的企业家，不禁对他肃然起敬。他说，我也关心企业的利润指标，但不是特别注重，因为各企业的利润，各分厂厂长或分公司的总经理比我更关心，这牵涉他们的切身利益。我最担心的是，突然有一天，某些员工会冲到我面前叫我还他们的工作。如果是那样，就完了。企业多赚点、少赚点问题不大，关键是不能把厂子搞垮了。因此，我最关心的是各个分厂或分公司每天的头寸！什么是头寸呢，就是各企业每天进的原材料总量与你所签的订单之间，价格锁定了多少，已经销售了多少，还剩多少没卖掉、没着落。这中间有一个风险敞口，这个是企业最大的风险，也是我必须监督属下是否正常经营的最关键指标。说白了，就是要控制属下的赚钱欲望，扼住风险源。他说，为什么你一进来我要问你那两个问题呢，因为我最关心的是企业经营目前有可能会遇到哪些潜在的风险。正是由于国内已经有了从大豆、豆粕、豆油，到油菜籽、菜油和菜粕，以及棕榈油等油脂油料和饲料的期货市场，我担心的问题有了解决的工具啊。就是当我认为经济形势不好的时候，我无非在期货市场上把油脂油料产品多抛一点，把库存降下来。我把采购和销售两头价格更多地锁定，那么我下面的企业就安全了。实际上，我考虑的就是敞口风险的问题。一般的中小企业考虑的可能是如何使自己的产品能卖个好价，但对大型企业来说，我考虑的就是，这么大规模的产能或者贸易量，怎样生产和经营才能实现比较安全和稳健。所以这是我们参与期货市场的一个核心缘由。

听了老总的话，我为自己是期货行业的一员感到了些许自豪和自信，但他接下来的一番话又让我有些无地自容。他说，问题是自从企业参与期货市场以后，我更睡不着觉了。我现在对期货是又爱、又恨、又怕。为什么？因为期货公司天天要我追加保证金啊，我受不了！我们企业本来流动资金就很紧张。期货公司跟我解释说套期保值是这样的：一个市场赚钱，则一个市场赔钱。但问题是为什么我就不能在期货市场赚钱，而是在期货市场上赔钱呢……有没有不用追加保证金的方法？要是做期货不用追加保证金该多好啊！只需要像买保险那样交保费该多好！我愿意为我的现货经营买份保险，我愿意交保费，或者是交学费，但不能没完没了地交啊，有没有这种方法或工具呢？我当时真回答不了，但现在我可以理直气壮地回答：有办法了！什么办法？期权！

2.“银行行长”的苦恼

这里所提到的“银行”，可不是我们日常生活中存钱取钱、借贷还款的商业银行，更不是中央银行，而是无需由中国银监会批准、由土生土长的当地粮食加工企业自己组建和成立的“粮食银行”。

不久前很火爆的一个节目——《舌尖上的中国》之“心传”一集中，演绎了安徽古老的榨油工艺，百公斤撞锤“压”油场面十分震撼，令人荡气回肠。农民们把收获的油菜籽免费交给油坊，然后可以在一定的期限内去油坊免费领取相应数量的压榨菜油。这就是“粮食银行”的主要运作模式。

“粮食银行”可以说是我国农民和涉农企业的一大发明。为解决农民储存粮食的难题，企业通过“粮食银行”提供免费的存储服务，农民们把粮食存入“粮食银行”后，不仅安全放心，而且较好地解决了农家日常粮食储藏、保管等方面不科学和占地等问题，从而构建了粮食系统服务新农村建设的有效载体。“粮食银行”采取的是“存粮自愿、取粮自由，按照粮权不变、时间不限、落价保底、涨价顺价”的经营模式。可见，提供这种服务的粮食加工企业的经营难度还是比较大的。

在我国主要粮食大省河南省，就有许许多多的“粮食银行”。例如，河南省延津县金粒麦业有限公司，允许与公司签订了保值订单的农户，在6月份小麦收获后可以把粮食先存到公司，到9月份进行结算，结算价格为7月、8月、9月这3个月中的最高市场价格，确保农民能享受粮价上涨的收益。让农民选择3个月的最高价结算，就是给农民一个选择权，既能解决农民在家中存粮品质下降的问题，又能保证农民的最高利益，其实，这就是期权的精髓。同时，企业也可以在减少资金占用量的同时掌握粮源，并节省3个月的银行利息，可谓一举两得。

但“粮食银行”在经营过程中遇到的最大风险是：如果在农民提粮期期间粮价大幅上涨，则会给企业造成高价购粮返还农民的风险，从而使粮食加工企业出现巨额亏损。因此，经营“粮食银行”最怕的就是粮价上涨。为规避这一风险，企业往往要到期货市场进行买入套期保值。

【例1】 某面粉加工企业开展代农存粮、代农加工的“粮食银行”业务。7月，该面粉厂共代农存麦3 000吨，并规定农户必须在年底之前将代存小麦全部取出。在此期间，面粉厂就可以将这3 000吨小麦作为周转麦加工成面粉出售。按时价1 300元/吨计算，可节约390万元收购小麦的流动资金。此举把农民手中的“死粮”变为流通中的“活粮”，既方便了群众，又使企业节约了流动资金，不失为“一举两得”的好事。但如果7月后粮价一路上涨，农民在此期间要求取钱或取面粉，面粉厂则只能按当时较高的市场价返还农民钱款或者购进小麦加工面粉。假如到年底，农民取完全部代存小麦时，折合返还农民小麦的平均价格上升到1 350元/吨，这样，面粉厂将损失50元/吨，企业虽然节约了390万元的流动资金，但也承受了3 000吨×50元/吨＝15万元的风险。

要想规避粮价上涨给“粮食银行”经营造成亏损的风险，该面粉厂可以在期货市场进行套期保值操作。即在7月农民存入3 000吨小麦的同时，在期货交易所买进3 000吨第二年1月到期的小麦期货合约，买入价为1 320元/吨。假如到12月底卖出平仓期货合约时，小麦期货市场价格已涨到1 370元/吨，获利50元/吨，在期市共可获利15万元，从而弥补了现货市场的损失。这样在代农存粮、代农加工业务中，同时在期货市场买入套期保值，就可以避免粮食价格上涨的风险。

但问题是，如果在代农存粮、代农加工的半年时间内，小麦价格不涨反跌，则此时粮食银行能在市场上以较低的价格收购小麦后返还给农民，此时期货市场会出现同等数额的亏损。原本现货市场小麦价格下跌带给“粮食银行”的好处却因为做期货保值而没能受益，这是令“粮食银行”行长们十分头疼的事情。有没有既能规避粮价上涨的风险，又能让“粮食银行”享受到粮价下跌带来的好处这么一个工具呢？期货没有办法做到，但期权——能行！

3. 普通种粮农民也想做套期保值怎么办

只要是对期货稍有常识的人都知道，从事期货交易是有门槛的，不是什么人都能随便做期货的。首先是资金门槛。做期货投入的钱太少了是不行的，做商品期货最少也得几万块钱。就拿价格很低的玉米期货来说，按照2 300元/吨、10%的保证金计算，交易1手玉米期货需要缴纳的保证金为2 300元/吨×10吨/手×10%＝2 300元/手。这也许对刚刚脱贫的农民来说还勉强“折腾”得起，但如果是想交易价格更高一点的农副产品期货，如5 000元/吨的大豆或17 000元/吨的棉花，则需要缴纳的期货保证金就比较多，这对经济基础还不太雄厚的农民来说就有些捉襟见肘了。问题关键是，农民们做套期保值，一旦在期货市场上被套，往往会选择交实物。但在中国，地少人多，除少数种粮大户外，大多数的单户农民很少能够一次性收获1万公斤（10吨）以上的小麦或玉米，因为这大约需要25亩地。而期货的最小交易单位是10吨/手，交割单位至少等于或是大于最小交易单位。此外，对交割质量标准、交割地点等的严格限制和要求，使得现阶段普通单户农民根本就做不了期货交易。但如果有了玉米或小麦等商品期权，则普通单户农民幻想着为自己那一亩三分地的粮食做套期保值也许就能够实现，因为期权交易也不存在非要交割的难题！在这方面，美国农民已经为中国农民做出了榜样。

近年来，随着全球农产品价格不断上涨，美国的土地租金和买地成本也大幅提高。例如，2013年，印第安纳州平均租地成本约275美元/英亩，肥沃地是300美元/英亩，买地价格为8 000～10 000美元/英亩，土地成本比10年前上涨了3倍。按照美国中西部平均单产水平（含租金25%）计算，再结合其他相关因素影响调整，当年美国农产品成本是：大豆价格在1 150～1 250美分/蒲式耳这个范围，玉米在510～560美分/蒲式耳这个范围，均出现了明显上升。因此，美国农民早就开始了新的市场运作方式。美国农民销售农产品的主要方式为：现货产品直接分批卖给乡间收购站或者合作社，而对非现货产品，则委托经纪人参与交易所的期货或期权保值交易。按通常的做法，农民如果是在交易所卖出两年后的农产品，则卖出套期保值比例控制在预估产量的40%以内；若是卖出一年后的农产品，则卖出套期保值量控制在预估产量的80%以内，如果是卖出当年的农产品，则卖出套期保值量几乎是预估产量的100%份额。

【例2】2012年美国农产品价格是先高后低，而2013年是先低后高。这给当地农场主提供了从现货反复进入期货或者期权市场进行卖出套期保值的机会。在印第安纳州某农场，农场主运用套期保值意识较强。他2013年在CBOT大豆价格处于高位时，以1 500美分/蒲式耳的价格卖出大豆看涨期权400手，此次所卖出的期权折合大豆的数量相当于农场大豆产量的 80% 左右。当价格回落后，该农场主将期权买入平仓，仅此操作就相当于每吨大豆多赚了 114 美元。随后，CBOT 大豆价格又在 USDA 月度供需报告中大幅上涨，于是该农场主又开始了新一轮分批卖出看涨期权的操作。当年他已经卖出的大豆和玉米看涨期权的平均执行价格分别是 1 350 美分/蒲式耳和 530 美分/蒲式耳。不过他并没有将手中的大豆或玉米产量在期货市场上全部卖出，因为当时他还无法最终确定当年的大豆或玉米总产量水平，做期权要留有余地。这也是汲取了 2012 年由于产量预估出现差异，导致该农场主在期货市场上超卖，出现了部分投机仓位的教训。

从以上案例我们看到了一位非常成功的农场主，也看到了美国现代农民运用金融市场工具的娴熟程度，就像他们驾驶特大型联合收割机一样，让人感到惊讶！所以，当媒体宣传有美国农民在 2012 年大豆创下历史新高的大牛市中，卖出了当时大豆远期期货合约均价 1 600 美分/蒲式耳的高价也就不足为奇了。这就是市场的力量，也是期货和期权等金融工具的魅力。

也许有读者会问，为什么案例中的农场主总是卖出大豆看涨期权，而不是卖出大豆看跌期权或买入看涨或看跌期权呢？等大家读完本书后，这其中的奥秘便会自然浮出水面了。

4. 如何解决订单农业中最令人头疼的“毁约”问题

为了发展农业产业化，解决农民卖粮难、卖价低的问题，同时也为了使自己的原料供应有保障，一些涉农企业开始尝试“龙头企业 + 农户”的订单农业模式。这种模式的特点是：农户与企业签订订单，约定农户粮食收获时，企业以事先与农户签订好的价格收购。但这种模式在实践中常遇到困难，主要原因是这种模式中的订单履约率没有保障，难以实现双赢。因为当市场行情上涨，超过原来预定收购价时，农户不愿把手中的谷物卖给企业，而企业又没有办法约束农户，所谓“法不责众”；而当市场行情大幅度下跌时，企业由于担心经营亏损，不愿按原收购价从农户手中收购谷物。违约的特点是突发性强，让受害一方措手不及，因此所造成的风险和伤害都是巨大的。在缺乏风险管理工具的时期，订单农业模式难以扩展和推广。

【例3】2001年11月，某油脂加工企业响应乡政府号召，推广“龙头企业+农户”的订单农业模式，与周边乡镇农民签订了收购40万亩油菜籽的订单合同，年收购量约为6万吨。合同中明确规定收购价为1.2元/斤。第二年5月，由于天气灾害等原因，油菜籽歉收，市场行情水涨船高，市价一度达到1.28元/斤。企业为已跟农民签订了收购合同而暗中窃喜，早早就筹足了收购资金，只等农民上门交菜籽。但左等不来右等不到，眼看新榨季来临，企业却“无米下锅”，企业负责人坐不住了，于是派人去各村“催交菜籽”，但反馈的结果却令企业大吃一惊！农民们早就将收获的油菜籽出售给了走村串巷、出高价收购的小商小贩，还理直气壮地指责油脂企业“坑农”，企业只好调高收购价格，但为时已晚，最终与农民签订的合同实际履约率不到30%，企业只收到不到2万吨油菜籽，严重影响了企业生产，使得企业当年原本能大赚一把的机会成为泡影。企业不服，找到乡政府，经政府出面做工作，当年11月，企业再次与周边乡镇农民签订来年的油菜籽收购合同。这次企业提高了收购价，并由政府担保不得违约。经现场公证，当场签订的菜籽收购价格是2 860元/吨，也就是1.43元/斤。但第二年风调雨顺，5月油菜籽大丰收，市场价格一落千丈，降至2 560元/吨，也就是1.25元/斤，此时农民们积极履行订单合同，每天大车小车络绎不绝地将菜籽运送到企业，排队等候“履约”。而此时企业却是“哑巴吃黄连，有苦说不出”，为履约订单所承担的资金风险高达700多万元，企业当年亏损800多万元，濒临破产。从此，该企业再也不搞什么订单农业了。

也许有人会说，这是因为当时国内还没有菜籽或菜油、菜粕期货市场，企业无法将订单风险转移到期货市场上去，只能自己“扛”。如果有了期货工具也许就不会发生这样令人遗憾的事情了。果真如此吗？

在订单农业模式发展的初期阶段，违约现象不仅在国内屡见不鲜，在国外也同样出现过，而且还是出现在期货市场高度发达的美洲地区。

【例4】2004年3月，在巴西最大的大豆生产州——马托格罗索州也发生过豆农集体“毁约”事件。这个州的大豆产量为1 700万吨/年左右，比现在全中国一年的大豆产量还要高。但前一年11月份，国际粮商与豆农签订的大豆购销合同价是1 000美分/蒲式耳，而当年3月份大豆收获时，市场价为1 600美分/蒲式耳，整个巴西南部地区都出现了程度不同的违约现象，其中以马托格罗索州违约最为严重，给国际粮商企业造成了巨大的经营损失。这次违约还不是当地农民的个人违约行为，而是由州政府代表农民跟大豆收购企业谈判，认为当时签订合同时的定价不合理，对农民不公平，要求重新结价，要不就得不到大豆，而且以后企业也别想在当地经营了。而该国际粮商企业在前一年 11 月份采取的是预付款业务，已经提前支付给农民一部分订金，同时该企业为规避大豆价格下跌，在期货市场做了大量的卖出套期保值头寸，所以到当年 3 月份，企业在期货市场的浮亏是相当大的。本来是个严格的套期保值对冲操作——期货赔、现货赚，对该国际粮商的业务经营来说应该不会出现很大纰漏，但如果重新结价，那企业就完蛋了。据传，最终该国际粮商为了今后的发展，不得不接受当地政府的要求重新结价，使得当年企业损失高达几十亿美金。

可见，有时候即便采用期货交易帮忙，效果也不一定好。而如果该企业当时采用的是期权工具，则会大大提高企业规避毁约风险的能力，至少，企业的损失不会那么大。这其中的奥妙，读者在了解了商品期权的基础知识后，就能自已揭开！

5. 商品期权能为政府做点什么

俗话说："民以食为天"。在世界任何一个国家，农业是国民经济基础性行业，也是最容易遭受外来冲击的薄弱行业，因此，各国政府都对本国农业实行各种形式的补贴政策，我国也不例外。

我国的农业补贴政策始于 20 世纪 50 年代末，最早以国营拖拉机站的"机耕定额亏损补贴"形式出现，之后逐渐扩展到农用生产资料的价格补贴、农业生产用电补贴、贷款贴息补贴等方面。其中，为确保粮食稳定发展，国家每年都设定并逐步提高对大宗农产品的保护性收购价格。但随着粮食产量的不断增加，加上较高程度的粮食保护价，也使得各级财政，特别是中央财政和产区财政背上了沉重的包袱。2011 年国家计划仅用于粮食收购的补贴资金突破 150 亿元，国家财力已不堪重负。

有没有一种既能确保种粮农民的利益不受粮价大跌的影响，又能减轻国家财政负担的两全其美之法呢？期权也许在帮助政府减轻粮价补贴负担方面有用武之地，这也是期权优于期货的独特之处。来看看美国政府是如何利用期权市场帮助农民解决卖粮难题的。

与我国每年收获季节由国家出面确定部分农产品的最低收购价不同，

在美国，政府没有采用行政方式设定农产品的最低保护性收购价格，也不搞所谓的敞开性收购政策，而是以补贴方式鼓励种植户通过期货市场购买期权规避粮价下跌的风险。这样一来，生产者就可以事先（决定种植意向的情况下）综合利用期权产品锁定价格，在收货季节从容地销售产品，有助于稳定生产和化解价格巨幅波动造成的冲击。

1992 年 10 月，美国农业部实施了一项期权试验项目。根据美国 1990 年的农业法，美国农业部从 1993 年生产年度开始，鼓励伊利诺伊州、艾奥瓦州、印第安纳州的部分农民进入芝加哥期货交易所的期权市场，购买玉米、小麦、大豆的看跌期权，以维持玉米、小麦、大豆的价格在较合理的水平，从而部分替代农业的支持补贴政策。期权试验项目的具体做法是：

从 1993 年粮食生产年度开始，美国农业部选择上述各州中的 3 个县的玉米生产者和伊利诺伊州 3 个县的小麦和大豆的生产者参加这项试验。作为前提条件，申请参加这个试验项目的农民必须同意削减一部分耕地面积。

参加试验的农民可以选择购买相等于目标价格水平的看跌期权。其中，生产玉米的农民应在 1993 年 6 月 15 日前以 2. 75 美元/蒲式耳的执行价格至少购买 1 个 1993 年 12 月期的看跌期权合约（最多不超过 10 个期权合约，即最多不超过 50 000 蒲式耳）；生产小麦的农民应在 1993 年 5 月 15 日之前以 4 美元/蒲式耳的执行价格至少购买 1 个（最多不超过 3 个）1993 年 9 月期的看跌期权合约。政府将代为支付购买期权合约的权利金。另外，对当年每蒲式耳谷物政府还给予 15 美分的财政补贴，用于支付手续费或其他交易中发生的费用。农民可委托经纪人进入芝加哥期货市场进行交易。

参加试验的农民也可以选择最低保护价（贷款率）水平的看跌期权。生产玉米的农民在玉米收获季节开始，以当地最低保护价的水平至少购买 1 个（最多不超过 10 个）1994 年 4 月期的玉米看跌期权合约；生产小麦的农民在小麦收获季节开始时应以当地最低保护价格的水平（小麦 2 美元/蒲式耳左右）至少购买 1 个（最多不超过 3 个）1993 年 12 月期的看跌期权合约；生产大豆的农民在大豆收获季节开始时应以低于最低保护价 2% 的价格水平至少购买 1 个（最多不超过 3 个）1994 年 3 月期的大豆看跌期权合约。政府在代为支付权利金外每蒲式耳谷物还给予 5 美分（每个合约250美元）的财政补贴，用来支付交易中的手续费或其他交易中发生的费用以鼓励农民进入期权市场。农民用政府补贴在期货市场上买入看跌期权，如果价格上涨，则放弃行使期权，损失的有限权利金只是政府补贴，而可以将粮食在现货市场高价卖出；如果价格下跌，则行使看跌期权，仍然能以较高的价格卖出粮食，从而既解除了农民担心粮价下跌的后顾之忧，又减轻了政府的财政负担。

芝加哥期货交易所为了配合这项试验，做了大量的可行性研究工作，并在1993年初，派专人到试点地区办培训班，以多种形式向试点地区农民宣传有关期权交易的知识以及此项试验对农户的益处。从1993年4月开始，陆续有农户委托经纪公司代理进行期权交易。

从1993年开始至1995年，该项试验规模不断扩大。据统计，参加试验的地区由1993年的3个州、9个县扩大到1994年的5个州、15个县以及1995年的7个州、21个县。1993年参加试验登记注册的生产者为956家，交易量为1 708.5万蒲式耳；1994年生产者达1 285家，交易量达2 514万蒲式耳；1995年生产者上升为1 569家，交易量上升为2 986万蒲式耳，上升趋势明显（见表1）。从1993年到1995年，该项目作为经验试点试行3年，政府的总支出达3 800万美元。为进一步提高成效，1998年，美国风险管理协会（RMA）还建立了3亿美元的教育基金，帮助农场主和牧场主成为积极的风险管理者。

表1　　美国农民参与期权试验项目情况

时间（年）	参与期权交易的农场主个数	年增长率（%）	参与期权交易的粮食数量（万蒲式耳）	年增长率（%）
1993	956	—	1 709	—
1994	1 285	34.41	2 514	47.10%
1995	1 569	64.12	2 986	74.72%

美国政府这一项目的试验，实际是对美国农业政策的改革。由利用行政手段，政府机构出面对农产品以保护价形式收购，直接对农户实行财政补贴以保护农产品价格和农民收入水平，转换成利用市场的形式承担和分散农产品价格风险，以维持农产品价格和农民收入水平。两种方式虽说殊途同归，但后者明显有下列优势：

（1）最低保护价和目标价格是由政府制定的，这种价格脱离市场供求关系，高于市场均衡价格，无形中起到了刺激生产、限制出口的逆向调节作用；期权交易中的执行价格，是在市场价格竞争过程中形成的价格水平，是期权交易双方对未来供需状况的预期，它的形成基本反映了供求的实际关系。

（2）利用行政措施支持农业要依靠政府大量的财政补贴，美国政府每年要支付近200亿美元的财政收入用于农业贷款的贴息、国家储备粮食的开支和对低收入农户的补贴。利用期权市场，政府虽然也要拿出一部分财政补贴用于支付期权交易的权利金和手续费等，以鼓励农户进入期权市场，但一部分价格风险被期权市场中的其他交易者（交易期权的投机者）所承担，所以支付的财政补贴要少得多。

（3）更为重要的是，通过试点，鼓励和引导农户进入市场，了解市场，学会运用期货市场这种交易形式锁定农产品价格，分散风险，提高农户在市场环境中的竞争和生存能力，促进农业的发展。从微观层面来看，借助期权产品，美国农民取得非常稳定的收益；从宏观层面来看，美国已成为世界上重要的农产品贸易中心，赢得了全球农产品定价中心的地位。在这样一个全球定价体系中，美国农民可谓竞争优势尽显。

期权在美国农产品市场的发展过程中发挥了重要作用。美国已有若干学术研究证明，期权确实为稳定农民收入提供了有益帮助。在美国农产品套期保值方案中，期权与期货的使用频率相差无几，而对种植玉米的大农场的调查表明，农场主在套期保值和对谷物的定价中，使用期权的频率比期货更高。1988年，爱荷华州有11%的农民使用期权，1990～1992年堪萨斯州15%种小麦的农民、10%种玉米的农民和养牛的农民使用期权。目前，全美国有10%～20%的农民使用农产品期权。另有调查表明，美国使用农产品期权的约有一半人是为了增加收益，另一半人是为了规避风险，而规避风险的策略在收益和止损方面的表现优于追求盈利的投机策略。

目前，期权已是发达国家在管理农业风险中普遍使用的工具。各国经验表明，期权在提高农民收入方面行之有效。由于具有投入和回报的不对称性，期权可以将不同风险分别进行管理，在处理波动性的难题方面，期权更适合控制农产品价格波动。而且，期权交易的门槛相对较低，期权市场能更加有效、更广泛地吸收各种信息。

6. 规避价格波动风险，企业需打“组合拳”

众所周知，企业在生产、经营、贸易中，存在着形形色色、各种各样的风险。第一是安全风险，如企业家和员工的人身安全、工厂厂房设备财产的安全等；第二是决策风险，如当企业在战略层面、产业链、竞争格局发生变化时导致的管理层决策失误；第三是物流风险，如企业在产品采购、销售等供应链或运输物流环节可能发生的风险；第四可能还会遇到财务风险，如企业资产价值的变化或者现金流中断所导致的财务损失。上述风险基本上是可控、可测和可监管的，或者说都有比较成熟的应对办法。但还有一种风险是最令人头疼的，那就是价格波动风险。价格波动风险的最大特点是不确定性太大，预测不准！像天气变化已经基本可测了，现在的气象部门用很精准的仪器设备就能准确预报明天是晴天还是下雨，空气质量几级等。但对价格的波动还没有准确的预测方法，如果有谁能准确地预测某种产品的市场价格走势，那他早就发大财了。统计数据显示，原材料价格波动风险通常占到企业经营风险的60%以上（见图1）。

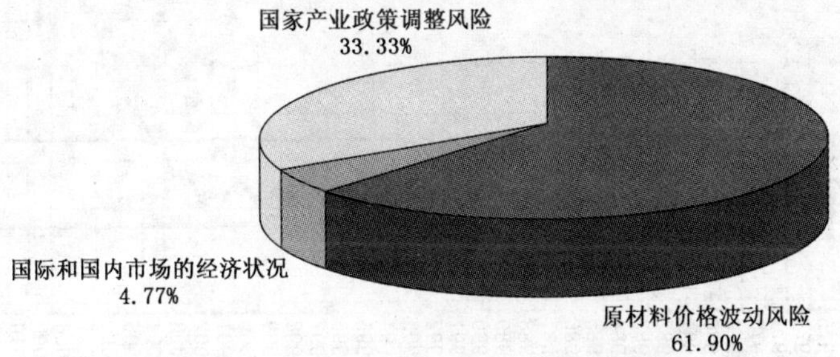

图1 影响企业经营效益最大的风险因素占比

【例5】据媒体报道，2011年7月，江西省工信委公布了江西省重点钢铁企业1至5月的“成绩单”。众多钢铁企业辛苦了小半年，产量增加了，销售收入增加了，可利润反而明显下降了。统计显示，1至5月，江西省重点钢铁行业实现主营业务收入409.74亿元，同比增长26.72%，但是，利润不仅没有随之上升，反而同比下降了16.8%，仅为9.86亿元。原因就在于钢铁企业大量的利润都被进口铁矿石吞噬了。进口铁矿石价格从年初的130美元/吨上涨到5月的170美元/吨。1至4月，江西省进口铁矿石价格上涨了57%，5月仍“涨声依旧”，铁矿石价格上涨已经成为江西省钢铁行业最大的“利润杀手”，严重影响了江西省钢铁行业的健康发展。

上述案例只是大宗商品价格波动影响企业经营效益的一隅。图2是全球大宗商品综合指数近几年的变化趋势图。从图中可以看到，2001年以前，全球大宗商品的价格波动幅度并不太大，也就在180~270的窄幅范围内波动。但自2001年后，全球大宗商品价格发生了新的变化。到金融危机之前的2008年，大宗商品指数在全球通货膨胀加剧、新兴国家原材料需求增加等因素影响下，出现了一波超强牛势格局，CRB指数涨到650左右，在短短六七年间涨了将近3倍，这还是平均价格指数。具体到某些大宗商品价格，其波动幅度比CRB指数还要大。

图2 世界大宗商品价格综合指数CRB走势图

在国家层面，原油和黄金是最需要关注的两大商品。近10年来，原油价格最低是35美元/桶，最高是147美元/桶，年均波动率约45%。黄金价格2013年出现罕见暴跌，跌幅高达30%以上，给黄金生产企业造成很大的困扰。近20年黄金价格一直呈稳步上涨格局，从没见过这样的大跌情形，而2013年说变脸就变脸。

2009~2010年什么农产品价格波动幅度最大？棉花！2008年棉花价格最低时在10 000~11 000元/吨之间；2010年最高时涨到34 000元/吨，

两年时间涨幅达 3 倍以上，这对当时很多棉花上下游企业来说想都不敢想。随后棉花价格又从 34 000 元/吨一路下跌到 18 500 元/吨，跌幅高达 50%，波动幅度惊人。现在中国的棉纺产业规模世界第一，面对这么大的价格波动，别说是大的棉花加工企业、贸易企业、棉纺企业，甚至是对走村串巷收购棉花的小商贩来说，都面临着很大的价格风险。

再来看饲料价格。我国是世界第一大饲料生产国和消费国，各种饲料产量超过 2 亿吨。年产 10 万吨以上的饲料企业数量达到 360 多个，每年还在增加。在消费方面，每年光猪存栏量就有近 5 亿头，光蛋鸡就有 15 亿只，全国肉鸡存栏量 44 亿只，肉鸭存栏量 8.2 亿只，占世界总量的 70%。但这几年豆粕、菜粕甚至玉米的价格波动幅度让养殖户叫苦不迭，而城里的老百姓对猪肉、禽蛋价格的暴涨也心有余悸。

还有，天然橡胶价格波动的幅度和频率也是大得惊人……统计近 5 年来国内大宗农产品价格波动幅度，发现最大的波动幅度接近两倍，而最小的也有百分之二三十。这对于一个年毛利在 5%～20% 的加工型企业或者贸易商来说，如果价格波动风险管理不好，那么企业所面临的经营风险应该说是非常大的。

为什么近些年来商品价格的波动会如此之大？是供需矛盾变化的原因吗？最关键的原因在于，一是原来市场没有的或者说被忽视的，就是商品的金融化。二是流动性泛滥导致的指数基金或投机基金对产品价格的影响。谁的钱多、谁有商品的垄断优势，谁就有能力影响价格，并在某一阶段让价格脱离供求基本面的轨道，正可谓“有钱就是任性”！

随着全球经济一体化，企业今后面临的价格波动风险会越来越大。面对这样大的价格波动风险，企业必须要找到一些防范工具，以防不测。其中，期货市场正是可供选择的手段之一，或者说是比较直接可用的工具。但光有期货一个工具毕竟太单薄了一点，有些事仅靠期货做不了，或者说做的效果不太令人满意，还需要其他的避险工具相配合，通过“组合拳”来加强和完善对价格波动风险的管理、控制和预防。期权产品就是在这样的大背景下，作为又一个规避价格波动风险的管控工具而推出的。

7. 商品期权的功能和特点

从前面提到的案例中大家可能感觉到，期权和期货尽管都是用来规避价格波动风险的工具，但期权的某些功能是期货不具备的，两者各有各的作用和特色。下面先来了解期权所具有的功能和特点，以及它与期货之间的关系和差异，以便能更好地发挥它们各自的功能和作用。

1973 年到 1984 年，美国政府对期权交易进行了大量调查研究后得出结论，期权交易可以改变收益的分配，相当于支付了一笔定金后，把收益和风险分割开。正是因为期权所具有的这种特性，为所有价格波动剧烈的商品的风险管理带来了福音。

商品期货和商品期权在规避价格波动风险的功能上有着本质区别。通常，企业运用期货只是为了规避现货价格在方向不利时面临的风险，而运用期权则除能够控制市场风险波动外，最主要的是能将风险和回报分离开，从而更好地集中管理风险。

首先说说期权的风险管理功能。

传统情况下用期货给现货做卖出套期保值，在锁定下行风险的情况下也丧失了获得市场上涨所带来潜在收益的可能性。用期权做卖出套期保值的结果则完全不一样，比如说，通过买入看跌期权做卖出套期保值，既可以锁定损失，又保留了上涨的收益。另外，值得一提的是，即使是卖出套期保值，期权也有不同的交易策略。卖出看涨期权也是一种卖出套期保值的方法，只是和买入看跌期权做卖出套期保值所适用的情况有所差异。卖出看涨期权适合于市场中性或者小幅下跌的情形，而买入看跌期权则适合于市场大幅下跌的情况，市场大幅下跌后买入的看跌期权能够获得较好的补偿，所以说它类似于保险。运用期权的风险管理功能最受益的就是农产品和农业。农民是看天吃饭的，即便是农业技术发达的美国也是这样，这使得农产品的供需关系经常会不平衡，常有谷贱伤农、丰产不丰收的情况。正因为期权产品具有权利与义务相分离的金融特性，使农民既可以获得农产品价格上涨的收益，又能规避价格下跌的风险。使用期权产品，农民相当于为种植的作物上了保险，在一定程度上降低了农业套期保值的难度和风险，使农业生产者可以更加便捷地管理价格风险。另外，期权还有利于发展订单农业及解决“三农”问题。美国政府就通过向农场主提供期权权利金的财政补贴及支付交易中的手续费等形式，以引导、鼓励农民进入期权市场。

其次是期权对期货市场功能的进一步强化，使期货市场体系得以延伸，功能更加健全。

国际成熟的期货市场体系中，只要有期货市场，就需要期权市场与之配套运作。在现货—期货—期权的市场关系链中，现货市场的成熟是期货市场发展的前提条件，而期货市场发展到一定阶段又是期权上市的基础。期货是规避现货价格波动风险的工具，同样，期权是平衡期货头寸风险的工具。期权的上市交易意味着期货市场体系从布局上得以延伸和健全。从前面所提到的企业案例中发现，仅仅运用期货进行套期保值也是有风险的。尤其是期货的保证金收取和追加方式增加了套期保值的操作风险。随着需求的上升和市场的发展，越来越多的企业已经不满足于在传统的期货市场进行套期保值，它们需要更多成本更低、操作简单、风险可控的工具与不断变化的市场需求相匹配。商品期权作为在商品期货基础上产生的一种全新的衍生产品和有效的风险管理工具，正是满足以上要求的适宜产品。

第一，期权交易比期货交易更为灵活，套期保值策略更多，企业的选择余地更大。第二，购买期权可以避免期货交易中追加保证金的风险，更有利于增强企业套期保值的灵活性，降低了套期保值费用。由于买入期权所支付的权利金就是保值操作的最大损失，从而锁定成本，有效避免“被套”的情形，对于期权的买家来说，风险较为明朗。第三，期权一般在期货涨跌停板的时候仍然可以交易。商品期权在到期之前就可以行权，也可以看作是由市场价格决定的一种保险金缴纳机制，有利于投资者心态的稳定，降低整个期货市场的运行风险。第四，期权不但可以规避价格风险，也可以用来规避产量风险。

最后，在产品设计方面，期权也能够助推金融工程，增加资产投资的吸引力。

期权可以为期货进行“再保险”。二者的不同组合，可以构造多种不同风险偏好的交易策略。通过使用期权，机构投资者可以根据自身对于风险和收益的偏好来推出适合于自己的结构化产品。期权合约众多，加上相同标的物的期货品种，套利机会成倍增加，套利市场广阔。此外，期权的杠杆率较高，能提高资金的利用效率。

8. 全球主要商品期权市场发展历程和现状

自 1973 年 4 月 26 日世界第一家期权交易所——芝加哥期权交易所

(CBOE) 成立后，期权交易规模逐年增大。进入21世纪后，全球期权交易发展更为迅猛。2000年，全球期权交易总量首次超过了期货交易总量，而期权持仓总量从1999年开始就超过了相应的期货持仓总量。美国期货业协会（FIA）的统计数据表明，2005至2011年，全球期权交易量由59.39亿手飙升至120.27亿手，增长2倍多，期权已经成为国际期货衍生产品的生力军（见表2）。

表2　　2005～2013年全球期货、期权年度交易量　　单位：亿手

年度 数据	2005	2006	2007	2008	2009	2010	2011	2012	2013
期货	40.35	52.94	72.18	83.18	81.88	120.49	129.45	110.72	122.18
期权	59.39	65.79	83.09	93.61	95.57	103.75	120.27	101.18	94.26

数据来源：FIA。

美国是全球商品期权发展最早的市场。19世纪后期，美国已出现场外商品期权交易，起初以谷物类农产品为主。此时的美国已成为全球主要农产品生产与出口大国，农产品期货交易相当活跃，正是市场需求刺激了商品期权的交易。

期权的发展可谓一波三折。20世纪上半叶，由于20世纪30年代全球经济危机以及场外商品期权欺诈事件，美国开始加强金融监管，于1936年出台了《商品交易所条例》，直接禁止农产品期权交易。第二次世界大战结束后，随着全球工业经济的快速发展，美国场外商品期权重新趋于活跃，不过交易品种开始转移到白糖、白银等软商品与工业品上。20世纪70年代，由于高通货膨胀压力，美国政府加强了物价管制，并于1974年出台了《商品期货交易委员会条例》，重新限制商品期权交易。直到20世纪80年代，随着金融监管的重新放松，以及期权定价理论学术研究成果应用于实践，美国才于1984年在交易所重新上市商品期权交易。

进入21世纪，美国期权市场成交规模不断扩大，由2000年的日均288万手上升至2011年的最高峰的1 780万余手，增长了6倍多，随后两年日均交易量略有回落。可见，美国期权交易的表现相当活跃（见图3）。

1984～1986年间，芝加哥期货交易所（CBOT）先后推出了大豆、玉米和小麦等品种的期货期权，商品期权开始面世。据统计，目前美国交易

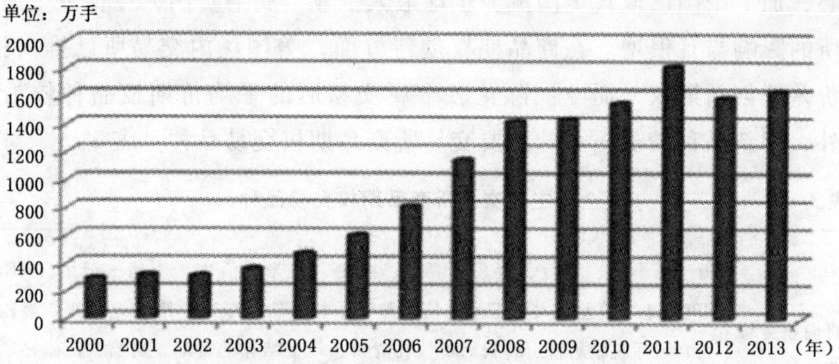

图 3 近年来美国期权日均交易量

所场内商品期权交易覆盖了谷物类、软商品（咖啡）、工业金属、原油等品种。虽然原油期货 1983 年才得以推出，但目前原油、天然气等能源类商品期权成交最为活跃，农产品商品期权交易次之，贵金属商品期权也较为活跃，工业金属商品期权则表现一般。这与美国目前作为全球最大油气消费国与农产品产销国的地位相匹配。根据成交量对比，天然气商品期权为美国目前交易所场内交易最活跃品种，除了近年美国天然气行业大发展的背景刺激外，主要是天然气独特的定价体系吸引了对冲基金参与套利交易，活跃了市场。

欧洲商品期权发展的历史较短，这与当时全球经济的发展环境有密切关系。第二次世界大战后，英国等欧洲国家普遍实行产业国有化政策，对重点商品实施政府计划指导或国有企业经营，部分交易所被迫中断交易，限制了金融行业发展。虽然 20 世纪 70 年代欧洲地区也出现了商品期权场外交易，但欧洲商品衍生品整体发展较为缓慢。直到 20 世纪 80 年代，随着国际金融环境的变化，欧洲国家产业私有化政策刺激了金融创新的发展，以伦敦金属交易所（LME）为代表的欧洲商品衍生品才重新进入活跃时期。

欧洲虽然也推出了农产品商品期权交易，但目前成交活跃的期权品种为能源类与工业金属类。布伦特原油期货期权是目前欧洲成交最活跃的商品期权交易品种，其次是伦敦金属交易所的工业金属铜、铝等品种。对比美国商品期权交易，欧洲在农产品期权交易方面相对落后，这与欧洲地区普遍存在的农产品政府保护政策有关。而在工业金属方面，欧洲商品期权交易则相对领先，这主要得益于伦敦金属交易所仍为全球工业金属定价中心，加上中国已取代美国成为全球最大工业金属消费国，在伦敦金属交易所的影响与日俱增。在商品期权创新方面，美国场内交易所已推出指数、价差等创新期权，而欧洲除伦敦金属交易所的平均价期权品种较为成功外，创新品种较少。全球主要交易所商品期权交易品种见表3。

表3 全球主要交易所商品期权交易品种

芝加哥商业交易所（CME）	玉米、小麦、黄豆、豆粉、豆油、燕麦、糙米、活牛、瘦猪、饲牛、MGBX－CBOT小麦价差、大豆玉米比值价差、木材、软木纸浆、第三级牛奶、第四级牛奶、国际脱脂奶粉、脱脂奶粉、乳清粉、现金结算的黄油、奶酪、低硫轻质原油（WTI）、布伦特原油、Henry Hub 天然气、变性燃料酒精、RBOB 汽油、原油波动率指数（VIX）、黄金、白银、铂金、钯金、铜、黄金波动率指数（VIX）
伦敦金属交易所（LME）	铝、铝合金、铜、铅、北美特种铝合金、镍、锑、锌
堪萨斯期货交易所（KCBT）	白小麦、硬红冬小麦
洲际交易所（ICE）	棉花、白糖、可可、冷冻浓缩橙汁、咖啡、硬麦、大麦、油菜籽、磨粉小麦、US玉米、US豆柏、US豆油、US大豆、US小麦、西部大麦、GC纽卡斯尔煤炭、ICE荷兰TTF天然气、RBOB汽油、ICE英国天然气、理查兹湾煤、取暖油、鹿特丹煤、ICE布伦特原油、ICE柴油、ICE低硫轻质原油

中国已经于2015年2月9日挂牌上市第一个期权合约——上证50ETF期权合约。相信一旦中国期货市场推出期权交易，则全球期权交易量会再上一个台阶。

认识国内商品期权

任何金融投资市场，通常收益率越高，伴随着的风险也就越大，期货市场就是一个典型的例子。那么有没有一种投资工具，不仅能够有效地将价格波动风险进行集中管理，而且还能将风险和收益两者分离开，达到至少在理论上使风险有限而受益无限的理想境地呢？期权就有这方面的特点。那它是怎么做到的呢？

1. 什么是商品期权

假如购房者看中了一套期房，房价为1万元/平方米，房屋面积为100平方米。购房者先交定金1万元。当房价上涨了，不管涨到多高，等房子竣工时仍然有权利按1万元/平方米价格购买；如果房价下跌了，比如跌到8 000元/平方米、7 000元/平方米，下跌的总价值如果超过了定金，则购房者可以放弃定金不买这套房了。这里，购房者交了定金，就有了购房权利。买，是他的权利；不买，也是他的权利。而收了定金的房产公司却只有满足购房者要求的义务，没有强行要求购房者买卖的权利。

期权的原理与上例类似。实际上，期权（Options）就是一种选择权，指期权买方向期权卖方支付一定资金（称权利金）后，拥有的在未来一段特定时间内或未来某一特定日期以事先规定好的价格（称执行价）向卖方购买或出售一定数量的特定标的物的权利，但不负有必须买进或卖出的义务。因此，期权交易实际上是一种权利的交易。但买方有执行的权利，也有不执行的权利，完全可以灵活选择；而卖方则是必须履行买方行使权利的义务人，没有选择的余地，双方的权利和义务是不平等的。

期权按合约上的标的物，划分成股票期权、股指期权、利率期权、外汇期权以及商品期权等许多种类。但总体被划分为两大类——金融期权和商品期权。标的物属于金融产品的期权，如股票期权、股指期权等，统称为金融期权；而商品期权是指标的物为商品实物的期权，如农产品中的小麦期权、大豆期权以及金属中的铜期权等。商品期权是用于规避和管理大宗商品风险的金融工具。

与商品期货合约一样，商品期权也是被标准化了的合约。

【例 6】某投资者在 6 月 12 日（周四）买入 11 月到期的豆粕期货看涨期权 1 手（10 吨），执行价为 3 650 元/吨，权利金为 20 元/吨。意味着该投资者作为期权的买方（也称期权的多头）向卖方（也称期权的空头）支付了 20 元/吨的费用共 200 元后，拥有了在该期权到期前或到期当日（通常是在 10 月中旬的某个交易日）以事先规定好的 3 650 元/吨的价格向卖方购买 1 手 11 月豆粕期货合约的权利。注意：双方买卖的是一种权利！但该投资者也不一定非要行使这个权利。如果在这段时期内，11 月豆粕期货价格低于 3 650 元/吨，他就没必要行权，但如果期货价格高于 3 650 元/吨，则当他通过电脑向交易所提出要行权的话，该期权的卖方就要无条件地按 3 650 元/吨的价格履行卖给他 1 手 11 月豆粕期货合约的义务，没有选择的余地。

该投资者购买豆粕看涨期权的目的显然是担心豆粕价格上涨，为期货价格买了一份万一涨了的“保险”。一旦真的涨了，那卖方就得“赔给”他差价；没涨的话，则他给卖方的“保费（权利金）”就白交了。

2. 国内三家商品期货交易所将会首先推出哪些商品期权品种

近年来，包括证券交易所在内的国内各交易所都纷纷开始筹备推出期权交易。其中，国内三家商品期货交易所已经推出了各自的期权仿真交易。郑州商品交易所于 2013 年 10 月推出了白糖和棉花期权仿真交易大赛，预示着白糖期权和棉花期权可能成为该所首推的期权品种；同期大连商品交易所启动豆粕期权仿真交易，也表明豆粕期权很可能成为该所首推的期权品种；上海期货交易所随后在 11 月启动了金属铜期权和贵金属黄金期权的仿真交易，预示着首推的期权品种非这两个品种莫属。

表 4 ~ 表 8 是三家商品期货交易所推出的各自期权仿真交易合约。

表 4　　郑州商品交易所白糖期权仿真交易合约

合约标的	白糖期货合约
合约类型	看涨期权、看跌期权
交易代码	看涨期权（白糖期货合约代码 + C + 行权价格） 看跌期权（白糖期货合约代码 + P + 行权价格） 格式：SRYMM - C（P）- EP（SR 表示白糖，YMM 表示合约年月份，EP 表示执行价格）
交易单位	1 手（10 吨）白糖期货合约
行权方式	美式。买方可在到期前的每一交易日 15:00 闭市前和到期日 15:20 前提交或撤销行权指令、放弃行权指令
报价单位	元（人民币）/吨
最小变动价位	0.5 元/吨
标的合约月份	1 月、3 月、5 月、7 月、9 月、11 月
到期月份	白糖期货合约交割月份前二个月及交易所规定的其他月份
行权价格数量	每个交易日以前一交易日结算价为基准，按行权价格间距挂出 5 个实值期权、1 个平值期权和 5 个虚值期权
行权价格间距	行权价格在 3 000 元/吨以下时，行权价格间距为 50 元/吨；行权价格在 3 000 元/吨以上，10 000 元/吨以下时，行权价格间距为 100 元/吨；行权价格在 10 000 元/吨以上时，行权价格间距为 200 元/吨
每日价格最大波动限制	与白糖期货合约每日涨跌停板的绝对数相同。其中，期权跌停板不低于期权最小变动价位
交易时间	与白糖期货合约相同
最后交易日	期权到期月份的倒数第 5 个交易日
到期日	同最后交易日
上市交易所	郑州商品交易所

表 5　　郑州商品交易所棉花期权仿真交易合约

合约标的	棉花期货合约
合约类型	看涨期权、看跌期权

续表

交易代码	看涨期权（棉花期货合约代码＋C＋行权价格） 看跌期权（棉花期货合约代码＋P＋行权价格） 格式：CFYMM－C（P）－EP（CF表示棉花，YMM表示合约年月份，EP表示执行价格）
交易单位	1手（5吨）棉花期货合约
行权方式	美式。买方可在到期前的每一交易日15:00闭市前和到期日15:20前提交或撤销行权指令、放弃行权指令
报价单位	元（人民币）/吨
最小变动价位	1元/吨
标的合约月份	1月、3月、5月、7月、9月、11月
到期月份	棉花期货合约交割月份前二个月及交易所规定的其他月份
行权价格数量	每个交易日以前一交易日结算价为基准，按行权价格间距挂出5个实值期权、1个平值期权和5个虚值期权
行权价格间距	行权价格在10 000元/吨以下时，行权价格间距为100元/吨；行权价格在10 000元/吨以上，25 000元/吨以下时，行权价格间距为200元/吨；行权价格在25 000元/吨以上时，行权价格间距为400元/吨
每日价格最大波动限制	与棉花期货合约每日涨跌停板的绝对数相同。其中，期权跌停板不低于期权最小变动价位
交易时间	与棉花期货合约相同
最后交易日	期权到期月份的倒数第5个交易日
到期日	同最后交易日
上市交易所	郑州商品交易所

表6　大连商品交易所豆粕期权仿真交易合约

合约名称	豆粕期权合约
交易代码	看涨期权（豆粕期货合约代码－C－执行价格） 看跌期权（豆粕期货合约代码－P－执行价格） 格式：MYYMM－C（P）－EP（M表示豆粕，YMM表示合约年月份，EP表示执行价格）

续表

执行方式	美式
交易单位	1手（10吨）豆粕期货合约
报价单位	元（人民币）/吨
最小变动价位	0.5元/吨
涨跌停板	标的期货合约当日涨跌停板幅度对应的涨跌额度
合约月份	1月、3月、5月、7月、8月、9月、11月、12月
交易时间	每周一至周五上午9:00~11:30、下午13:30~15:00
执行价格	执行价格间距的整数倍
执行价格间距	50元/吨
最后交易日	标的期货合约交割月份前一个月的第15个交易日
到期日	同最后交易日
交易手续费	不超过标的期货交易手续费
执行手续费	不超过标的期货交易手续费
上市交易所	大连商品交易所

表7　上海期货交易所金属铜期权仿真交易合约

合约标的	上海期货交易所铜期货标准合约
合约类型	看涨期权，看跌期权
交易代码	看涨期权：CUyymmCxxxxx；看跌期权：CUyymmPxxxxx
交易单位	手（1手期权合约同1手标的期货合约）
行权方式	交易日T日起至最后交易日（含最后交易日）内可行权，T由交易所另行规定
报价单位	同标的铜期货合约
最小变动价格	1元/吨
合约月份	最近6个自然月
行权价数量	一个平值期权，最少两个实值期权、最少两个虚值期权
行权价间距	当行权价格低于每吨50 000元时，行权价格步长取为500元；当行权价格在每吨50 000元到80 000元之间时，行权价格步长取为1 000元；当行权价格高于每吨80 000元时，行权价格步长取为2 000元

续表

每日价格最大波动限制	标的期货合约每日价格最大波动额度的两倍
交易时间	上午 9:00 ~ 11:30，下午 13:30 ~ 15:00 及交易所规定的其他时间
期权最后交易日	标的期货合约交割月前第一月的倒数第五个交易日
最低交易保证金	按规则计算产生并由交易所每日公布
上市交易所	上海期货交易所

表 8　　上海期货交易所黄金期权仿真交易合约

合约标的	上海期货交易所黄金期货标准合约
合约类型	看涨期权，看跌期权
交易代码	看涨期权：AUyymmCxxxxx；看跌期权：AUyymmPxxxxx
交易单位	手（1 手期权合约同 1 手标的期货合约）
行权方式	交易日 T 日起至最后交易日（含最后交易日）内可行权，T 由交易所另行规定
报价单位	同标的黄金期货合约
最小变动价格	0.01 元/克
合约月份	最近 3 个连续月份的合约以及最近 11 个月以内的双月合约
行权价数量	一个平值期权，最少两个实值期权、最少两个虚值期权
行权价间距	当行权价格低于每克 300 元时，行权价格步长取为 10 元；当行权价格在每克 300 元到 500 元之间时，行权价格步长取为 15 元；当行权价格高于每克 500 元时，行权价格步长取为 20 元
每日价格最大波动限制	标的期货合约每日价格最大波动额度的两倍
交易时间	上午 9:00 ~ 11:30、下午 13:30 ~ 15:00 及交易所规定的其他时间
期权最后交易日	标的期货合约交割月前第一月的倒数第 5 个交易日
最低交易保证金	按规则计算产生并由交易所每日公布
上市交易所	上海期货交易所

表9是芝加哥期货交易所（CBOT）小麦期权合约。对比国内上述期权合约，发现国内外期权合约所包含的要素和内容相差无几。可见，国内期权市场充分借鉴了国外期权市场的成熟经验。

表9　　　美国芝加哥期货交易所小麦期权合约

合约名称	小麦期权合约
合约类型	看涨期权；看跌期权
交易代码	公开叫价：看涨期权 WY；看跌期权 WZ 电子交易：OZW
交易单位	一个小麦期货合约单位（5 000 蒲式耳）
行权方式	期权买方可以在到期日之前的任一交易日履约，但需在芝加哥时间下午 6:00 之前向芝加哥清算公司提出。期权履约后转换为一个相关标的期货部位。最后交易日实值期权自动履约
最小变动价位	每蒲式耳 1/8 美分（每张合约 6.25 美元）
标的合约月份	7月、9月、12月及次年3月、5月；当前一个月份不是一个标准期权合约时，则增加一个月（系列）期权。每月期权合约履约时头寸转换到最近的期货合约，比如8月期权履约时头寸进入9月的期货合约部位
执行价格间距	前两个月为5美分/蒲式耳；其他月份为10美分/蒲式耳。在交易开始时，公布一个平值期权和5个实值期权、5个虚值期权
每日价幅限制	在前一结算价的基础上根据市场条件的变动设置三个价幅限制：0.60 美分/蒲式耳、0.90 美分/蒲式耳、1.35 美分/蒲式耳。交割月没有限制（从交割月前1个交易日开始）
交易时间	公开叫价：周一至周五上午 9:30 ~ 下午 1:15（芝加哥时间）
最后交易日	对于标准期权合约：相关小麦期货合约第一通知日至少两个交易日之前的最后一个星期五；对于系列期权合约：期权合约前一月最后一个营业日至少两个交易日前的最后一个星期五
合约到期日	最后交易日之后的第一个星期六上午 10:00（芝加哥时间）未履约的期权到期

3. 商品期权合约都包含哪些基本要素

与期货合约一样，商品期权合约也是标准化合约。所谓标准化合约就是说，除了期权的价格是在市场上公开竞价形成的以外，合约的其他条款都是事先规定好的，具有普遍性和统一性。

从上述介绍的各商品期权合约中可以发现，构成期权合约的基本要素几乎是一样的，主要包括：合约标的资产、合约类型、交易代码、交易单位、行权方式、报价单位、最小变动价格、执行价格（也称行权价格）及数量、行权价格间距、每日价格最大波动限幅、保证金要求、最后交易日和合约最后到期日等诸项。不过，对于一个期权合约来说，最基本的要素有三项，通常称之为期权三要素：执行价格、权利金（虽然合约中并未载明，由市场竞价决定）和到期日。下面逐项解读。

合约标的——均为相对应的商品期货合约

商品期权的标的物选择的是商品期货合约。也许有读者会问，为什么不直接选择商品呢？比如在豆粕期权交易中，期权买方要求行权后，卖方卖给他的是大连商品交易所（简称大商所）相应月份的豆粕期货合约，为什么不直接卖给他豆粕呢？原因有三：一是期货合约要比标的商品的流动性好得多，也容易交易；二是对大多数投资者来说，交易期权并不想牵涉实物交割，否则一行权就要交割实物，对中小散户来说将是灾难性的，而且现行的期货交易制度也不允许散户参与实物交割，因此期权交易不涉及实物交割的问题；三是期货与期权都是在同一个交易所中同时交易，这给套期保值、套利、投机都带来很大方便，使得市场效率会更高。在期货保值实际运用中，很难用期货做到完美的、无差别的套期保值，这主要是因为现货与期货之间基差的存在，即使是在交割日，期货和现货价格往往也不完全一致，期货交割价格与现货价格无法收敛一致，更不用说像交割费这类额外的固定费用，这就造成了企业套期保值的误差损失。而期权最初的设计是作为对冲工具，其目的就是为了满足高度精确的保值需求。如果企业用现货期权来保值，那么在行权日其价格就必然与现货价格实现完美的统一。但是，由于国内没有全国性的健全的现货交易市场，都属于区域性的现货市场，无法形成权威且统一的现货价格，当前条件下国内各期货交易所还无法选择用现货作为期权标的物，而是选择了流动性更好、价格更权威和更具广泛代表性的期货合约作为标的物。因此，严格来说，本书中所说的商品期权更确切的名称应该是“商品期货期权”。因此，大商所的豆粕期权所对应的标的物是该所的豆粕期货合约；郑州商品交易所（简称郑商所）的白糖期权所对应的标的物是该所的白糖期货合约；上海期货交易所（简称上期所）的金属铜期权合约标的物是该所的铜期货合约，与现货交易无关。

合约类型——看涨期权与看跌期权

按照买方对价格方向的判断，商品期权可分为看涨期权和看跌期权两种类型。

看涨期权（Call Options），又称买权，是指期权的买方看涨期货价格未来走势，向期权的卖方支付一定数额的权利金后，即拥有了在期权的有效期内，按事先约定的价格向期权卖方买入一定数量的相关商品期货合约的权利，但不负有必须买的义务。而期权卖方则有义务在期权规定的有效期内，应期权买方的要求，无条件地以期权合约事先规定的价格卖给买方相关商品的期货合约。显然，正是因为期权的买方对商品未来价格看涨，才愿意付出权利金买入未来以约定价格“买入”的权利，这就是为什么此类期权被称为“看涨期权”的缘故。

看跌期权（Put Options），又称卖权，是指期权的买方向期权的卖方支付一定数额的权利金后，即拥有了在期权合约的有效期内，按事先约定的价格向期权卖方卖出一定数量的相关商品期货合约的权利，但不负有必须卖的义务。而期权卖方有义务在期权规定的有效期内，应期权买方的要求，无条件地以期权合约事先规定的价格买入买方手中的商品期货合约。显然，正是因为期权的买方对商品未来价格看跌，才愿意付出权利金买入未来以约定价格“卖出”的权利，这就是为什么此类期权被称为“看跌期权”的缘故。

交易代码——内涵丰富

不知道期权的交易代码就无法从事期权交易。不仅根本无法下单，就连行情报价都看不懂。由于增加了看涨期权或看跌期权以及执行价等内容，期权的交易代码要比期货交易代码略显复杂。

商品期权合约代码的组成：期货品种代码 + 月份 + 看涨/看跌期权字母 + 执行价格。

看涨期权和看跌期权分别用 C、P 表示。C 为看涨期权英文“Call”的首位字母，P 为看跌期权英文“Put”的首位字母。

【例 7】 SR501C4950 代表的品种是：标的为白糖期货 1501 合约，执行价格为 4 950 元/吨的看涨期权。CU1410P51200 表示的意思是：标的为金属铜期货 1410 合约，执行价格为 51 200 元/吨的看跌期权。

【例 8】 M1409 - C - 3000 与 M1409 - P - 3000 各代表什么含义？

M1409 - C - 3000 代表的品种是：标的为豆粕期货 1 409 合约，执行价格为 3 000 元/吨的看涨期权；而 M1409 - P - 3000 代表的品种也是豆粕期货 1 409 合约，执行价格也为 3 000 元/吨，只不过是看跌期权。虽只有一字母之差，但方向却相反。因此，在进行期权交易报价时要格外小心，以免做错品种。

执行价格——行权时买卖双方按此价格履约

在上述交易代码中牵涉"执行价格"的概念，那什么是执行价格呢？

执行价格也称行权价格，是行权时买卖双方的履约价格。当期权交易双方一经成交，这一价格就确定了。在期权有效期内，不论将来期货价格涨得多高、跌得多深，买方都有权利以该价格买入或卖出期货合约，期权卖方都必须无条件接受买方的要求。

【例 9】某投资者买入 1 手 M1409 - C - 3000 的豆粕看涨期权。当豆粕期价上涨到 3 200 元/吨时，该投资者向交易所提出行权，则该合约的卖方在当天收市后，就无条件地以 3 000 元/吨的价格（注意：不是 3 200 元/吨的价格）卖出 1 手 M1409 豆粕期货合约给买方。显然卖方亏损了 200 元/吨 × 10 吨/手 = 2 000 元（不包括卖方收取的权利金）。因此，3 000 元/吨的价格是买卖双方在期权交易成交时就确定好的、都不能反悔的履约执行价格。

执行价格的数量和间距——确定期权合约数量的多少

既然执行价格是期权买卖双方行权时的履约价格，那期权市场上每一个不同的买方都有自己想要的执行价格，其结果是对应于一个期货合约就可能会派生出成百上千个期权。这不仅增大交易所的风控管理难度，而且每个期权交易的人数可能寥寥无几，会造成流动性不足的风险。因此，交易所需要通过设置执行价间距来控制期权合约数量。但如果执行价格间距设置得过大，又会导致期权数量太少，将无法满足对不同价位进行投机或套期保值的市场需求。那么，如何确定执行价格，确定多少个执行价格，相邻两个执行价格之间的间距定多大才合理，这些都需要在期权合约中载明。

在表 4 ~ 表 8 各交易所设计的期权合约中，都对设立执行价格数量和执行价格间距做了明确规定。执行价格往往都是执行价格间距的整数倍。至于期权合约到底是如何根据这些规定挂牌的、这些规定的具体用法如何，都将在"期权交易制度"中再详细论述。

交易单位及报价单位——均与期货合约相同

期权合约的交易单位为手，期权交易必须以 1 手的整数倍进行。每手合约的标的物数量在期权合约中都已载明，与期货合约的标的物数量是一致的，这样期权行权时只是期货合约所有权的转移，十分方便。

期权合约报价单位与期货合约的报价单位也相同。

行权方式——美式、欧式各不同

按履约方式划分，商品期权有美式期权、欧式期权和百慕大期权三种。

美式期权，是指在期权合约规定的有效期内的任何交易日都可以行使权利。过了期限，期权则自动作废。

欧式期权，是指只有在期权合约规定的到期日那一天方可行使权利，期权的买方在合约到期日之前不能行使权利。过了期限，期权则自动作废。

百慕大期权，是一种可以在到期日前所规定的一系列时间行权的期权。过了期限，期权则自动作废。

需要指出的是，上述期权的名称与地域无关。美式期权是由于该种期权的履约方式比较自由，比较符合美国人崇尚自由的性格，因此命名为“美式期权”；欧式期权的行权方式比较刻板有关，像欧洲人那样中规中矩，所以被命名为“欧式期权”；百慕大期权则可以被视为美式期权与欧式期权的混合体，如同百慕大群岛混合了美国文化和英国文化一样。界定百慕大期权、美式期权和欧式期权，主要在于各自行权时间的不同。

从表 10 中发现，上海期货交易所的铜期权和黄金期权的行权方式有些特别，既不是标准的欧式行权方式，也不是标准的美式行权方式，而是一种类似百慕大期权的行权方式，行权的时间段由交易所来决定。

表 10　　国内交易所拟上市挂牌的期权品种的行权方式比较

期权品种	行权方式
股指期权（中国金融期货交易所）	欧式
白糖期权、棉花期权（郑州商品交易所）	美式
豆粕期权（大连商品交易所）	美式
铜期权、黄金期权（上海期货交易所）	从交易日 T 日起至最后交易日内均可行权（T 日由交易所另行规定），类似百慕大期权

【例10】某投资者在1月18日买入3月25日到期、执行价格为4 850元/吨的5月白糖期货合约的看涨期权1手。若该期权为美式期权，则该投资者可在3月25日前及该日的任意一个交易日都可以行权，获得1手5月白糖期货多头合约，当然也可以永不行权；若该期权为欧式期权，则该投资者只能在期权到期日，也就是3月25日当天才可以行权，获得1手5月白糖期货多头合约，如果当天不行权，则期权作废；若该期权为百慕大期权，比如交易所规定每周周五是行权日，则该投资者可在3月25日前的每周五及该日都可以行权，获得1手5月白糖期货多头合约，其他时间不得行权。

很容易发现，美式期权的买方“权利”相对较大，而卖方则时刻面临着履约风险。因此，在同样条件下，美式期权的价格总是会高于欧式期权的价格。

值得注意是，国内外商品期权基本上都是美式期权而不是欧式期权，也很少有百慕大期权。美式期权的优点在于对期权买方有利。在期权到期前买方可以任意选择执行时间，随时行权，这有助于矫正期权与期货的偏离度，降低买方参与市场的操作风险。但美式期权对期权卖方不利，增加了卖方被随时要求行权的风险，影响卖方对各种策略的应用。另外，美式期权也给市场监控带来困难，投机者可能会利用随时行权的特点，通过操纵期货价格进而在期权上获利。

权利金——相当于“保费”

尽管期权合约上没有直接标明“权利金”一项，但合约中的“报价单位”、“最小变动价位”，以及“每日价格最大波动限制”等都说的是权利金。

权利金（Premium），又称期权费、期权金，就是期权的价格。权利金是期权合约中唯一的变量，是由买卖双方在期权市场公开竞价形成的，是期权的买方为获取期权合约所赋予的权利而必须支付给卖方的费用。对于期权的买方来说，权利金是其损失的最高限度。对于期权卖方来说，卖出期权即可得到一笔权利金收入。市场投机者炒作期权的目的实际上就是想博取权利金的涨跌所带来的盈利。

【例11】某投资者以100元/吨的价格买入5手8月到期、执行价格为51 000元/吨的金属铜看涨期权。该投资者共付出了100元/吨×5吨/手×5手=2 500元的权利金，而卖方获得了2 500元的权利金。随后，铜期货价格上涨到 51 120 元/吨，上述期权价格也涨到了 126 元/吨。该投资者发出平仓指令：以 126 元/吨价格卖出平仓 5 手 8 月到期、执行价格为 51 000 元/吨的铜看涨期权。该投资者盈利为：（126 - 100）元/吨 ×5 吨/手 ×5 手 =650 元。

从以上例子发现，期权价格就是代表着权利金的多少，交易的就是权利金。

最小变动价位——通常比期货最小变动价位要小

最小变动价位，是指期权买卖双方在出价时，权利金价格的最小变动单位。期权的最小变动单位往往要比它的标的物期货合约的最小变动价位要小。如金属铜期货的最小变动价位是 10 元/吨，而铜期货期权的最小变动价位是 1 元/吨，豆粕、白糖的期货最小变动价位都是 1 元/吨，而它们的期权最小变动价位是 0. 5 元/吨。这与期权合约的市值较小有关。期权报价均以最小变动价位的整数倍出现。

合约月份——与期货合约月份的对应关系

期权合约月份，是指该期权对应的期货合约交割的月份。一般来说，有期货合约的月份都有相应的期权合约。但在国外，为了便利套期保值和投资，部分商品期权在期货合约月份之间（不存在期货合约的月份）增加了系列期权合约月份，商品期权的合约月份与其标的物期货合约的月份之间并非是一一对应的关系。不过这种情况在国内拟推出的商品期权合约中尚未出现，至少目前国内商品期权合约月份与其标的物期货合约的月份是一一对应的关系。

最后交易日、到期月份及到期日——行权的最后机会

最后交易日，是指某期权合约能够进行交易的最后一日。

到期日，是指期权买方能够行使权利的最后一日，通常与最后交易日是同一天。

到期月份与合约月份是比较容易混淆的概念，需要重点强调，加以区别。期货合约在临近交割月份时，由于投资者都纷纷将仓位向后续合约转移以规避交割风险，导致临近交割月份合约的交投往往逐渐变得十分清淡。这将会导致与之相对应的期权合约因流动性不足而发生行权困难，也不便于行权后的期货合约在市场上进行对冲平仓（已经很难找到对手盘了），从而导致发生交割风险。为解决这一问题，交易所规定，与期货相同月份的期权合约往往会比期货合约提前 1 ~ 2 个月到期结束，以方便行权及行权后的期货合约对冲操作。

表 11 列出了国内各商品期权到期月份及最后行权日。投资者一定要特别注意最后行权的日期，以免错失行权的最后机会，导致不必要的损失。

表 11　　国内商品期权的到期月份及最后行权日对比

交易所	期权品种	期权到期月份及最后行权日
郑州商品交易所	白糖、棉花	相应期货合约交割月份的前 2 个月的倒数第 5 个交易日
大连商品交易所	豆粕	相应期货合约交割月份的前 1 个月的第 15 个交易日
上海期货交易所	铜、黄金	相应期货合约交割月份的前 1 个月的倒数第 5 个交易日

【例 12】 某投资者 1 月 22 日（周三）以 20 元/吨价格买入 10 手标的为 5 月白糖期货合约、执行价格为 4 900 元/吨的白糖看跌期权。该投资者预计白糖期价将长期下跌，想尽可能保留这 10 手看跌期权，请问他最后的行权时间是哪一天，过期该期权就会作废吗？

根据郑商所的规定，白糖期权的到期月份及到期日为相应期货合约交割月份的前 2 个月的倒数第 5 个交易日。5 月期货合约的交割时间是在 5 月中旬，对应的期权的到期月份应该是在 3 月，到期日应该是在 3 月的倒数第 5 个交易日，如 3 月 25 日（周一），则这一天就是该投资者持有的 10 手期权合约的到期日。他必须在这一天下午 15:20 前决定是否行权，否则过时后他手中的这 10 手期权就作废了。

每日价格最大波动限制——与期货合约的涨跌停板幅度挂钩

与期货交易一样，期权交易也有涨跌停板限制。每个交易日中的权利金波动价格不得高于或低于交易所规定的涨跌幅度，超出该涨跌幅度的报价视为无效。期权的每日价格最大波动限制是与期货合约的涨跌停板幅度挂钩的。至于涨跌停板幅度是如何具体规定的，将在“商品期权交易过程”中详细论述。

交易时间——与期货交易时间同步

为方便投资者进行套期保值、套利，期权的交易时间与期货的交易时间是同步的，从开盘时间到收市时间都是一致的。

商品期权的交易过程

1. 期权报价与行情表解读

做商品期权交易的第一步当然是打开电脑看期权的行情报价表。尽管各交易所期权行情报价界面有所不同，但基本的价格要素却都十分齐全。在任意交易时刻，对于某一个商品期货合约，可以看到有许多不同执行价格、期限和种类的期权在交易。以郑商所棉花期权仿真行情报价界面为例（见图 4）。当天，棉花 CF505 期货合约有 13 个看涨期权——从 CF505C11800 到 CF505C14200 在交易，同时还有 10 个看跌期权——从 CF505P11400 以后的都是看跌期权在交易，各期权合约的执行价间隔均为 200 元/吨。

与期货交易相比，期权的报价方式与期货的报价方式大不相同，因为期权价格与期货价格有着完全不同的含义。在期货交易中，市场所报出的价格是标的资产本身的价格，而在期权交易中，市场所报出的是权利买卖的价格，即权利金。同一标的期货合约的期权权利金相差巨大。以棉花 CF505 期权合约为例，CF505C12600 的成交价为 532.0 元/吨，而 CF505C13800 的成交价仅为 1.0 元/吨。

为何同一期货合约不同的期权价格会相差如此之大呢？期权的价格究竟是如何来确定的？这是我们下面要讨论的内容。

2. 期权价格的构成——什么是实值期权、虚值期权和平值期权

期权价格，即权利金，是期权买卖双方在达成交易时，由买方向卖方

合约名	最新	买价	卖价	买量	卖量	总量	持仓	涨跌	涨幅	今开	最高	最低	昨结算
棉花期权 505 C11800	448.0	500.0	903.0	100	1	618	416	-455.0	-50.39	907.0	914.0	448.0	903.0
棉花期权 505 C12000	296.0	400.0	751.0	20	3	682	1 580	-455.0	-60.59	1 000.0	1 206.0	296.0	751.0
棉花期权 505 C12200	402.0	402.0	1 016.0	2	57	466	1 070	-213.0	-34.42	619.0	1 016.0	400.0	613.0
棉花期权 505 C12400	480.0	411.0	800.0	1	9	654	1 628	-11.0	-2.24	600.0	996.0	480.0	491.0
棉花期权 505 C12600	532.0	532.0	537.0	27	24	930	684	147.0	38.18	515.0	890.0	50.0	385.0
棉花期权 505 C12800	380.0	380.0	650.0	74	110	1 176	936	84.0	28.38	300.0	760.0	56.0	296.0
棉花期权 505 C13000	165.0	165.0	487.0	20	15	606	658	58.0	-26.01	200.0	500.0	150.0	223.0
棉花期权 505 C13200	164.0	164.0	439.0	8	30	34	278	0.0	0.00	1.0	618.0	1.0	164.0
棉花期权 505 C13400	121.0	121.0	275.0	10	14	92	228	3.0	2.54	550.0	550.0	120.0	118.0
棉花期权 505 C13600	50.0	50.0	100.0	16	7	3 084	2 478	-33.0	-39.76	87.0	100.0	1.0	83.0
棉花期权 505 C13800	1.0	10.0	400.0	10	100	10	134	-57.0	-98.28	1.0	1.0	1.0	58.0
棉花期权 505 C14000		10.0	275.0	10	10	0	124	0.0	0.00				39.0
棉花期权 505 C14200	420.0	1.0	400.0	1 016	100	34	92	394.0	1 515.38	1.0	420.0	1.0	26.0
棉花期权 505 P11400	10.0	1.0	200.0	150	9	83 642	52	-29.0	-74.36	39.0	200.0	10.0	39.0
棉花期权 505 P11600	22.0	22.0	100.0	350	50	8 786	1 190	40.0	-64.52	1.0	47.0	1.0	62.0
棉花期权 505 P11800	3.0	3.0	109.0	56	23	88 866	124	-93.0	-96.88	102.0	109.0	1.0	96.0
棉花期权 505 P12000	11.0	11.0	275.0	20	11	12 372	662	-131.0	-92.25	1.0	266.0	[illegible]	142.0
棉花期权 505 P12200	100.0	50.0	275.0	12	15	1 268	180	-103.0	-50.74	658.0	658.0	100.0	203.0
棉花期权 505 P12400	500.0	11.0	682.0	2	2	104	336	222.0	79.86	223.0	500.0	10.0	278.0
棉花期权 505 P12600	370.0	370.0	765.0	6	8	1 294	144	0.0	0.00	222.0	824.0	222.0	370.0
棉花期权 505 P12800	878.0	280.0	878.0	5	20	862	182	399.0	83.30	482.0	878.0	275.0	479.0
棉花期权 505 P13000	678.0	618.0	678.0	4	7	1 030	154	75.0	12.44	999.0	999.0	417.0	603.0
棉花期权 505 P13200	748.0	743.0	808.0	3	9	106	188	5.0	0.67	743.0	1 198.0	288.0	743.0

图 4　郑商所棉花期权仿真行情报价界面

支付的购买该项期权的金额。这个金额的高低，主要与未来买方在行权时是否有利可图相关。如果投资者买入的看涨期权的执行价格越低，就越容易行权获利，或者买入的看跌期权的执行价格越高，也越容易行权获利。反过来，越容易获利期权的卖出所要求的权利金就越高，越不容易行权获利的期权合约卖方所要求的权利金就越低。因此，期权价格首先是与期权的执行价格的高低密切相关，称之为期权的“内涵价值”。简而言之，内涵价值是立即执行期权合约时就可获取的利润。其次，即使有的期权如果是立即行权无法获利，毫无内涵价值，但由于期权有一个到期的时间段，保不准在该期权合约到期前，因期货价格涨跌导致哪一天期权就有内涵价值了。也就是说，期权距到期的时间越长也就越值钱，称之为“时间价值”。因此，期权价格主要由内涵价值和时间价值两部分组成，公式如下：

期权价格 = 期权的权利金 = 内涵价值 + 时间价值

内涵价值

执行价格与标的期货合约价格的相对差额决定了期权内涵价值的大小。

对于看涨期权来说：内涵价值 = 期货价格 − 执行价格 ≥0

此公式表明：期货合约价格超过执行价格越多，看涨期权的内涵价值越大；超过越少，看涨期权内涵价值就越小；当期货合约价格等于或低于执行价格时，看涨期权内涵价值为零。

对于看跌期权来说：内涵价值 = 执行价格 - 期货价格 ≥0

此公式表明：期货合约价格低于执行价格越多，看跌期权内涵价值越大；当期货合约价格等于或高于执行价格时，看跌期权内涵价值为零。

【例 13】某日收市后，豆粕 M1501 期货合约结算价为 3 520 元/吨。当天该期货合约执行价格为 3 470 元/吨的看涨期权具有的内涵价值为：(3 520 - 3 470) = 50 元/吨。

期权的内涵价值不可能小于 0，因为当看涨期权的执行价格高于期货价格时或看跌期权的执行价格低于期货价格时，期权的买方可以选择不去执行期权。

从以上例子中可以发现，内涵价值是由期权合约的执行价格与相关的标的期货合约价格两者大小决定的。按期权执行价格与相关的标的期货合约价格的关系，将期权分为实值期权、虚值期权和平值期权。

实值期权：当看涨期权的执行价格低于当时的实际价格时，或者当看跌期权的执行价格高于当时的实际价格时，也就是期权的内涵价值大于零时，该期权为实值期权。

虚值期权：当看涨期权的执行价格高于当时的实际价格时，或者当看跌期权的执行价格低于当时的实际价格时，该期权为虚值期权。当期权为虚值期权时，内涵价值为零。

平值期权：当看涨期权的执行价格等于当时的实际价格时，或者当看跌期权的执行价格等于当时的实际价格时，该期权为平值期权。当期权为平值期权时，内涵价值为零。

执行价格与期货价格关系见表 12。

表 12　　执行价格与期货价格关系

期权种类	看涨期权	看跌期权
实值期权	期权执行价格 < 实际价格	期权执行价格 > 实际价格
虚值期权	期权执行价格 > 实际价格	期权执行价格 < 实际价格
平值期权	期权执行价格 = 实际价格	期权执行价格 = 实际价格

【例 14】金属铜期货价格为 49 500 元/吨，同期执行价格为 49 000 元/吨的该期货合约的看涨期权为实值期权，其内涵价值为 500 元/吨；同期执行价格为 50 000 元/吨的该期货合约的看跌期权也为实值期权；

同期执行价格为49 500元/吨的该期货合约的看涨期权或看跌期权均为平值期权；同期执行价格为50 000元/吨的该期货合约的看涨期权为虚值期权；执行价格为49 000元/吨的该期货合约的看跌期权也为虚值期权。

从上述例子中发现，如果某个看涨期权处于实值状态，执行价格和标的期货合约价格相同的看跌期权一定处于虚值状态；反之亦然。

时间价值

时间价值又称外涵价值。一般来讲，期权剩余的有效日期越长，其时间价值就越大；反之亦然。当期权临近到期日时，如果其他条件不变，那么该期权时间价值的衰减速度就会加快。而在到期日，该期权就不再有任何时间价值，该期权的价值只是内涵价值了。所以，期权价格与到期时间的关系是一种非线性的关系，而不是简单的倍数关系。期权距到期日时间越长，价格大幅度变动的可能性越大，期权买方行权获利的机会也越大。与较短期的期权相比，期权买方购买较长时间的期权就应付出更高的权利金。

【例15】3月5日，棉花CF505C13800的成交价仅为1元/吨，分析该期权的特性。

首先，根据极低的期权价格可以判定，这是一个深度虚值看涨期权，其内涵价值为0，表明期货价格要比13 800元/吨的执行价格低得多。1元/吨的价格代表该期权还有一点点的时间价值，但由于距最后交易日所剩时间不多了，所以该期权的时间价值也所剩无几了。

此外，执行价格与标的期货合约价格的相互关系也会影响到期权的时间价值的大小。一般来说，在其他因素相同的情况下，执行价格与期货合约价格的差额越大，时间价值就越小；反之，差额越小，时间价值就越大。当一种期权处于极度实值或极度虚值时，其时间价值都将趋向于零。这是因为期权价格“大势已去”，时间多点少点对期权价格未来发生逆转的可能性已经意义不大了。而当一种期权正好处于平值期权时，其时间价值却达到最大，因为此时，距离到期时间越长，期权价格朝投资者希望的方向发展的可能性就越大，即时间价值与“机会”实现的可能性关系密切。

实值期权、虚值期权及平值期权的价格差别对比见表13。

表 13　实值期权、虚值期权及平值期权的价格差别对比

期权类型	期权价格（未到期）	期权价格（到期）
实值期权	内涵价值＋时间价值	内涵价值
虚值期权	时间价值	0
平值期权	时间价值	0

3. 期权合约挂牌有什么规定

从期权行情报价表中可以发现，围绕着一个商品期货合约，竟然有少则十几个、多则数十个相对应的期权合约在交易。怎么会有这么多的期权合约呢？期权合约的挂牌上市有哪些条件和规定？

由于不同交易所对期权挂牌上市的规定各不相同，本书有必要对国内三大商品期货交易所的期权合约挂牌上市规定进行详细的讨论。

郑商所白糖和棉花期权合约的挂牌条件和方式

根据白糖和棉花期权合约中的有关规定，一个新的期货合约挂牌上市后的当天，是没有同时挂牌的期权合约上市的。以该期货合约为标的物的期权合约是在该期货合约挂牌当天收市后，交易所以其当天结算价为基准，并参考期货合约的历史波动率，先确定 1 个与该期货合约结算价十分靠近的平值期权，再按行权价格间距向上或向下确定出 5 个实值期权和 5 个虚值期权，共 11 个期权，于下一个交易日开盘前挂出供投资者交易。

郑商所对白糖执行价格间距的规定是：执行价格小于 3 000 元/吨时，执行价格间距为 50 元/吨；执行价格在 3 000 ~ 10 000 元/吨的，执行价格间距为 100 元/吨；行权价格大于 10 000 元/吨时，执行价格间距为 200 元/吨。

郑商所对棉花执行价格间距的规定是：执行价格小于 10 000 元/吨时，执行价格间距为 100 元/吨；执行价格在 10 000 ~ 25 000 元/吨的，执行价格间距为 200 元/吨；执行价格大于 25 000 元/吨时，执行价格间距为 400 元/吨。

【例 16】 5 月某日，白糖期权合约挂盘时，考虑到前日新挂牌的 5 月白糖期货合约结算价为 5 456 元/吨，则以 5 456 元/吨为基准，并参考其

历史波动率，按照就近原则，确定中间（平值）合约的执行价格为 5 500 元/吨；再以 100 元/吨的间距分别向上确定 5 600 元/吨、5 700 元/吨、5 800 元/吨、5 900 元/吨、6 000 元/吨 5 个执行价格，向下确定 5 400 元/吨、5 300 元/吨、5 200 元/吨、5 100 元/吨、5 000 元/吨 5 个执行价格，每个执行价格都有看涨和看跌两个期权品种，1 个月份的期货合约可有 22 个期权合约挂盘。

如果期权挂盘第一日交易结束后，标的期货合约的结算价格变动在 5 450 ~ 5 549 元/吨之间，则第二日不需要增挂新的行权价格期权合约。因为郑商所规定：当上一交易日期货合约结算价等于两个行权价格的均值时，取价格较高的作为新的平值期权的行权价格。在本案例中，只有当期货合约的结算价格达到或超过执行价为 5 500 元/吨和 5 600 元/吨这两个的均值 5 550 元/吨或以上时，才会取 5 600 元/吨为新的平值期权的行权价格。而现在期货的结算价在 5 450 ~ 5 549 元/吨，同时小于 5 550 元/吨，所以第二日的平值期权仍然是 5 500 元/吨不变，因此不需要增挂新的执行价格期权合约。

若当天期货结算价格为 5 560 元/吨，按照上述规定，新的平值期权的执行价格是 5 600 元/吨了，则上下都要有 5 个期权。现在下方已经有 6 个了，不再需要挂新的期权，而上方只有 4 个，需要新加 1 个。所以第二日开盘交易时，需向上再增挂一个执行价格为 6 100 元/吨的期权合约。若第一日期货结算价格为 5 440 元/吨，按照规定，新的平值期权的行权价格是 5 400 元/吨了，它的下面只有 4 个期权，则第二日交易时需向下增挂一个执行价格为 4 900 元/吨的期权合约。每个交易日的第二天都是如此操作，但最后 5 个交易日不再增挂新的行权价格期权合约。

总之，郑商所新执行价格期权合约的增挂原则为：每个交易日闭市后，均要将期货结算价与中间平值行权价格进行比较，确保挂出一个与之相近的执行价格及向上、向下分别 5 个执行价格的期权合约可供交易。不同执行价格的期权合约上市后，无论期货价格如何变化及其有无交易量，都不得摘掉，要一直挂盘至期权到期日为止。这也就是为什么期权会越挂越多的原因。

大商所豆粕期权合约的挂牌条件和方式

根据豆粕期权合约中的有关规定，大商所新期权合约挂盘遵循以下原则：

（1）新上市期货合约成交后，相应期权合约于下一交易日上市交易。这一点与郑商所期权合约挂牌规定相同。

（2）期权合约挂盘基准价由交易所确定并提前公布。挂盘基准价是确定新上市期权合约第一个交易日涨（跌）停板的依据，也是按照标的物期货合约前一天的交易结算价来确定的。这一点也与郑商所的规定大同小异。

（3）期权合约上市交易后，交易所在每个交易日闭市后，将根据其标的期货合约的结算价格，按照期权合约涨跌停板和执行价格间距 50 元/吨的规定，挂盘新执行价格的期权合约。新增期权合约的总原则是：每个交易日，可交易期权合约的执行价格范围，至少应当覆盖其标的期货合约下一交易日停板幅度额的价格范围。交易所可以根据市场情况调整价格范围。这一点与郑商所的规定略有不同。

【例 17】 9 月 16 日（周一），豆粕 M1409 合约新挂牌上市，当天收盘价为 3 115 元/吨，结算价为 3 148 元/吨。但当天没有该合约相应的期权合约挂牌。收市后，交易所根据期货合约结算价，确定第二天期权合约挂牌基准价为 3 150 元/吨（平值期权），并按照期权合约的执行价格范围至少应当覆盖其标的期货合约下一交易日停板幅度额的价格范围原则，以 50 元/吨的间距分别向上确定 3 200 元/吨、3 250 元/吨、3 300 元/吨 3 个执行价格的期权；向下确定 3 100 元/吨、3 050 元/吨、3 000 元/吨 3 个执行价格的期权，因为下一交易日 1409 合约的涨跌停板价分别为 3 274 元/吨和 3 022 元/吨。由于分为看涨期权和看跌期权，9 月 17 日（周二），对应 M1409 期货标的至少有 14 个期权合约挂牌。

假如第二天收市后，M1409 期货价格下跌，结算价为 3 116 元/吨，则其第三天的跌停板为 2 991 元/吨，现有的 3 000 元/吨的看涨期权覆盖不住了，故第三天交易所将向下增挂一个 2 950 元/吨执行价格的期权合约。假如第四个交易日 M1409 大涨，导致下一交易日的涨停板价超过现有的期权合约中的最大行权价格 3 300 元/吨，则第五个交易日，交易所将增加一个执行价格为 3 350 元/吨的期权合约……已挂出的期权合约是不能摘掉的，这样期权合约会越挂越多。

上期所金属铜和黄金期权合约的挂牌条件和方式

根据金属铜和黄金期权合约中的有关规定，上期所新期权合约挂盘遵循以下原则：

（1）在新增月份期权合约的上市交易首日，交易所根据与上一交易日标的期货合约结算价最接近，且必须满足执行价格间距整倍数的原则来确定平值（如果有两个符合上述标准的价格，则选取较大的价格作为平值）。有关执行价格间距的规定见金属铜和黄金期权合约。

（2）以上述平值为基准，在其上下两边按照行权价格间距分别生成若干个不同的且连续的执行价，且形成的价格范围要覆盖标的期货合约当日涨跌停板范围。

（3）交易所根据上述执行价自动生成看涨期权合约和看跌期权合约。按照平值生成的期权合约是平值期权合约，分为平值看涨期权合约与平值看跌期权合约。

（4）期权合约自上市的第二个交易日起，交易所根据标的期货合约结算价格的变化确定新的平值并相应增加执行价格，使执行价格形成的价格范围总能覆盖标的期货合约当日涨跌停板范围，交易所根据新增加的执行价格自动生成新的看涨期权合约和看跌期权合约。

可见，上期所期权合约的挂牌条件和方式与大商所的规定非常相似，在此就不再重复了。

4. 商品期权的整个交易流程是怎样的

看到电脑屏幕上那么多的期权合约价格不断跳跃闪烁，投资者一定会产生跃跃欲试的冲动，想真刀实枪地尝试一下交易。那如何进行期权交易？期权的整个交易流程是怎样的？

期权的交易指令

做交易首先得向交易软件输入交易指令。期权交易指令主要内容包括：开仓或平仓；买进或卖出；执行价格；合约月份；交易代码；看涨期权或看跌期权；合约数量；权利金；指令种类。

期权交易指令包括限价指令、市价指令、取消指令、组合指令及交易所规定的其他指令。

凡做过证券交易或期货交易的投资者对限价指令、市价指令、取消指令可能不会感到陌生，但对组合指令可能没有接触过。所谓组合指令，是指同时买卖两个不同合约的指令，主要用于期权套利。期权组合指令包括垂直价差、跨式组合和宽跨式组合等指令。有关垂直价差、跨式组合和宽跨式组合等概念将在“期权套利策略”中详细论述。

买入看涨期权的垂直价差指令，是指买入较低执行价格的看涨期权的同时，卖出同一标的物、同到期日、同数量较高执行价格的看涨期权。

卖出看涨期权垂直价差指令，是指卖出较低执行价格的看涨期权的同时，买入同一标的物、同到期日、同数量较高执行价格的看涨期权。

买入看跌期权垂直价差指令，是指买入较高执行价格的看跌期权的同时，卖出同一标的物、同到期日、同数量较低执行价格的看跌期权。

卖出看跌期权垂直价差指令，是指卖出较高执行价格的看跌期权的同时，买入同一标的物、同到期日、同数量较低执行价格的看跌期权。

买入跨式组合指令，是指买入相同数量的同一标的物、同到期日、同执行价格的看涨期权和看跌期权。

卖出跨式组合指令，是指卖出相同数量的同一标的物、同到期日、同执行价格的看涨期权和看跌期权。

买入宽跨式组合指令，是指买入相同数量的同一标的物、同到期日、较高执行价格的看涨期权和较低执行价格的看跌期权。

卖出宽跨式组合指令，是指卖出相同数量的同一标的物、同到期日、较高执行价格的看涨期权和较低执行价格的看跌期权。

下单与成交

（1）下单：交易者向交易软件输入下单指令，明确要求买进或卖出的期权数量、看涨期权或看跌期权，以及期权的执行价格、到期月份、交易指令种类、开仓或平仓等。指令被接受后，将其传送到交易所（注意：市价指令、组合指令不能参与集合竞价）。

【例 18】某投资者拟开仓买入 10 手执行价格为 4 900 元/吨的 5 月白糖期货合约的看涨期权，权利金为 45 元/吨。他发出的限价指令单如下：

买/卖	合约代码	数量	价格	开/平仓
买入	SR505C4900	10	45	开仓

（2）撮合成交：交易指令通过交易所计算机按照成交原则撮合成交。期权的竞价原则与期货合约的竞价原则相同，即价格优先、时间优先。计算机撮合系统首先按照竞价原则分买入和卖出指令进行排序，当买价大于等于卖价则自动撮合成交，撮合成交价为买价、卖价和前一成交价三者中

居中的一个价格。不过，以涨跌停板价格申报的指令，按平仓优先和时间优先的原则撮合成交；交易所强行平仓申报指令优于其他平仓申报指令。

【例19】客户甲发出如下指令：以30元/吨权利金卖出10手5月到期、执行价格为4 900元/吨的白糖看涨期权。这是一个限价指令。不久，客户乙发出指令：以市价买入开仓10手5月到期、执行价格为4 900元/吨的白糖看涨期权。这是一个市价指令。那么甲乙双方的指令通过计算机就会迅速撮合成交，交易软件自动将成交回报显示出来，告知交易者。

持仓部位的了结方式

商品期权持仓部位的了结方式与期货持仓部位的了结方式比较类似，但要多出一种。

（1）对冲平仓方式。期权的对冲平仓方式与期货合约的对冲平仓方式基本相同，都是将先前买进开仓或卖出开仓的合约卖出平仓或买进平仓就了结了。如果买进了看涨或看跌期权，则对冲平仓行为就是卖出相同执行价格、相同到期日的看涨或看跌期权；如果卖出了看涨或看跌期权，则对冲平仓行为就是买进相同执行价格、相同到期日的看涨或看跌期权。

【例20】某客户以40元/吨的价格（权利金）买入了10手5月到期、执行价格为4 900元/吨的白糖看涨期权。几天后白糖期货价格上涨了，期权价格也上涨到了60元/吨，该客户想兑现盈利，于是他发出如下交易指令：以60元/吨卖出平仓10手5月到期、执行价格为4 900元/吨的白糖看涨期权。如果成交了，则该客户原来持有的期权持仓就对冲了结了。

（2）执行履约方式。除了对冲平仓的了结方式外，持有商品期权头寸的另一个了结方式就是履约行权，也就是买方行使权利而使期权合约转换成期货合约，有点类似期货交易双方的交割。

商品期权行权的具体流程如下：

①买方在合约规定的有效期限内的任一交易日交易时间内均可通过交易下单系统下达执行期权的指令（也可随时撤销已下达的期权执行指令）。

②收市后，交易所首先要检查申请期权执行的买方账户里是否有足额的资金，能够保证期权转成期货合约后应缴纳的保证金，并冻结期货保证金金额。

期货账户中的资金金额≥应缴纳的期货合约保证金－期权实值额（或＋期权虚值额）；

如果账户中资金不足，则交易所有权拒绝买方的行权申请。

③随后交易所再为买方选择执行配对的期权卖方。选择卖方履约配对的原则是：先投机卖出持仓，再组合卖出持仓，最后是套期保值卖出持仓；如果是同一种类型的持仓则按谁的持仓时间长谁就先行配对的原则。

④期权执行后，期权买卖双方的期权头寸按照执行价格转换成相应的期货合约持仓，并按照当日期货合约结算价进行结算；对于看涨期权的买方，按照执行价格获得期货多头持仓；对于看涨期权卖方，按照执行价格获得期货空头持仓；对于看跌期权的买方，按照执行价格获得期货空头持仓；对于看跌期权的卖方，按照执行价格获得期货多头持仓。

⑤第二天开市后，原期权买卖双方就改为交易自己账户中的期货合约了。

【例 21】 执行价格为 3 600 元/吨的 1 月豆粕看涨期权执行后，买方获得 3 600 元/吨的 1 月份豆粕期货多头持仓；卖方获得 3 600 元/吨的 1 月份豆粕期货空头持仓。如果期权买方已经持有开仓价格为 3 660 元/吨的 1 月豆粕空头期货合约，也可用执行看涨期权获得的多头期货头寸与已经持有的空头期货头寸平仓，获利 60 元/吨。

放弃方式

放弃，是指期权合约直到到期日当天闭市后，买方都未提出执行申请和提出过申请但未予执行的期权合约，按买方自动放弃权利处理。这是期货交易中所没有的持仓部位的了结方式，是期权交易中特有的一种持仓了结方式。

至此，从下单到所拥有的期权寿命结束，整个期权的交易流程全部结束。

5. 在期权的交易过程中权利金的收取及盈亏计算

期权合约买入方无需交纳交易保证金，但必须支付权利金。那期权买方的权利金是通过何种方式收取的呢？这关系到期权交易的盈亏计算。

期权买方开仓时，按照成交价格向交易所支付权利金。与之对应的是，期权卖方开仓时，按照成交价格从交易所收取权利金。期权买方平仓时，按照成交价格从交易所收取权利金；与之对应的是，期权卖方平仓时，按照成交价格向交易所支付权利金。交易所仅在买卖双方开仓、平仓或行权当日从交易者的资金账户中划转权利金。由于权利金金额是固定的、采取的是一次性划转，不像保证金那样因浮动性存在追加的可能，交易所对权利金不进行逐日盯市。

权利金计算公式如下：

期权买方或卖方开仓支付或收取的权利金 = Σ买入开仓成交价 × 买入期权数量 - Σ卖出开仓成交价 × 卖出期权数量

期权买方或卖方平仓收取或支付的权利金 = Σ卖出平仓成交价 × 卖出平仓期权数量 - Σ买入平仓成交价 × 买入平仓期权数量

【例 22】某客户以 40 元/吨价格开仓买入了 10 手（1 手 10 吨）5 月到期、执行价格为 4 900 元/吨的白糖看涨期权，随后又以 30 元/吨价格卖出开仓 5 手（1 手 10 吨）9 月到期、执行价格为 3 500 元/吨的豆粕看跌期权。收市前，白糖期货价格上涨了，期权价格也上涨到了 60 元/吨，但豆粕期权价格也上涨到了 50 元/吨。于是，他以 60 元/吨价格卖出平仓了 10 手白糖看涨期权，又以 50 元/吨价格买入平仓了 5 手豆粕看跌期权。当天结算后，他账户中的资金金额变化见表 14。

表 14　　权利金盈亏计算

交易行为	缴纳权利金（元）	收取权利金（元）	总计（元）
开仓买入白糖期权	-40 × 10 × 10 = -4 000	—	-4 000 + 1 500 + 6 000 -2 500 = 1 000
开仓卖出豆粕期权	—	30 × 10 × 5 = 1 500	
平仓卖出白糖期权	—	60 × 10 × 10 = 6 000	
平仓买入豆粕期权	-50 × 10 × 5 = -2 500	—	

可见该投资者当天盈利了 1 000 元。

6. 商品期权交易中交易所为何要向卖方收取保证金

在期货交易中，买卖双方都需要缴纳保证金，以防违约。但在期权交易中，交易所只向卖方收取保证金，而买方无需缴纳保证金。这是为何？

在期权交易中，买方向卖方支付权利金，获得了履约的权利但不必承担履约义务。其最大的预期亏损就是已经支付的全部权利金，买方不存在违约的风险，因此不需要额外再交纳保证金。但对卖方来说，则恰恰相反。卖方收取的权利金金额有限，但承担着履约义务的风险，尤其是价格亏损在理论上是无限的。为防止期权卖方发生违约行为，交易所要求卖方交纳保证金，以保证在买方行权的时候卖方有能力履约。

7. 如何计算商品期权卖方需要缴纳多少保证金

期权卖方开仓时，交易所按照上一交易日标的期货合约的结算价计收卖方交易保证金。期权卖方平仓后，交易所会将期权卖方所平仓的交易保证金释放归还，划入其期货账户中。值得注意的是，卖方收取买方的权利金，在期权到期前，即履约义务没有解除前，需要作为卖方保证金的一部分冻结在交易所，不得提取。

有关期权卖方需要缴纳的保证金的具体收取标准，各交易所的规定略有不同。

按大商所和郑商所交易制度的有关规定，商品期权卖方交易保证金的收取标准为以下二者的最大值：

（1）权利金 + 期货保证金 - 期权虚值额的一半（实值和平值为零）；

（2）权利金 + 期货保证金的一半。

其中，看涨期权虚值额 = Max（期权合约行权价格 - 标的期货合约结算价，0）

看跌期权虚值额 = Max（标的期货合约结算价 - 期权合约行权价格，0）

上述标准（1）的依据为：由于虚值期权执行的可能性小（但也不是完全不会执行），即使执行的话，买方获得的期货合约处于亏损状态，而卖方的期货持仓处于盈利状态，此时的卖方保证金追加风险较小，按照国际惯例，在收取的卖方保证金中减去期权虚值额的一半。

上述标准（2）的依据为：对于深度虚值期权来说，减去期权虚值额的一半可能会导致保证金计算结果为负或零，出现卖方无需缴纳保证金的不合理结果，因此，在深度虚值期权的情况下，一般是收取相当于期货合约保证金一半的资金。

再在标准（1）和（2）中选取最大者作为收取保证金的标准，就能确保期权卖方不发生违约风险。

上期所对期权卖方保证金的收取标准比大商所和郑商所规定略微复

杂。上期所规定期权合约卖方保证金为以下二者的较大值：

（1）（标的期货合约结算价 × 标的期货合约保证金率 × Delta 风险值 × 期权合约持仓量）+（期权合约收盘价与结算价的较大值 × 期权合约持仓量）

（2）期权最小保证金 × 期权合约持仓量

公式中的 Delta 风险值是标的期货合约价格发生单位变化时，期权合约价格所发生的变化，由交易所每日公布。期权最小保证金也由交易所另行公告，交易所有权根据市场情况对期权最小保证金标准进行调整。

在某一期权合约的交易过程中，当出现下列情况时，各交易所可以根据市场风险调整其交易保证金标准：

①持仓量达到一定的水平时；

②临近最后交易日时；

③期权合约当日无成交时；

④连续数个交易日的期权合约或者标的期货合约累计涨跌幅达到一定水平时；

⑤期权合约或者标的期货合约连续出现涨跌停板时；

⑥遇国家法定长假时；

⑦交易所认为市场风险明显增大时；

⑧交易所认为必要的其他情况。

【例 23】 某投资者卖出 1 手豆粕看涨期权 M1501 - C - 3300 合约，收取权利金 100 元/吨。当日期货合约 M1501 结算价为 3 250 元/吨，期货保证金率为 10%。该投资者应缴纳的保证金为多少？

看涨期权的虚值额 = Max（期权执行价格 - 标的期货合约当日结算价，0）

= Max（3 300 - 3 250，0）

= 50 元/吨

（1）权利金 + 标的期货合约交易保证金 - 0.5 × 期权虚值额

=（100 + 3 250 × 10% - 0.5 × 50）元/吨 × 10 吨/手

= 400 元/吨 × 10 吨/手

= 4 000 元/手

（2）权利金 + 0.5 × 标的期货合约交易保证金

=（100 + 0.5 × 3 250 × 10%）元/吨 × 10 吨/手

=262.5 元/吨 ×10 吨/手

=2 625 元/手

选取（1）与（2）两者中的最大值，故该投资者需缴纳的保证金为 4 000 元/手。

【例 24】 某投资者 3 月 5 日卖出 1 手 9 月白糖看跌期权，执行价格为 5 000 元/吨，收取权利金 20 元/吨。上一交易日期货结算价为 5 020 元/吨，若期货保证金按 10% 收取，则该投资者卖出开仓期权需要缴纳的保证金为（1）与（2）计算值的最大者。

看跌期权虚值额 = Max(标的期货合约结算价 - 期权合约行权价格,0)

= Max(5 020 - 5 000,0)

= 20 元/吨

（1）20 元/吨 ×10 吨/手（权利金） +5 020 元/吨 ×10 吨/手 ×10%（期货保证金） -0.5 ×20 元/吨 ×10 吨/手（期权虚值额 ×1/2）

=5 120 元/手

（2）20 元/吨 ×10 吨/手（权利金） + 5 020 元/吨 ×10 吨/手 ×10%/2（期货保证金 ×1/2）

=2 710 元/手

所需缴纳的期权卖出开仓保证金为 5 120 元/手。

若 3 月 6 日期货结算价为 5 030 元/吨，权利金结算价降低到 15 元/吨，该投资者的那 1 手看跌期权未平仓，则该日需缴纳的保证金为：

看跌期权虚值额 = Max(标的期货合约结算价 - 期权合约行权价格,0)

= Max(5 030 - 5 000,0)

= 30 元/吨

（1）15 元/吨 ×10 吨/手（权利金） +5 030 元/吨 ×10 吨/手 ×10%（期货保证金） -30/2 元/吨 ×10 吨/手（期权虚值额 ×1/2）

=5 030 元/手

（2）15 元/吨 ×10 吨/手（权利金） + 5 030 元/吨 ×10 吨/手 ×10%/2（期货保证金 ×1/2）

=2 665 元/手

比较（1）与（2），当日结算时该投资者需要缴纳的保证金为 5 030 元/手。

若 3 月 7 日期货结算价格下跌到 5 010 元/吨，权利金上涨到 18 元/

吨，则重新计算保证金：

看跌期权虚值额 = Max(标的期货合约结算价 - 期权合约行权价格,0)

= Max(5 010 - 5 000,0)

= 10 元/吨

（1）18 元/吨 ×10 吨/手（权利金） +5 010 元/吨 ×10 吨/手 ×10%（期货保证金） -10/2 元/吨 ×10 吨/手（期权虚值额 ×1/2）

= 5 140 元/手

（2）18 元/吨 ×10 吨/手（权利金） +5 010 元/吨 ×10 吨/手 ×10% /2（期货保证金 ×1/2）

= 2 685 元/手

比较（1）与（2），当日所需的保证金为 5 140 元/手。

在上面的例子中，保证金的第一种计算方法都比第二种计算方法得出的数值大。那么，什么情况下缴纳保证金会是第二种计算方法的结果呢？通常这只有在卖出的期权虚值很大时才会出现。

【例 25】 假若【例 24】中的投资者 3 月 5 日卖出的是 1 手 9 月执行价格为 4 020 元/吨的白糖看跌期权，收取权利金 8 元/吨，那么保证金为：

看跌期权虚值额 = Max(标的期货合约结算价 - 期权合约行权价格,0)

= Max(5 020 - 4 020,0)

= 1 000 元/吨

（1）8 元/吨 ×10 吨/手（权利金） +5 020 元/吨 ×10 ×10%（期货保证金） -1 000/2 元/吨 ×10 吨/手（期权虚值额 ×1/2） = 100 元/手

（2）8 元/吨 ×10 吨/手（权利金） +5 020 元/吨 ×10 吨/手 ×10%/2（期货保证金 ×1/2）

= 2 590 元/手

比较（1）与（2），所需的初始保证金为 2 590 元/手。

8. 商品期权每日涨跌停板幅度是如何规定的

和商品期货市场一样，国内商品期权市场也实行涨跌停板制度，不过投资者很难遇见商品期权出现涨跌停板的情景，这一点与商品期货不大一样。这是为什么呢？只要看一下商品期权涨跌停板幅度的具体计算公式就会一目了然。

郑商所和大商所商品期权涨跌停板幅度的计算公式如下：

涨停板价格 = 期权合约上一日结算价 + 标的期货合约当天的涨跌停板幅度

跌停板价格 = Max（期权合约上一日结算价 - 标的期货合约当天的涨跌停板幅度，期权合约最小变动价位）

由上述公式发现，期权合约涨跌停板幅度同标的期货合约的涨跌停板幅度在绝对数值上是一样的。之所以在跌停板价格中规定了最低价为“期权合约最小变动价位”，是为了防止期权的跌停板价格成为不合理的负数。如：假设白糖期权合约上一日结算价为 150 元/吨，当天标的期货合约跌停板幅度为 186 元/吨，则该期权当天的跌停板价格为 -36 元/吨，这显然是不合理的，白糖期权跌停板价最低应该有 0.5 元/吨。

上期所商品期权涨跌停板幅度的规定比上述两家交易所规定的期权涨跌停板幅度还要大一倍，即期权合约的每日涨跌停板价格是标的期货合约当天涨跌停板幅度绝对值的 2 倍。

上期所同时规定：期权合约上市首日的涨跌停板幅度是标的期货合约当日涨跌停板幅度绝对值的 3 倍，当日涨跌停板幅度的基准是该期权合约的挂牌基准价。

【例 26】 4 月某日，白糖 9 月期货合约收市后的结算价为 5 000 元/吨，一投资者在当天买入 1 手该期货合约的看跌期权，执行价格为 5 000 元/吨，权利金为 150 元/吨。按照郑商所期货交易规则，下一交易日白糖期货合约的涨跌停板幅度为 ±4%，即涨跌幅度的绝对值为 ±200 元/吨，价格波动范围将在 4 800 ~ 5 200 元/吨之间。而同日执行价格为 5 000 元/吨的看跌期权的涨跌幅度不是 ±4% 的百分比值，而是涨跌幅度的绝对值 ±200 元/吨。因此，其价格波动范围将在 0.5 ~ 350 元/吨之间波动。这个波动幅度要比期货合约的波动幅度大得多，因此很难达到（见表 15）。

表 15　　期货与期权涨跌停板价格区别

品种	当天结算价	涨跌停板幅度的绝对值	下一交易日价格波动范围
白糖期货	5 000 元/吨	5 000 × ±4% = ±200 元/吨	4 800 ~ 5 200 元/吨
白糖期权	150 元/吨	±200 元/吨	0.5 ~ 350 元/吨

想要达到上期所规定的期权涨跌停板幅度则更难，也许几年都难得

一见。

9. 商品期权与商品期货在交易方式上有什么不同

从以上期权的交易特点可以发现，商品期权与商品期货在交易方式上有以下不同之处。

合约标的物不同

商品期货合约的标的物是实物商品；商品期权合约的标的物是商品期货合约。

买卖双方的权利义务不同

期货合约赋予买卖双方相应的权利和义务；而期权双方，买方有权在其认为合适的时候行权履约，但并不负有必须买入或卖出的义务。当买方认为行使期权对自己不利时，完全可以放弃行权，损失的只是权利金；期权卖方却没有任何权利，只有义务满足期权买方要求履行合约时买入或卖出一定数量的期货合约。

保证金规定不同

在期货交易中，买卖双方都要缴纳同等数量的保证金。在期权交易中，期权买方不需要缴纳保证金，但要向期权的卖方支付一定数额的权利金；对于期权卖方来说，收到权利金后，他所面临的市场风险在理论上可能是无限的，而且期权卖方在任何时候都必须无条件地进行履约。为防止期权卖方违约，期权卖方就必须交付保证金，并将其维持在一定水平，以表明他具有相应的履行期权合约的能力。

市场风险不同

在期货交易中，交易双方盈利和亏损的程度取决于价格变动的幅度，所以买卖双方潜在的盈利和亏损都是无限的。而在期权交易中，由于期权买方与卖方权利与义务的不对称性，他们在交易中的盈亏也具有不对称性。以看涨期权为例，期权买方的亏损风险是有限的（仅以权利金为限），而盈利理论上可能是无限的（在看涨期权的情况下），也可能是有限的（在看跌期权的情况下）；期权卖方的盈利是有限的（仅以期权权利金为限），而亏损的风险理论上可能是无限的（在看涨期权的情况下），也可能是有限的（看跌期权的情况下）。

仓位了结的方式不同

期货交易中，投资者通常是以平仓或进行实物交割的方式了结持仓。而在期权交易中，投资者了结其仓位的方式包括三种：平仓、行权、一直持有至到期都不行权而作废。

合约数量不同

期货交易中，期货合约只有交割月份的差异，数量固定而有限。期权交易中，期权合约不但有月份的差异，还有执行价格、看涨期权与看跌期权的差异。不但如此，随着期货价格的波动，还要挂出新的执行价格的期权合约。因此，期权合约的数量较多，往往对应于某一月份的期货合约可以有数十个甚至上百个期权合约。

10. 商品期权与金融期权在交易方式上有什么不同

不仅是商品期权与商品期货在交易方式上有很大差异，就是同属期权的商品期权和金融期权，两者在交易方式上也有很大的不同，主要体现在行权方式上。

行权的方式不同

为规避交割风险，商品期权往往采取的是美式期权，即期权买方可以在期权合约到期日前的任何交易日都可以行使权利。而像股指期权一类的金融期权几乎采用的都是欧式期权，规定期权的买方只有在期权合约到期日那一天方可行使权利，在合约到期日之前不能行使权利。

行权后的结果不同

对商品期权的买卖双方来说，当买方提出行权要求后，行权的结果是：看涨/看跌期权的买方获得的是标的期货合约的多/空头部位，相应的卖方获得的是标的期货合约的空/多头部位，同时双方需要缴纳与期货合约相关的保证金。而金融期权买方在期权到期日最后一天提出行权要求后，交易所对买卖双方采取的是现金结算的方式来了结双方的期权头寸，与股指期货的交割方式十分类似。

行权的条件不同

对商品期权的买方来说，不管手上拥有的是实值期权，还是平值期权或虚值期权，只要愿意都可以要求行权，获得的是相应的期货合约头寸；金融期权规定只能是在期权到期日的最后那一天，只有实值期权的买方才能提出行权要求，平值期权或虚值期权的买家是不允许行权的。

最后交易日不同

商品期权的最后交易日通常比标的商品期货合约的最后交易日要提前数天或数个月，也就是说比商品期货要“短命”得多；金融期权的最后交易日往往与标的金融期货合约的最后交易日是同一天，也就是说两者同一天结束“生命”。究其原因，金融期货或期权由于采取的是现金交割或现金行权，几乎不存在交割或行权的风险；商品期货的交割或行权由于牵涉实物交割而存在行权后的交割风险。

影响国内商品期权价格的基本因素

研究商品期权价格的影响因素可以帮助投资者更好地理解期权价格波动的原因，并根据各影响因素的变化来判断期权未来价格走势，从而构建合理的期权投资策略。

1. 影响商品期权价格的基本因素有哪些

前面曾提到过，期权价格主要由内涵价值和时间价值两部分组成：期权价格 = 期权的权利金 = 内涵价值 + 时间价值

凡是影响期权内在价值和时间价值的因素，就是影响商品期权价格的因素。

由于期权的内涵价值是由期权合约的执行价格与标的期货合约价格的关系决定的，期权的执行价格与标的期货合约价格是影响商品期权价格的两个首要因素。

对期权时间价值的影响因素包括期权距到期日的剩余有效期，以及在此期间标的期货合约价格的波动率大小和无风险利率可能发生的变化等（见图 5）。

总体来看，影响商品期权价格的主要因素有 5 个，它们通过影响期权的内在价值和时间价值来影响期权的价格。下面对每个影响因素进行详细讨论。

2. 标的期货合约价格对相应的期权价格有什么影响

期权标的物——期货合约的价格是影响期权价值的重要因素。当执行

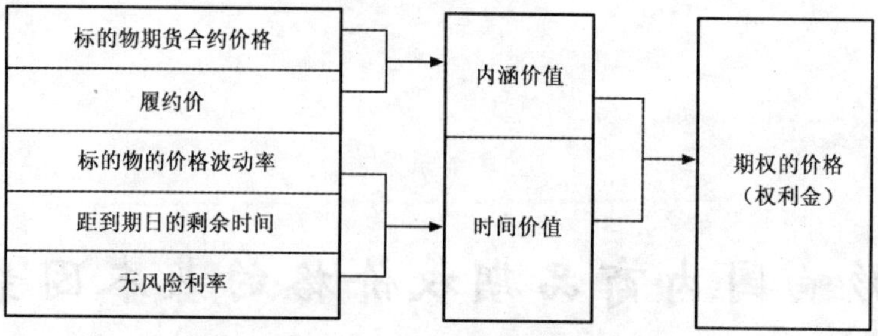

图 5　影响商品期权价格的基本因素

价格确定后，看涨期权是以某一特定价格买入一定数量期货合约的权利。如果期货合约价格上涨，则其价格和执行价格的差，也就是看涨期权的内涵价值就会增加，看涨期权的价格也就随之上涨。同理，看跌期权是以某一特定价格卖出一定数量期货合约的权利，所以期货合约价格越低，执行价格和期货合约价格的差，也就是看跌期权的内涵价值就会越高，看跌期权的价格也就会上涨。

期货价格与期权价格具有相关关系（见表 16）。在看涨期权交易中，期货价格与期权价格为正相关关系。期货合约价格越高，期权的内涵价值越大，期权价格就越高；在看跌期权中，期货价格与期权价格成负相关关系。期货价格越高，期权的内涵价值就越小，期权价格也就越低。因此，投资者在进行期权交易时，首先要考虑标的物期货合约的价格，根据其与执行价格的关系选择实值期权、平值期权或虚值期权。

表 16　标的期货合约价格与期权价格关系

期权	标的期货合约价格	期权价格
看涨期权	上涨	上涨
	下跌	下跌
看跌期权	上涨	下跌
	下跌	上涨

3. 执行价格对商品期权价格有什么影响

假设某豆粕期货合约对应有两个看涨期权，一个执行价为 3 500 元/

吨，一个执行价为3 600元/吨。如果两个期权的权利金相同（当然这几乎是不可能的），你更愿意买哪一个期权呢？显然，执行价为3 500元/吨的期权会被“哄抢”。这是因为，在看涨期权中，执行价格越高，买方盈利的难度越大，所以执行价高的看涨期权应该相对便宜一些，而执行价越低的看涨期权会更贵才合理，即执行价格与期权价格成反向变动关系。与看涨期权相反，看跌期权的执行价越低，对买方越不利；执行价格越高，买方盈利才更容易。所以，执行价低的看跌期权会相对便宜，执行价高的看跌期权会比较贵，此时执行价格与期权价格成正向变动关系（见表17）。

表17　　执行价格与期权价格关系

期权	执行价格	期权价格
看涨期权	越高	越低
	越低	越高
看跌期权	越高	越高
	越低	越低

4. 商品期货价格的波动率对其期权价格有什么影响

通常，人们把期货作为规避现货价格波动风险的工具，而把期权用于规避期货价格波动风险的工具。因此，商品期货价格的波动率是期权定价模型中最重要的变量，可谓“没有期货的波动率，期权就是多余的”。

波动率是衡量标的物价格波动幅度的指标，一般定义为标的物收益率的标准方差。对商品期权来说，直观上理解，波动率就是衡量期货价格波动的百分比，只体现期货价格波动幅度的大小，即价格波动的剧烈程度，而不考虑价格变动的方向。

期货价格波动率对期权价格有无影响是随着期权剩余时间的长短来体现的。在其他因素不变的条件下，期货合约价格的波动增加了期权向实值方向转化的可能性，期权价格也会相应上涨。在期权到期前，标的期货合约的波动性越大，其价格涨至执行价格之上或跌至执行价格之下的可能性也就越大，期权就越有价值，价格就会越高；相反，期货价格波动性越小，期权价格也就失去了价值性，价格当然就越低，即期货价格的波动率与期权权利金成正相关关系（见表18）。

表18　标的期货合约价格波动率与期权价格关系

期权种类	标的期货合约价格波动率	期权价格
看涨期权或看跌期权	上升	上涨
	下降	下跌

如何利用期货合约的波动率对商品期权价格进行简单预估和定价，将在“商品期权波动率交易策略”中再详细介绍。

5. 到期日剩余时间对商品期权价格有影响吗

对美式商品期权而言，由于它可以在有效期内任意时间行权，期权有效期越长，期权多头获利机会就越大，其时间价值也就越大，期权价格越高；反之，时间价值就越小，期权价格就越低。因此，无论是看涨期权还是看跌期权，其价格与期权到期日剩余时间均成正相关关系。具体特点如下：

（1）时间价值会随着期权到期日的日益临近而加速衰减，而在到期日时，时间价值衰减至零。

（2）按照一般规律，距到期日剩余时间还有60%以上时，因到期日临近造成的时间价值减少量并不会很多，投资者只要能正确地预测标的期货价格走向就可以获利，不必担心时间价值的减少。

（3）按照一般规律，距到期日剩余时间还有60%甚至更少到40%时，时间价值的递减率会增加一成以上，所以此时期权投资者应当注意时间价值的影响。如果标的期货合约价格的涨跌幅度不大，即使做对了方向也可能因时间价值的减少而出现亏损。

（4）距到期日剩余时间在40%以下时，时间价值的递减会急剧加速（见图6）。

从期权与时间的关系来看，期权是一种价值损耗性资产。对于期权合约来说，从上市交易的第一天起，到期时间只会一天天减少。对买方来讲，时间的流逝对其是不利的，因为只要有时间，买方就有获利行权的希

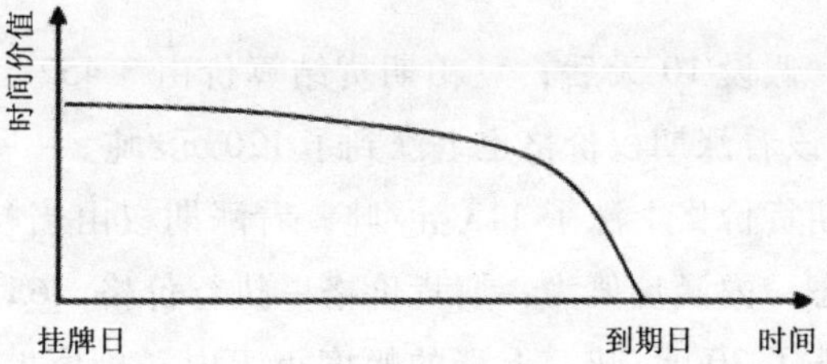

图 6　到期日剩余时间与商品期权时间价值的关系

望；对卖方来说，时间的流逝对其是有利的，因为这会减少买方行权的机会，带来期权价值的下降，“上帝在帮助期权的卖方”。因此，期权剩余时间的变化对买卖双方的影响是不同的。期权到期日剩余时间与价格关系见表 19。

表 19　到期日剩余时间与期权价格关系

期权种类	距到期日剩余时间	期权价格
看涨期权或看跌期权	越长	越高
	越短	越低

需要提醒注意的是，对于欧式期权，由于它只能在期末行权，不一定有上述的规律。有兴趣的读者可以参阅金融期权方面的书籍，这里就不再详细阐述了。

【例 27】某投资者买入 1 手执行价 3 500 元/吨的某月份豆粕期货看涨期权，支付权利金 90 元/吨，距到期日还有 30 天。当天该豆粕期货合约结算价为 3 452 元/吨。假设在未来 30 天内期权的波动率几乎不变，期权价格的变化如表 20 所示。

表 20　期权时间价值的变化

情形 项目	期货价格/ 元/吨	期权剩余时间/ 天	期权内涵价值/ 元/吨	期权时间价值/ 元/吨	期权价格/ 元/吨
初始情形	3 452	30	0	90	90
情形一	3 565	20	65	55	120
情形二	3 565	10	65	15	80
情形三	3 565	0	65	0	65

情形一：假设10天后，豆粕期货结算价由3 452元/吨上涨到3 565元/吨，同期该看涨期权价格也上涨到了120元/吨。

分析：期货价格上涨了113元/吨，看涨期权由当初的虚值状态转变成了实值状态，内涵价值为：期货价格－执行价格＝65元/吨，而同期期权价格只上涨了30元/吨，上涨的幅度小于内涵价值上涨的幅度。显然，内涵价值的有利变化被时间价值的不利变化给抵消了一部分，也就是时间价值的下降才导致期权价格的上涨幅度不及期货价格的上涨幅度。

情形二：假设20天后，豆粕期货结算价格保持3 565元/吨不变，同期该看涨期权价格却下跌到了80元/吨。

分析：期货价格保持不变，看涨期权仍为实值状态，内涵价值保持65元/吨不变，而同期期权价格却下跌了40元/吨。表明随着到期日的临近，时间价值进一步下降，在期权价格中仅占80－65＝15元/吨。

情形三：假设30天后，即到期日当天，豆粕期货结算价格仍保持3 565元/吨不变，同期该看涨期权价格却下跌到了65元/吨。

分析：期货价格保持不变，看涨期权仍为实值状态，内涵价值65元/吨不变，而同期期权价格又下跌了15元/吨。这表明在到期日期权的时间价值已经没有了，65元/吨的价格完全体现的是期权的内涵价值。

可见，期权是有到期日的，“权利不用，过期作废”。期权买方必须面对这一点。

6. 为什么无风险利率对商品期权价格也有影响

不少投资者认为，利率对金融期权价格可能会有影响，那么利率对商品期权价格也有影响吗？答案是肯定的。

无风险利率主要影响商品期权交易中的机会成本（Opportunity Cost）。我们来看一下买入看涨期权和买入标的商品的区别。如果买入了看涨期权，只要付定金（权利金）后想行权时再付款就可以，而买入现货需要即时付款。也就是说，相对于买入现货来说，买入看涨期权具有延迟付款的效果，那么利率越高对看涨期权的买方来说也就越有利，对期权的卖方来说就得通过提高期权的价格得到补偿，即随着利率的增加，看涨期权的价格是随之上升的；而买入看跌期权者相当于是商品的卖家，要比卖出现货晚收到货款，利率升高对看跌期权的买方来说是不利的，应该给看跌期权的买家补偿，所以看跌期权的价格是随着利率上升而下降的（见表21）。

表 21　　执行价格与期权价格关系

期权	利率	期权价格
看涨期权	上升	上涨
	下降	下跌
看跌期权	上升	下跌
	下降	上涨

国内商品期权投机交易策略

作为一种金融衍生工具，期权在投机交易中与其他金融工具具有同样的交易共性，即利用市场出现的价差进行买卖从中获得利润。但由于商品期权自身在一定条件下可以通过行权转换为期货合约，从而使得期权的投机方式较一般的金融工具的投机方式稍为复杂一些。

1. 商品期权的四种基本交易方式

期权分为看涨期权和看跌期权两种类型，而期权交易者既可买入期权，也可卖出期权，所以期权交易共有四种基本方式：买进看涨期权、卖出看涨期权、买进看跌期权、卖出看跌期权。

买进看涨期权

买进某期货的执行价格为 X 的看涨期权，在支付一笔权利金 C 后，便可享有在到期日之前买入或放弃买入相关标的期货合约的权利。此时的盈亏平衡点为执行价格加上权利金。如果期货价格 S 此后一直低于 X，则看涨期权的买方的最大损失就是权利金 C，这在买进看涨期权的那一刻就已经确定了。一旦期货价格 S 上涨超过 X + C（见图 7），也就是超过期权的盈亏平衡点后，投资者便可履行看涨期权，以 X 的价格获得期货合约的多头头寸，然后到期货市场上按 S 价格高价卖出期货合约平仓，获得净的差价利润，在弥补支付的权利金后还有盈余。不过由于期货合约价格 S 的上涨同时会导致期权的权利金价格上涨，该投资者也可以不必非要行权获得期货合约不可，而是可以直接在期权市场上卖出平仓手中的看涨期权，从而获得权利金的价差收入。

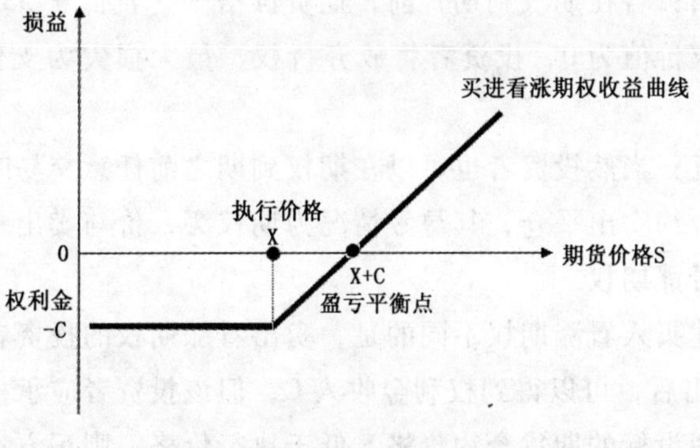

图 7　买进看涨期权损益图

从图 7 中可以发现，买进看涨期权的盈亏状况如下：

①当 $S>X+C$ 时，买进的看涨期权获利，盈利金额 $=S-(X+C)>0$；

②当 $S=X+C$ 时，买进的看涨期权正好处于盈亏平衡点处，不亏不赚；

③当 $X<S<X+C$ 时，尽管期货价格下跌，但仍高于执行价格 X，期权仍可获利，只是获利金额不足以完全弥补所付出的权利金，因此，买进的看涨期权因权利金成本问题仍然处于亏损状态，亏损金额 $=S-(X+C)<0$；

④当 $S\leqslant X$ 时，买进的看涨期权处于完全亏损状态，但最大亏损金额 = C。

因此，理论上买进看涨期权的损失有限而盈利无限。

【例 28】 某日，上海期货交易所 9 月金属铜期货合约即时价格为 52 000 元/吨，某投资者买进 1 手执行价格为 53 000 元/吨 9 月铜期货的看涨期权，付出权利金 430 元/吨。假设未来期货价格将达到 S 元/吨，则投资者最终盈亏情况如何呢？

情形一： 若在期权到期日前的某日，期货价格为 53 000 + 430 = 53 430 元/吨，则投资者达到盈亏平衡；

情形二： 若在期权到期日前的某日，期货价格高于 53 430 元/吨，如果投资者执行期权，则投资者将获利 S－53 430 元/吨；

情形三： 若在期权到期日前的某日，期货价格介于 53 000～53 430 元/吨之间时，投资者将亏损 S－53 430 元/吨；

情形四： 若在期权到期日前，期货价格 S 一直低于 53 000 元/吨，则该看涨期权价值为 0，投资者将放弃行权，最大损失为支付的权利金 430 元/吨；

情形五： 当然投资者也可以在期权到期之前任意交易时刻将所持有的看涨期权合约卖出平仓，其盈亏情况为期权买入价与卖出平仓价的差额。

卖出看涨期权

与上述买入看涨期权不同的是，卖出看涨期权的投资者以一定的执行价格 X 卖出后，可以得到权利金收入 C，但该投资者应承担随时会被履约的义务。假设标的期货合约价格 S 低于执行价格，则买方不会履约，卖方可获得全部权利金；假如 S 在执行价格 X 与盈亏平衡点 X + C 之间变动，则该投资者还能获取一部分权利金收入；如果标的期货合约价格 S 大于盈亏平衡点，则卖方将面临期货价格上涨后的无限亏损风险（见图 8）。因此，卖出看涨期权者的盈利有限，最大盈利就是全部权利金，而潜在的亏损在理论上是无限的。

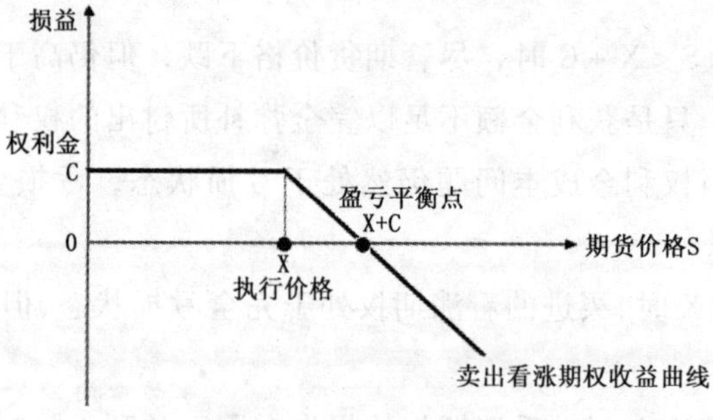

图 8　卖出看涨期权损益

从图 8 中可以发现，卖出看涨期权的盈亏状况如下：

①当 $S \leq X$ 时，卖出的看涨期权获利，盈利金额 $= C > 0$，这也是投资者能获得的最大盈利；

②当 $X < S < X + C$ 之间时，尽管此时期货价格高于执行价格 X，但期权卖方亏损额尚未超过获得的权利金金额，卖出的看涨期权仍有盈利，盈利金额 $= (X + C) - S > 0$；

③当 $S = X + C$ 时，卖出的看涨期权正好处于盈亏平衡点处，不亏不赚；

④当 $S > X + C$ 时，卖出的看涨期权开始处于净亏损状态，亏损额 =

$(X+C)-S<0$。

【例 29】 某日，上海期货交易所 9 月金属铜期货合约即时价格为 52 000 元/吨，某投资者卖出 1 手执行价格为 53 000 元/吨 9 月铜期货的看涨期权，获得权利金 430 元/吨。假设未来期货价格将达到 S 元/吨，则投资者最终盈亏情况如何呢？

情形一： 若在期权到期日前，期货价格 S 一直低于执行价 53 000 元/吨，则最终该看涨期权不会被买方执行，该投资者将获得最大盈利，也就是获得 430 元/吨的权利金；

情形二： 若在期权到期日前的某日，期货价格 S 介于 53 000 ~ 53 430 元/吨之间时，如果期权买方要求行权，则该投资者仍可获利 53 430 − S 元/吨；

情形三： 若在期权到期日前的某日，期货价格为 53 000 + 430 = 53 430 元/吨，则投资者达到盈亏平衡点，不赔不赚；

情形四： 若在期权到期日前的某日，期货价格高于 53 430 元/吨，买方执行期权，则该投资者将亏损 53 430 − S < 0 元/吨；

情形五： 当然，投资者也可以在期权到期日之前，在买方尚未提出行权要求的任意交易时刻将所持有的卖出看涨期权合约买入平仓，其盈亏情况为期权卖出价与买入平仓价的差额。

买进看跌期权

在期权交易中，看涨可以买进，看跌也可以买进，不过买的是看跌的权利，这点与期货交易不同。看跌期权的买方在支付一笔权利金 P 后，有权在到期日之前按照合约规定的执行价格 X 向看跌期权的卖方卖出一定数量的期货合约。如果在买入看跌期权后，期货合约价格高于执行价格，看跌期权买方可以放弃执行期权，最大损失就是权利金；如果期货合约价格在执行价格与盈亏平衡点之间，则会损失部分权利金。如果期货合约价格在盈亏平衡点以下，则看跌期权买方可以执行期权，以较高的执行价格卖出期货合约，只要价格一直下跌，就一直获利。所以，看跌期权买方损失有限，盈利可能是巨大的，但不会无限大，因为期货价格不可能低于 0。

从图 9 中可以发现，买进看跌期权的盈亏状况。

①当 $S=0$ 时，买进的看跌期权将获的最大盈利，盈利金额 $=X-P>0$，不过这只是理论上的可能，实际上期货合约价格不可能会跌到 0；

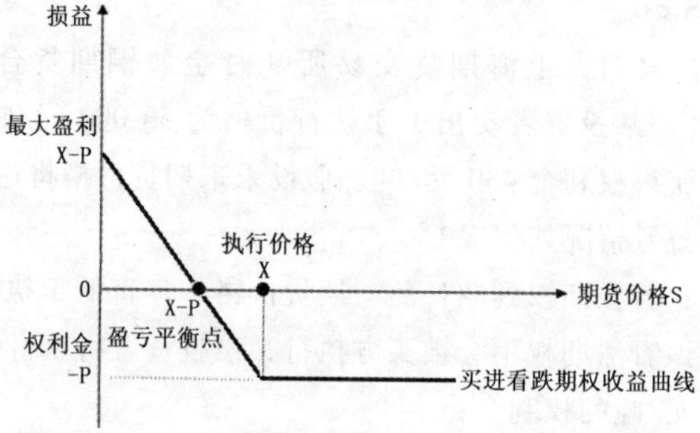

图 9　买进看跌期权损益图

②当 $0<S<X-P$ 之间时，期价仍然小于扣除权利金 P 以后的卖出执行价格 $X-P$，如果将看跌期权行权，仍有盈利，盈利金额 $=(X-P)-S>0$；

③当 $S=X-P$ 时，买进的看跌期权正好处于盈亏平衡点处，不亏不赚；

④当 $X-P<S<X$ 时，由于期货价格的继续上涨，虽然此时买进的看跌期权行权仍有利可图，但已不足以弥补付出的权利金数额，买进的看跌期权开始处于净亏损状态，亏损额 $=(X-P)-S<0$；

⑤当 $S\geq X$ 时，此时的期货价格高于卖出执行价 X，看跌期权不会被行权，投资者出现最大损失，最大亏损额 $=P$。

【例 30】某日，上海期货交易所 6 月黄金期货合约即时价格为 350 元/克。某投资者买进 1 手执行价格为 330 元/克 6 月黄金期货的看跌期权，付出权利金 30 元/克。假设未来期货价格将达到 S 元/克，则投资者最终盈亏情况如何呢？

情形一：若在期权到期日前的某日，期货价格跌为 0，投资者执行期权将获得最大盈利 330 - 30 = 300 元/克，当然，这只是理论上的推算，实际上黄金期货价格不可能跌到 0；

情形二：若在期权到期日前的某日，期货价格低于 300 元/克，如果投资者执行期权，则投资者将获利 330 - 30 - S > 0 元/克；

情形三：若在期权到期日前的某日，期货价格为 330 - 30 = 300 元/克，则投资者达到盈亏平衡点，不赔不赚；

情形四：若在期权到期日前的某日，期货价格介于 300 ~ 330 元/克之间时，如果投资者执行期权，则在期货上仍可获利，但所获的盈利不足以弥补付出的30元/克权利金，投资者将亏损330－30－S＜0元/克；

情形五：若在期权到期日前，期货价格S一直高于执行价330元/克，则该看跌期权价值为0，投资者将放弃行权，最大损失为支付的权利金30元/克；

情形六：当然投资者也可以在期权到期之前任意交易时刻将所持有的看跌期权合约卖出平仓，其盈亏情况为期权买入价与卖出平仓价的差额。

卖出看跌期权

上述买进看跌期权的对手盘就是卖出看跌期权。看跌期权卖方盈亏与买方正好相反，买方的盈利即为卖方的亏损，买方的亏损即为卖方的盈利，谁盈谁亏，完全看大家对市场走势的判断。看跌期权的卖方盈利有限，最大盈利即为获得的权利金收入，潜在亏损在理论上是巨大的，但不会是无限的，这是因为期货价格不会跌破0。

从图10中可以发现，卖出看跌期权的盈亏状况。

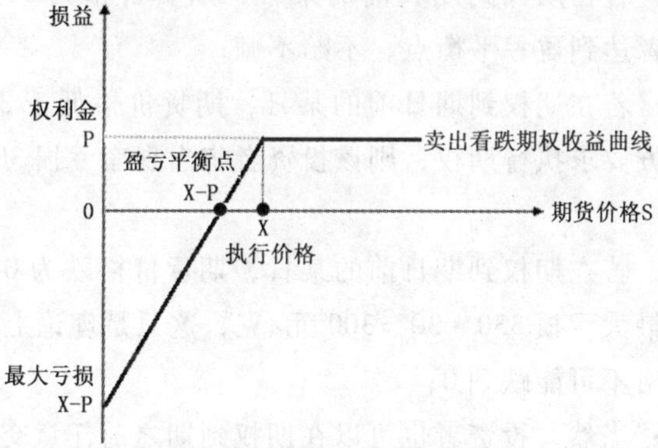

图10　卖出看跌期权的损益图

①当S≥X时，此时的期货价格高于卖出执行价X，看跌期权的买方不会行权，卖出的看跌期权将获的最大盈利，盈利金额＝P；

②当X－P＜S＜X之间时，尽管期货价格小于执行价格X，期权买方行权有利可图，但所获盈利不足以弥补支付的权利金，看跌期权的卖方仍有盈利，盈利金额＝S－（X－P）＞0；

③当S＝X－P时，卖出的看跌期权正好处于盈亏平衡点处，不亏不赚；

④当 $0<S<X-P$ 时，由于期货价格低于盈亏平衡点，卖出看跌期权所获得的权利金已不足以弥补出现的亏损，卖出的看跌期权开始处于净亏损状态，亏损额 $=S-(X-P)<0$；

⑤当 $S=0$ 时，卖出的看跌期权出现最大亏损，亏损额 $=X-P$，不过这只是理论上的可能，实际上期货合约价格不可能跌到0。

【例31】某日，上海期货交易所6月黄金期货合约即时价格为350元/克，某投资者卖出1手执行价格为330元/克6月黄金期货的看跌期权，获得权利金30元/克。假设未来期货价格将达到S元/克，则投资者最终盈亏情况如何呢？

情形一：若在期权到期日前，期货价格S一直高于执行价330元/克，则该看跌期买方不会行权，该投资者获得最大盈利，即权利金30元/克；

情形二：若在期权到期日前的某日，期货价格介于300～330元/克之间，此时即便是买方要求行权，卖方所获得的权利金仍能弥补在期货上的亏损，仍可获利：$30-(330-S)>0$ 元/克；

情形三：若在期权到期日前的某日，期货价格为 $330-30=300$ 元/克，则投资者达到盈亏平衡点，不赔不赚；

情形四：若在期权到期日前的某日，期货价格低于300元/克的盈亏平衡点，买方要求执行期权，则该投资者将出现净亏损 $30-(330-S)<0$ 元/克；

情形五：若在期权到期日前的某日，期货价格跌为0，投资者因买方行权将出现最大亏损 $330-30=300$ 元/克，这只是理论上的推算，实际上黄金期货价格不可能跌到0；

情形六：当然，投资者也可以在期权到期之前任意交易时刻，将所卖出的看跌期权合约买入平仓，其盈亏情况为期权卖出价与买入平仓价的差额。

以上交易方式是期权交易的最基本交易策略。其他交易策略都是通过上述交易策略衍生而来。图11是对期权基本交易方式的总结。

2. 商品期权投机交易特点

令人意想不到的是，世界上交易最火爆的期权产品并不是在美国、欧洲或日本，而是在韩国。正是由于KOSPI200（韩国综合股价指数）期

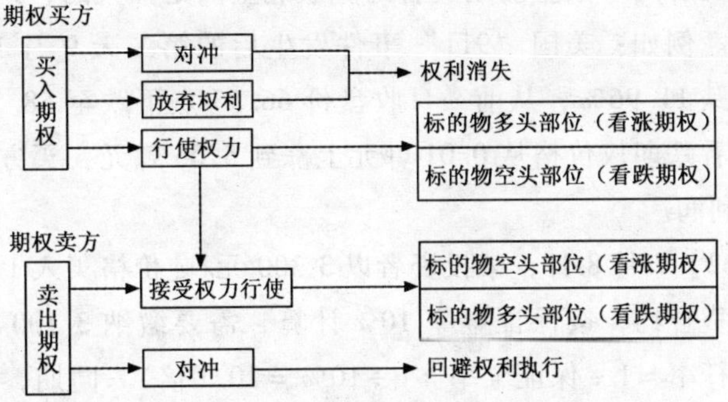

图 11　期权基本交易方式

权，使得韩国证券交易所的成交量排在了世界第三的位置。该产品甚至还不能用美元或欧元进行交易，而且北美或欧洲的经纪人和交易所也不能进行该项交易。KOSPI200 期权只在韩国并且只用韩元进行交易，它怎么会有如此大的魅力呢？这与期权的投机交易特点不无关系。尽管 KOSPI200 是一只金融期权，但商品期权与金融期权在投机交易方面的特性基本一致。

入市资金门槛低

目前，参与沪深 300 股指期货交易的资金门槛是比较高的，即便是股指期货跌至 2 000 点的低位，按照 13% 的保证金率，买卖 1 手股指期货的最低资金也需要 2 000 × 300 × 13% = 7.8 万元，还不包括手续费等。即便是参与市值较低的商品期货交易，如玉米、小麦期货等，每手保证金也得要 2 千多元，但参与商品期权交易的入市资金门槛非常低。如果交易对象是深度虚值的期权，价格可能每手也就在几角钱或几块钱，跟买彩票没啥区别，买方也不需要缴纳保证金，这也是韩国期权交易火爆的原因之一。

杠杆率更高

期货杠杆率的计算公式为：杠杆率 = 1 ÷ 保证金率。

由于期货交易双方缴纳的保证金率是相同的，双方各自拥有的杠杆率也相同，但期权则不一样。期权的卖方需要缴纳保证金，而买方是不需要缴纳保证金的，因此交易双方各自拥有的杠杆率是大不相同的。根据之前提到的期权卖方缴纳保证金的计算方法不难发现，期权卖方在杠杆率方面与期货交易的杠杆率差别并不是很大，但对期权买方来说，由于无需缴纳保证金，买入平值期权或虚值期权时只需要付出不多的权利金，就可以拥有与期货交易同等数量的期货合约，获利空间是巨大的，期权杠杆率有时高得惊人。例如：美国“911”事件发生后的第二天9月12日，韩国股价指数大跌11.96%，从前一日收盘价66.55点下跌至58.59点，相应的深度虚值看跌期权价格从0.01韩元上涨到5.05韩元，买方一夜之间获得504倍的利润。

【例32】7月8日，某投资者以3 300元/吨价格买入1手大商所豆粕M1501期货合约，按保证金率10%计算，需要缴纳3 300元/手保证金。期货的杠杆率=1÷保证金率=1÷10%=10（倍）。同期，他买进1手执行价3 300元/吨的M1501期货合约的平值看涨期权，支付权利金50元/吨，则该投资者拥有的期权杠杆率为：3 300÷50=66（倍），远高于期货交易的杠杆率。那么，他的交易对手，也就是期权的卖方此时拥有的期权杠杆率是多少呢？

按大商所交易制度的有关规定，商品期权卖方交易保证金的收取标准为以下二者的最大值：

①权利金+期货保证金-期权虚值额的1/2（实值和平值为零）；

②权利金+期货保证金的1/2。

其中：看涨期权虚值额=Max（期权合约行权价格-标的期货合约结算价，0）

看跌期权虚值额=Max（标的期货合约结算价-期权合约行权价格，0）

可以算出：①权利金+期货保证金-期权虚值额的1/2（实值和平值为零）=50元/吨×10吨/手+3 300元/手-0=3 800元/手

（2）权利金+期货保证金的1/2=50元/吨×10吨/手+3 300元/手÷2=2 150元/手

取上述两者的最大值3 800元/手，即卖方需要缴纳3 800元/手的保证金，杠杆率=3 300元/吨×10吨/手÷3 800元/手≈8.7（倍）

假如投资者买进的是1手执行价4 500元/吨的M1501期货合约的深度虚值看涨期权，支付权利金5元/吨，则该投资者拥有的期权杠杆率为：3 300÷5=660（倍），而此时该期权的卖方拥有的期权杠杆率又是多少呢？

按上述公式计算：看涨期权虚值额=Max（4 500-3 300，0）=1 200元/吨

①权利金＋期货保证金－期权虚值额的1/2（实值和平值为零）

＝5元/吨×10吨/手＋3 300元/手－1 200元/吨×10吨/手÷2

＝－2 650元/手

②权利金＋期货保证金的1/2＝5元/吨×10吨/手＋3 300元/吨÷2＝1 700元/手

取上述两者的最大值1 700元/手，即卖方需要缴纳1 700元/手的保证金。

杠杆率＝3 300元/吨×10吨/手÷1 700元/手＝19.4（倍）

可见，对期权卖方来说，平值或实值期权，卖方拥有的杠杆率比期货的杠杆率略小一点；虚值期权，卖方拥有的杠杆率比期货的杠杆率大一点；但对期权买方来说，不管是实值、平值还是虚值期权，都拥有较大的杠杆率。其中，越是深度虚值期权，杠杆率就越是高得惊人，使得以小博大的效果越发明显。

不同程度的风险交易策略可供不同风险承担能力的交易者选择

在期货交易中，投机者最担心的是不断要求追加保证金，甚至出现爆仓的风险。在期权交易中，对买方来说，无论价格如何变化，变化多么剧烈，风险都是可控的，最大损失就是所支付的权利金，但收益却能随着期货价格的有利变动而不断增加，即免除了保证金追加之忧虑，远离爆仓的噩梦，又可以保持良好的交易心态。因此，买进看涨或看跌期权对不想承担太大风险，又想持续获得收益的投机者来说是不错的选择。而对那些愿意承担较高市场风险的投机者来说卖出期权也许会有不小的收获。权利金的收取使得卖方在起跑线上就先声夺人，发现不妙可以立即平仓出场。因此，在期权市场上，各种不同程度的风险交易策略可供不同风险承担能力的交易者选择。

交易决策化繁为简

凡是做过期货交易的投资者都知道，为控制交易风险，有时需要采取止损策略。但在震荡行情中，最令投资者头疼的是刚止损平仓，价格却开始回转，让投资者捶胸顿足，后悔不迭，这也是期货交易者有时不敢或不愿意止损的原因之一。

如果交易的是期权，对期权买方来说则不会存在上述情况。期权买方拥有是否执行的权利。买入期权后，期权本身就带有止损功能，买方最大损失就是权利金，而且在行情处于震荡市时，当价格向不利方向发展时，投资者可以等待市场变化，不必马上决定是否止损，也不用担心是否会被追加保证金，避免了在期货交易中经常发生的止损后价格又出现回转的尴尬情况。

【例 33】某交易者在图 12①的位置判断沪铜期价将向上突破，于是买入 1 手期货合约，结果事与愿违，期价跌至②的位置。他面临两难选择：止损还是继续持有多仓？最终他咬牙坚持没有平仓。但当期价再次跌破前期低位到达③的位置时，他平仓止损出场了，这次交易以亏损而告终，但不久期价再次上涨，超过了他的买入价位①涨到了④的位置，该交易者后悔不迭。做期货经常会遇到这种情况。

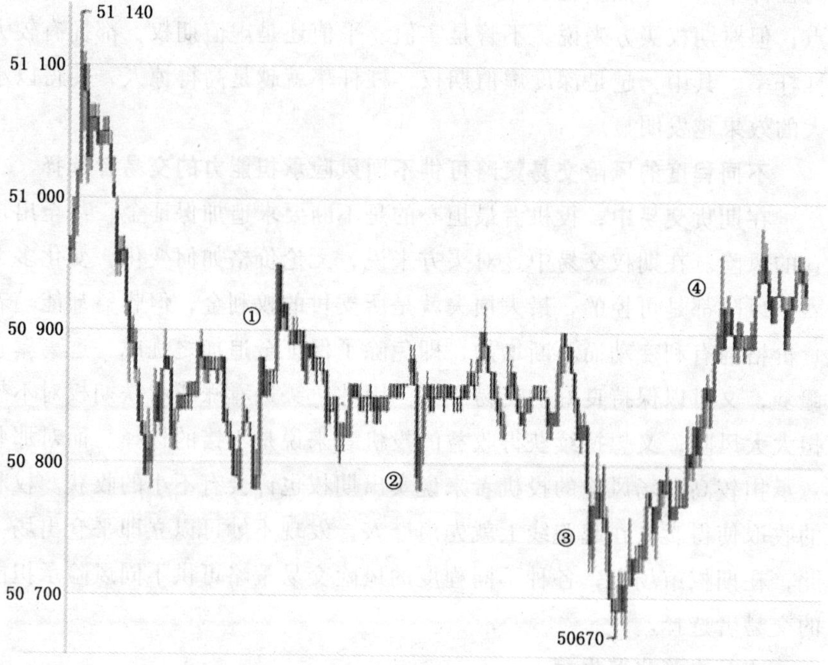

图 12　期货交易与期权交易的不同决策方式

同样的行情，如果该交易者选择做期权，则情况就会大不一样：在①的位置判断沪铜期价向上突破，于是买入 1 手执行价位在①的看涨期权；结果事与愿违，期价跌至②的位置。此时该交易者根本不用考虑是否需要止损的问题。因为不管未来沪铜期价跌至何处，他就只亏权利金，不存在止不止损的问题。随后，即使期价再次跌破前期低位到达③的位置时，他也不存在被套的问题，当然也就不用考虑是否止损。不久期价再次上涨，超过了他的执行价位①涨到了④的位置，该交易者或者要求行权或者是卖出期权平仓都将获利。显然，做期权的交易心态要比做期货的交易心态好得多。

交易策略灵活多变

期货交易中，只有做多做空两种交易模式。期权交易却有四种交易方式：可以做多或做空看涨期权，也可以做多或做空看跌期权。另外，还可以根据对权利金成本高低的承受能力，选择虚值期权、平值期权或实值期权，甚至可以同时买进或卖出多个不同执行价格、不同到期月份的期权组合。期权吸引投资者的魅力之一就是花样繁多的策略。常用的策略包括跨式套利、牛市价差/熊市价差、蝶式价差、日历价差等，而且相同的策略可以通过不同的方法来实现。除了众多的期权交易策略，期权这一全新的衍生工具还能给国内投资者带来多样好处：更好地风险管理；发挥套利和投机功能；减少投资组合回报的波动性；获得稳定的现金收益。此外，期权还是进行产品设计的有力工具。总之，期权交易的灵活性在于：通过不同的组合交易策略和不断调整组合，投资者可以获得不同风险的收益。投资者只要确定他的目标和风险能力，就总会有一项投资计划适于他。“期权投资策略的多少，取决于想象力的丰富程度”。

更多的投资机会

在期货交易中，只有在价格发生方向性变化时，市场才有投资机会。如果价格处于波动幅度较小的盘整期，做多做空都很难获利，市场缺乏投资机会。但在期权交易中，无论是期货价格处于上涨、下跌或盘整，均可以为投资者提供获利机会。期货交易策略只能是基于方向性的，而期权的交易策略既可以基于期货价格的变动方向，也可以基于期货价格的波动率来进行交易。而价格每天的波动机会要比上涨还是下跌的方向机会多得多。

交易费用低廉

从交易手续费的角度考量，交易 1 手期权合约的手续费通常只有交易 1 手期货合约手续费的一半，甚至更少。

3. 商品期权投机交易技巧

投机交易是以获取价差收益为目的的交易行为。对于一个刚刚进入期权市场的投机者来说，面对众多令人眼花缭乱的商品期权合约，包括看涨期权与看跌期权；不同期限的期权、不同执行价格的期权、实值期权、平值期权、虚值期权等，可能无所适从。应该买进哪个合约，卖出哪个合约，可供挑选的范围太广了。因此，期权投机者应该掌握一些最基本的交易技巧，才不至于在纷繁复杂的期权品种交易中晕头脑胀。

选择交易活跃的期权合约

通常，对应于某一个商品期货合约，会同时挂牌几十个，甚至上百个期权合约，但其中有许多交易量非常稀少，几乎没有人参与交易。对交易不活跃的期权合约，由于参与交易的人少，买卖双方挂出的价格相差较大，达成交易比较困难，导致流动性很差，往往会出现想买买不到、想卖卖不掉的尴尬境地，甚至到时想平仓出场都很困难，这种情形被称之为“流动性风险”。为了规避期权的流动性风险，投机者应尽量选择参与交易比较活跃的期权合约。

衡量期权交易是否活跃的主要指标就是观察不同合约的成交量大小。通常把成交量最大的那个合约称之为主力合约。

尽量不要买入深实值期权

由于深实值期权执行价相对于标的期货合约价格来说处于大幅升水状态，买入深实值期权需要支付高额的权利金成本，否则卖方是不可能便宜卖出深实值期权。这就导致深实值期权的获利投机机会较少，杠杆作用也十分有限。在期货价格向有利于投机者持仓方向发展时，深实值期权的同向涨跌幅度相对期货合约来说较小，收益率相对较低；当在期货价格向不利于投机者持仓方向发展时，深实值期权的境况会变得更为糟糕，其价格升水幅度会大幅缩减，向期货价格靠拢，此时投机者会发生较大亏损。期权投机的魅力在于投机期权的时间价值，也就是投机期权的不确定性，看谁对期权未来价格走势判断正确。买入深实值期权，买方不仅向卖方支付了大量的期权内涵价值，而且期权的时间价值也被买方高价预支付了，这对买方来说是不划算的。

审慎买入深虚值期权

不少的投机者喜欢买入深虚值期权，主要原因在于买方所需支付的权利金很少，但往往是“便宜无好货”。深虚值期权要想转成实值期权的难度是很大的，所需要的时间较长，因为这需要标的期货价格要有一个相当大的变化幅度才有可能达到。在大多数情况下，特别是在期权剩余时间不多的情况下，希望期货价格大幅度向有利于期权持仓方向变动是不现实的。很可能的结果是，价格确实是在向有利于投机者期权持仓方向变化，却很难达到深虚值期权的盈亏平衡点，看对了方向，却买错了期权合约。最终期权在到期时因无法行权而分文不值，投机者损失了权利金。

【例 34】假如豆粕 M1501 的市价为 3 650 元/吨，相应的看涨期权平值和虚值合约有 3 650 元/吨、3 700 元/吨、3 750 元/吨、3 800 元/吨等。上述各期权合约的市价分别为：50 元/吨、40 元/吨、30 元/吨、20 元/吨等。基于期货价格上行趋势，某投机者想买入看涨期权。考虑到权利金的多少，他选择买入了执行价格为 3 750 元/吨的该豆粕看涨期权，支付权利金 30 元/吨。12 月期权到期时，M1501 期货价格确实上涨并收在 3 750 元/吨，但该投资者将仍然失去 30 元/吨的权利金。而执行价格为 3 650 元/吨、3 700 元/吨的看涨期权虽然当初买进时需要支付的权利金分别为 50 元/吨和 40 元/吨，却能获得净收益 50 元/吨和 10 元/吨。这就是看对了方向，却买错了期权。最糟糕的情况莫过于：买入了看涨/跌期权，在期权到期后期货价格才大幅上涨/下跌。

因此，买进深虚值期权盈利的概率很小。除非你做好失去 100% 权利金的思想准备，否则不要轻易去购买深虚值期权，多给自己留点安全空间。购买深虚值期权的前提：一是该商品期货品种的日常波动率本身就比较大，二是因出现某个对价格影响巨大的事件或因素，投机者认为未来期货价格波动巨大，能够超过执行价格甚至盈亏平衡点。因此，对执行价格的选择取决于对未来波动率变化的预期。不可盲目看哪个执行价格的期权权利金低就买哪个。

注意波动率的变化

从以上案例中可以发现，由于期权存在“执行价”的问题，有时交易者即便是看对了方向，但没有达到执行价也赚不了钱，甚至仍会亏损。因此，期权的价格受到期货价格和其波动幅度的共同影响，也就是期货价格波动率的高低对于期权交易也是十分重要的，交易者对于行情趋势的研判以及涨跌幅度的掌握是共同决定期权交易策略成功与否的重要关键。这一点是期权交易有别于交易股票、期货等其他投资工具的不同之处。

买卖期权，交易者首先要解决对期货价格的涨跌方向或趋势的判断问题。对趋势的研判是决定到底是执行看涨还是看跌的交易策略。如判断价格上涨，投资者既可以买进看涨期权，也可以卖出看跌期权；在判断出未来期货价格下跌时，投资者就会买进看跌期权或卖出看涨期权。紧接着的问题是：对同一方向或同一趋势，有两种期权交易策略可供选择：买进看涨/看跌期权与卖出看跌/看涨期权。这两种策略的区别在哪里？究竟是选择做期权的买方还是做期权的卖方呢？这就要用到波动率了。

期货价格的波动率是投资者决定要做期权买方或卖方时需要研判的关键因子。如果研判趋势将上涨且振幅够大，就要做买方，买进看涨权；若研判振幅不够大，则做卖方，卖出看跌期权；如果研判趋势将下跌且振幅够大，还是要做买方，买进看跌期权；若研判振幅不够大，则做卖方，卖出看涨期权。可见，看涨/看跌期权的买方和看跌/看涨期权的卖方在价格方向或趋势上是一致的，但在对价格的波动幅度的变化上的看法却是截然相反的。期权买方认为波动率会足够大到能达到自己所选择的执行价格，而卖方却认为波动幅度不会达到买方选择的执行价格，买方到时行不了权，能赚到买方的权利金。

权衡期权的了结方式

在投机交易中，当投资者想了结所持有的期权持仓时，是采用对冲平仓方式好还是采用行权履约方式好呢？这就要看哪种了结方式的价格对自己最有利了。

期权价格包括内涵价值和时间价值。如果期权买方在合约到期前提出执行期权将只能得到内涵价值，所以期权的买方若想在期权合约到期前了结期权合约，通常采取平仓的方式较为划算。

【例 35】 12 月 7 日，某投资者以权利金 187 元/吨买入一张行权价格为 5 500 元/吨的 5 月白糖看涨期权，12 月 17 日，该看涨期权价格为 241 元/吨，5 月白糖期货合约价格是 5 523 元/吨。

情形一： 若该投资者行权，然后在期货市场平仓，盈利 5 523 − 5 500 = 23 元/吨，再减去买入看涨期权的权利金 187 元/吨后净亏损 164 元/吨；

情形二： 若该投资者直接将期权卖出平仓，平仓盈利 241 − 187 = 54 元/吨，此盈利也是该投资者的净盈利。

分析：12 月 17 日，该投资者在情景一中执行期权，然后在期货市场平仓所获得的只是内涵价值 23 元/吨，而在情景二中，在期权市场的平仓价格 241 元/吨中，包括内涵价值 23 元/吨和时间价值 218 元/吨。所以提前行权通常对期权买方不利，投资者在期权市场通常应采取平仓方式了结其所买入的未到期的期权合约。即便是美式期权，投资者也不应随便执行权利，一定要权衡是行权收益高还是对冲平仓收益高。

4. 买进看涨期权策略的运用

买入看涨期权是一种最基本的期权策略，也是最容易把握的一种策略，当投机者认为在未来一段时间内标的期货价格将大幅上涨，就可以采取这种策略。表 22 说明此策略的具体运用情况。

表 22　　买进看涨期权策略的具体运用

使用时机	商品期货价格受到利多题材刺激，呈现牛市格局，预料后续还有一波不小的涨幅，市场波动率较大
交易策略	直接买进看涨期权
具体操作	a. 投资者对后市看涨的预期越强烈，越可以买进虚值看涨期权，这样可以付出较小的权利金成本，同时可以获得价格大幅上涨带来的利润 b. 投资者的风险厌恶程度越高，越可以选择实值看涨期权，虽然此时权利金很高，但风险很低
损益平衡点	执行价格 + 权利金
风险	当期货价格始终低于执行价格时产生最大风险，即损失全部权利金 行权时若期货价格介于执行价格与损益平衡点之间，收益无法弥补全部的权利金，仍会有亏损
收益	对冲平仓收益 = 期权卖出平仓价 - 期权买入开仓价 行权履约收益 = 期货价格 - 执行价格 - 权利金 最大获利：无限制，期货价格涨得越多获利越大
保证金	无须缴纳
时间价值	逐日递减，且越是临近最后期限，价值的损耗幅度就越大，表明时间损耗不利于期权买方，因此投资者应尽量买进期限较长的期权合约，以尽可能有时间来等待行情上涨
策略优点	a. 比直接买入期货合约便宜 b. 比期货的杠杆效应高 c. 风险有限，潜在收益无限
策略缺点	要求对行情的上涨趋势和幅度的判断准确，若选择的执行价格或到期日不合适，则有可能遭受 100% 的权利金损失

【例 36】5 月初，在美国大豆种植面积较上一年度有所增加的利空因素影响下，国内豆粕 1 月期货合约价出现下跌行情，从 3 350 元/吨下跌到 6 月初的 3 060 元/吨。之后在美国大豆种植区出现干旱天气的影响下，期价开始大幅上涨。某投资者经过深入分析，认为美国本次遭遇的干旱为历史罕见，对大豆产量影响巨大，从而影响豆粕价格，未来豆粕期价看涨，但毕竟离大豆收割尚有一段时间，如果这期间美国干旱解除或得到缓解，则豆粕期价将失去上涨动力。考虑到天气的变化无常，若直接买入期货合约，又担心价格下跌给投资带来损失，这时就可以采取买入看涨期权的策略。因为买入看涨期权的权利金损失是固定的，而收益是没有上限的。假设该投资者在 6 月 19 日当 1 月期货合约价格为 3 361 元/吨时买入 1 手执行价格为 3 400 元/吨的虚值看涨期权，付出权利金 50 元/吨，结果如何呢？

最初买入期权后，在 1 月期货合约价格低于 3 400 元/吨之前，投资者处于完全亏损状态，最大亏损额为全部权利金 50 元/吨，之后豆粕涨势强劲。6 月 21 日，豆粕价格收盘突破 3 400 元/吨，达到 3 416 元/吨（见图 13）。由于尚未达到期权损益平衡点 3 450 元/吨，投资者仍有亏损，只是亏损在逐渐减小。到了 6 月 25 日，1 月期货合约收盘价突破损益平衡点 3 450 元/吨，达到 3 491 元/吨，此时期权开始盈利。

此后，期货价格涨得越高，该期权投资者获利就越大，直到 7 月 20 日 1 月期货价格达到 3 997 元/吨后，期价开始下跌。若投资者担心期价的持续下跌会吞噬已有的盈利，投资者可以平仓了结头寸，但不要行权履约，因为对于美式期权来说提前履约不划算，若想提前结束头寸，可以选择平仓了结方式，这一点已经在前面详细解释过。若投资者对上涨行情把握较大，认为美国旱情仍在持续，并未出现好转，下跌仅仅是一次回调，且愿意承担风险，则完全可以继续持有期权，以博取价格继续上涨所带来的收益。事实证明，这样做是正确的，价格仅仅调整了 3 周左右的时间，便以更加强劲的势头上冲，最终突破新高，并于 9 月 4 日达到 4 369 元/吨的高度。由于之后行情呈震荡下跌态势，且距离到期日越来越近，期权的时间价值耗损较大，此时最好的做法是平仓了结头寸，即卖出平仓 1 手执行价为 3 400 元/吨的 1 月期货合约看涨期权。假如 9 月 7 日该投资者卖出期权的平仓价为 1 000 元/吨，则 1 手期权收益为（1 000 − 50）元/吨 × 10 吨/手 = 9 500 元/手。该投资者获利达到 19 倍。损益图可参见图 7。

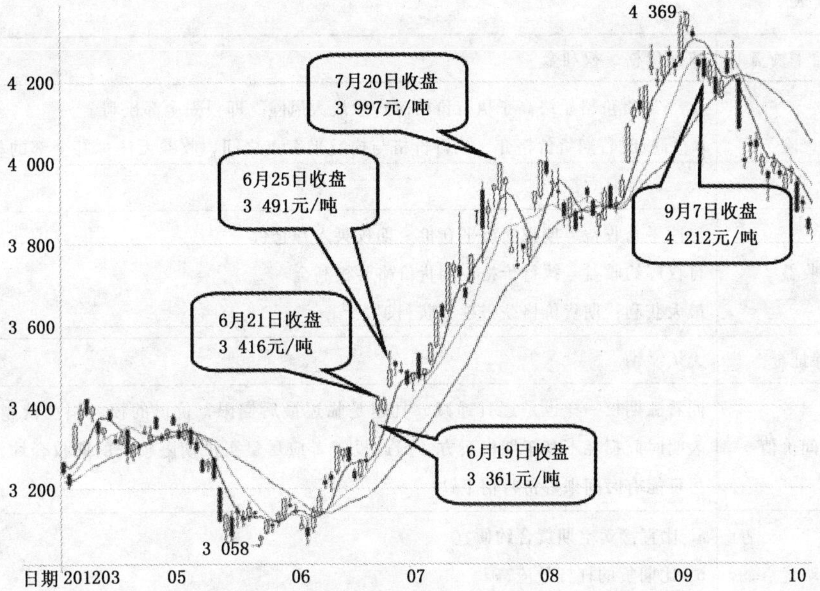

图 13 1月豆粕期货合约价格走势

5. 买进看跌期权策略的运用

买进看跌期权是同买进看涨期权正好反向的策略，是一种看空策略，但却是期权多头，这与期货交易中的看空策略不同，在期货交易中，看空者是卖方，是空头。买入看跌期权者对行情的未来判断是看跌的。表 23 说明此策略的具体运用情况。

表 23 买进看跌期权策略的具体运用

使用时机	商品期货价格受到利空题材刺激，呈现熊市格局，预料后续还有一波不小的跌幅，市场波动率较大
交易策略	直接买进看跌期权
具体操作	a. 买入平值看跌期权 b. 投资者对后市看跌的预期越强烈，越可以买进虚值看跌期权，这样可以付出较小的权利金成本，同时可以获得价格大幅下跌带来的利润 c. 投资者的风险厌恶程度越高，越可以选择实值看跌期权，虽然此时权利金很高，但风险很低

续表

损益平衡点	执行价格－权利金
风险	a. 当期货价格始终高于执行价格时产生最大风险，即损失全部权利金。 b. 行权时若期货价格介于执行价格与损益平衡点之间，收益无法弥补全部的权利金，仍会有亏损
收益	对冲平仓收益＝期权卖出平仓价－期权买入开仓价 行权履约收益＝执行价格－期货价格－权利金 最大获利：期货价格跌得越多获利越大
保证金	无须缴纳
时间价值	同看涨期权一样也是逐日递减，且越是临近最后期限，价值的损耗幅度就越大，表明时间损耗不利于期权买方，因此投资者应尽量买进期限较长的期权合约，以尽可能有时间来等待行情下跌
策略优点	a. 比直接卖空期货合约便宜 b. 比期货的杠杆效应高 c. 风险有限，潜在收益巨大
策略缺点	要求对行情的下跌趋势和幅度判断准确，若选择的执行价格或到期日不合适，则有可能遭受100%的权利金损失

【例37】 中国的春节过后，2月美国非农就业数据好于市场预期，且市场担忧美联储加快缩减QE3步伐成为铜价暴跌的导火索。加上铜精矿供应过剩，进口量猛增，上海期货交易所铜库存持续上升达到20.73万吨，较年初的低点12.22万吨上升了70%，使得铜价易跌难涨。2月24日铜6月期货合约价格跌破前期底部平台50 000元/吨大关破位后，某投资者认为铜市已呈现熊市格局，预料后续还有一波不小的跌幅，且铜的市场波动率一直都是比较大的，但考虑到国内铜价格受LME市场的影响较大，不确定因素太多，若直接做空期货合约，又担心价格万一是假突破损失太大，于是该投资者采取买入看跌期权的策略。因为买入看跌期权的最大损失是固定的权利金，而一旦大跌则收益是巨大的。假设该投资者在2月24日买入1手执行价格为49 000元/吨的6月铜期货合约的虚值看跌期权，付出权利金200元/吨，结果如何呢？

最初买入看跌期权后，在6月期货合约价格高于49 000元/吨执行价之前，投资者处于完全亏损状态，最大亏损额为全部权利金200元/吨。

之后铜价果然出现继续下跌行情。但在3月3日以前，期货合约收盘价都比48 800元/吨的损益平衡点要高，无法赚回全部的权利金，因此，投资者仍有亏损，只是亏损在逐渐减少（见图14）。

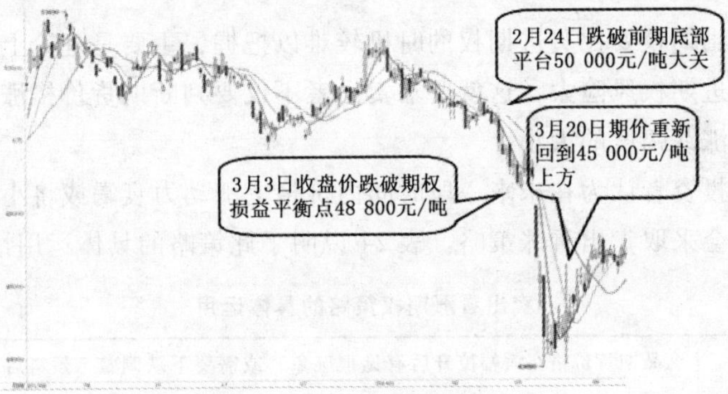

图14 6月铜期货合约价格走势

到了3月3日收盘时，6月期货合约收盘价跌破损益平衡点48 800元/吨，达到48 750元/吨，此时期权开始实现盈利。但景不长，3月4日期价连续反弹两天，投资者再次陷入亏损。但受均线系统压制，期价反弹幅度有限。3月4日晚间，某上市公司发布公告称，其发行的一款企业债券当期利息将无法于原定付息日3月7日按期全额支付，仅能够按期支付人民币400万元，成为国内首例违约的公司债券。这一违约事件在随后的一周内引发连锁反应，市场对信用风险的关注已从债券市场蔓延到实体经济领域，导致3月11日周一国内期货市场几乎所有品种全部下跌。其中，铜、螺纹钢、焦煤、焦炭、铁矿石、玻璃等6个品种跌停，天胶、动力煤盘中触及跌停。

此后，6月铜期货价格跌得越深，该期权投资者获利就越大，直到3月20日期铜价格重新站回到45 000元/吨上方，投资者担心期价的持续反弹会吞噬已有的盈利，于是该投资者打算了结头寸。这时他面临两种选择：是行权履约好还是对冲平仓好呢？对于美式看跌商品期权来说，提前履约不如平仓了结方式划算，后者可以赚取期权的时间价值。于是投资者选择平仓了结头寸，即卖出平仓1手执行价为49 000元/吨的6月期铜看跌期权，此时该期权已经成为深度实值期权。假如3月20日该投资者的期权卖出平仓价为4 200元/吨，则1手期权收益为(4 200－200元/吨)×

5 吨/手 = 20 000 元。该投资者获利达到 100 倍。损益图见图 9。

6. 卖出看涨期权策略的运用

卖出期权要比买进期权的时机较难以把握，主要是理论上卖出期权风险比买进期权风险大，这就要求卖出者不仅要判断期货价格涨跌方向，还要判断涨跌幅度的大小。

当投资者认为在未来一段时间内价格上涨动力衰竭或将小幅调整下跌时，才会采取卖出看涨策略。表 24 说明了此策略的具体运用情况。

表 24　　卖出看涨期权策略的具体运用

使用时机	商品期货价格在大幅拉升后有见顶迹象，或需要下跌调整，预料后市至少短期内将由牛转熊，市场波动率不大
交易策略	直接卖出看涨期权
具体操作	a. 投资者对后市看跌的预期越强烈，越可以卖出平值或虚值看涨期权，这样可以赚得更多的权利金 b. 投资者的风险承受能力越强，越可以选择卖出实值看涨期权，此时权利金收入很高，但风险也同时大大增加
损益平衡点	执行价格 + 权利金
风险	当期货价格上涨至损益平衡点之上时开始产生亏损风险，并随着价格的持续上涨，亏损也持续放大，理论上亏损会无限大
收益	期货价格始终低于执行价格时产生最大收益，即收获全部权利金。若买方行权时的价格介于执行价格与损益平衡点之间，则期权卖方获得的权利金会弥补价格上的亏损 对冲平仓收益 = 期权卖出开仓价 - 期权买入平仓价 行权履约收益 = 执行价格 + 权利金 - 期货价格 最大获利：全部权利金
保证金	须缴纳保证金
时间价值	时间损耗有利于期权卖方，因此投资者应尽量卖出较短期限的期权合约，使得买方的行权机会减少，以赚取期权的时间价值
策略优点	a. 在期货价格下跌或变化幅度不大时可赚取一定的收益 b. 卖出期权时就能立即获得权利金的收入
策略缺点	a. 当期货价格上涨时潜在风险没有上限 b. 风险性很强，要求对行情的把握较准确

【例 38】5 月中旬，国际糖业组织 ISO 发布报告，预计当年度全球糖市场供给过剩 440 万吨，库存量将增加 310 万吨至 7 780 万吨，导致郑州商品交易所白糖 9 月期货合约价格从 5 570 元/吨高点大幅下跌。进入 6 月，9 月期货合约价格出现一波反弹行情，最高上升到 5 400 元/吨，但随后世界第一大产糖国巴西公布的数据显示，上半年该国原糖出口额仅为 30. 674 亿美元，较上年同期的 40. 454 亿美元减少 24. 2%。在此利空因素影响下，国内白糖期价再次掉头向下。6 月 27 日，9 月期货合约收盘价为 5 312 元/吨（见图 15）。假设某投资者此时判断期价将会再次下探前期低点 5 200 元/吨，尽管只有 100 元/吨左右的跌幅，但对行情的判断较有把握，且 9 月期货合约对应的期权剩余期限是到 7 月下旬，时间也不长，于是考虑卖出 1 手执行价格为 5 300 元/吨的该期货看涨期权。在缴纳一定数额的保证金后，他获得权利金 100 元/吨，结果如何呢？

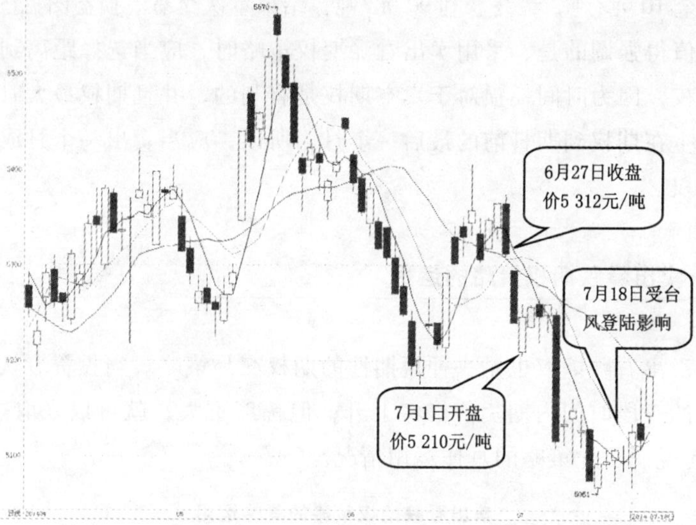

图 15 白糖 9 月期货合约价格走势

该投资者卖出看涨期权后，当然希望期货价格下跌以获取全部权利金。果然，第二天行情继续呈下跌态势。由于此时期货价格低于 5 300 元/吨的期权执行价格，期权为虚值期权，看涨期权不会被执行，且未来随着期权到期日的临近，时间耗损也对该投资者有利，他可以期待获得此策略的最大收益，即全部权利金收入。然而，在 7 月 1 日期货价格以 5 210 元/吨低开后便开始连续数天反弹，令该投资者感到有些紧张，担心“到手的鸭子会飞掉”。因为一旦期权由虚值变为实值，也就是如果期货价格反弹到5 300元/吨之上，则买方有可能随时行使权利，这对期权卖方来说是不利的。为控制风险，该投资者制订了一个止盈计划，即当期货价格反弹至5 300～5 400元/吨之间时，最好寻机平仓了结头寸，这样仍能多少获得部分权利金，不会亏损，以免随着期货价格的持续上涨而造成更大的风险损失。事实上，随后期货价格再次大跌，而且距离7月底的期权最后期限也不到两周时间了，投资者很有希望最终获得全部权利金100元/吨收入。但天有不测之风云，7月18日，因台风“威马逊”登陆海南、广西和广东等沿海地区，造成数百万亩甘蔗受灾。由于广东、广西和海南食糖产量占到全国总产量的70%以上，“威马逊”对甘蔗产量造成的影响同时会反映到糖价上来，导致白糖期价大涨。该投资者为规避风险，于是当天采取对冲平仓方式买入平仓1手执行价为5 300元/吨的9月白糖期货看涨期权，付出权利金10元/吨，最终获利90元/吨，结束本次交易。损益图见图8。

值得强调的是，采用卖出看涨期权策略时，应当选择距离到期日较短的期权，因为时间耗损对于卖空期权是有利的，并且期权最大时间耗损通常发生在期权到期日前的最后一个月，所以，应当卖出一个月或期限更短的期权。

7. 卖出看跌期权策略的运用

卖出看跌期权也是一种短期性的期权交易策略。当投资者认为在未来较短的一段时间内期货价格将上升，但幅度不大，就可以采取这种策略。表25说明了此策略的具体运用情况。

表25 卖出看跌期权策略的具体运用

使用时机	商品期货价格在大幅下跌后有见底迹象，或处于筑底阶段，预料后市至少短期内不再下跌，或至少有反弹发生，但反弹幅度不是很大，市场波动率较小
交易策略	直接卖出看跌期权
具体操作	a. 投资者对后市看涨的预期越强烈，越可以卖出平值或虚值看跌期权，这样可以赚得更多的权利金 b. 投资者的风险承受能力越强，越可以选择卖出实值看跌期权，此时权利金收入很高，但风险也同时大大增加

续表

损益平衡点	执行价格 - 权利金
风险	当期货价格下跌至损益平衡点之下时开始产生亏损风险，并随着价格的持续下跌，亏损也持续放大，理论上最大亏损是当期货价格跌为 0 时
收益	期货价格始终高于执行价格时产生最大收益，即收获全部权利金。若买方行权时的价格介于执行价格与损益平衡点之间，则期权卖方获得的权利金会弥补价格上的亏损 对冲平仓收益 = 期权卖出开仓价 - 期权买入平仓价 行权履约收益 = 执行价格 + 权利金 - 期货价格 最大获利：全部权利金
保证金	须缴纳保证金
时间价值	时间损耗有利于期权卖方，因此投资者应尽量卖出较短期限的期权合约，使得买方的行权机会减少，以赚取期权的时间价值
策略优点	a. 在期货价格上涨或变化幅度不大时可赚取一定的收益 b. 卖出期权时就能立即获得权利金的收入
策略缺点	a. 当期货价格下跌时潜在风险巨大 b. 风险性很强，要求对行情的把握较准确

【例 39】进入 6 月中旬，全球地缘政治局势恶化，投资者避险情绪上升。伊拉克战火不断，反政府武装逼近首都巴格达，伊拉克向联合国求援，加上乌克兰紧张局势加剧，政府军持续攻击反政府武装，夺回部分地区，俄罗斯和欧美背后加紧博弈，导致黄金价格出现上涨。6 月 13 日，上期所黄金期货 8 月合约收盘价突破 255 元/克大关后（见图 16），某投资者认为黄金价格将呈继续反弹格局，但预料后续反弹的幅度也不会很大。因为上述地缘政治因素持续影响价格的时效有限，而且中、美经济又一直保持稳步增长态势，抑制黄金价格上涨空间，于是该投资者打算采取卖出看跌期权的策略。考虑到 8 月期货合约对应的期权剩余期限是到 7 月的倒数第五个交易日，时间也不长，于是该投资者卖出 1 手执行价格为 250 元/克的该期货看跌期权。在缴纳一定数额的保证金后，他获得权利金 10 元/克，结果如何呢？

该投资者卖出看跌期权后，当然希望期货价格上涨以获取全部权利金。果然，第二天行情继续呈上涨态势。由于此时期货价格高于 250 元/克的期权执行价格，期权为虚值期权，看跌期权不会被执行，且未来随着期权到期日的临近，时间耗损也对该投资者有利，他可以期待获得此策略

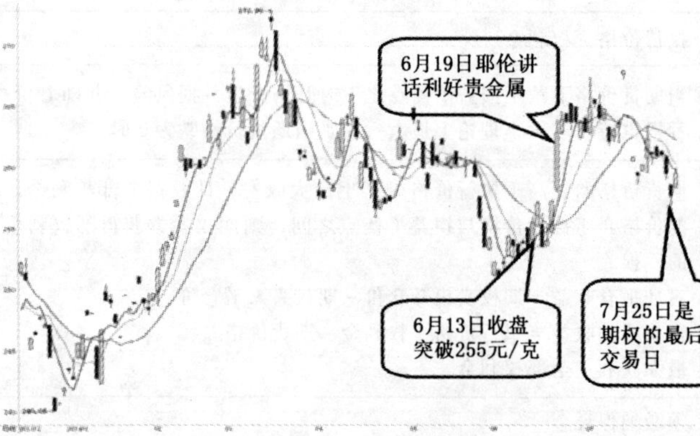

图 16 8 月黄金期货合约价格走势

的最大收益，即全部权利金收入。然而，6 月 17 日，受美国将帮助伊拉克政府军稳定局势消息影响，8 月期货合约以 255.40 元/克低开后，收盘下跌至 253.5 元/克，令该投资者感到有些紧张。因为一旦期权由虚值变为实值，也就是如果期货价格下跌到 240 元/克之下，对期权卖方来说风险将是巨大的。为控制风险，该投资者制订了一个止盈计划，即当期货价格下跌至 240 ~250 元/克之间时，最好寻机平仓了结卖出头寸，这样仍能多少获得一部分权利金，不会亏损，以免随着期货价格的持续下跌而造成更大的风险损失。事实上，在随后的 3 天里，尤其是 6 月 19 日晚，受美联储议息会议耶伦主席表示将长期维持宽松的货币政策讲话影响，美元指数跌至 3 周低点，利好贵金属，导致黄金价格再次大涨，该投资者重新松了一口气，又可以期待获得全部权利金收入了。由于该期权的最后交易日是在 7 月 25 日，距离期权最后期限只有约 1 个月时间了，该投资者当然希望在未来 1 个月的时间里 8 月期货合约价格都高于 250 元/克，这样就能最终获得全部权利金 10 元/克。最终，虽然在余下的日子里，期价曾经有过起伏，最高到过 268 元/克，但该投资者最关心的还是最低价只跌到过 257 元/克，一直到 7 月 25 日交易结束，都没有跌破 250 元/克的执行价。最终期权的买方放弃行权，该投资者如愿以偿，获得全部权利金 10 000 元的收入（1 手期权合约为 1 000 克黄金），并在 7 月 25 日收市后保证金也获得释放，结束了本次交易。损益图见图 10。

国内商品期权套期保值策略

在运用传统的期货工具进行套期保值时，企业通常是在现货市场买进或卖出一定数量的现货商品的同时，在期货市场上卖出或买进与现货品种相同、数量相等或相当，但方向相反的期货合约，以一个市场的盈利弥补另一个市场的亏损，达到规避价格波动风险的目的。简而言之，套期保值操作可以概括为："两面下注，反向操作，均等相对，盈亏冲抵"。其中，把在期货市场买进期货的套期保值操作称为买期保值；把在期货市场卖出期货的套期保值操作称为卖期保值。

利用期货进行套期保值虽然避险成本相对较低，但其最大的缺陷是企业在将价格风险锁定的同时，也丧失了当价格发生有利变动时可能获得的收益机会，对企业利润产生负面影响。而利用期权进行套期保值则可以有效解决这一问题。

1. 期权套期保值原理

期权套期保值原理与期货套期保值原理基本相同，都是以一个市场的盈利弥补另一个市场的亏损，达到规避价格波动风险的目的。但由于期权交易的是权利而不是商品货物，期权套期保值不能简单地像期货买卖那样来操作，而要按买卖期权履约后所能转换成的期货合约的多空方向来决定套期保值策略。因此期权套期保值策略要比期货套期保值策略有更多的选择余地。例如：为了规避价格下跌风险，买进看跌期权和卖出看涨期权都可以用于卖期保值操作，因为它们履约后转换的期货头寸都是空头；为了规避价格上涨的风险，买进看涨期权和卖出看跌期权都可以用于买期保值操作，因为其履约后都转换成期货多头头寸。

2. 期权套期保值与期货套期保值的差异性有哪些

期货是标准化的远期合约，是买卖双方同意在未来某一时间以约定的价格买入或者卖出一定数量的某种资产的合同。期货是在现货基础上产生的一种衍生性金融工具。而期权是在期货的基础上产生的一种衍生性金融工具，它强调的是权利。期权的持有人有权在未来以一定价格向对方购买或出售一定数量的特定商品，但没有必须购买或出售的义务。从期货与期权二者的定义中可以发现，由于交易的对象不同，采用期权进行套期保值与采用期货进行套期保值还是有较大差异性的。

套期保值对象不尽相同

期货套期保值是把期货市场作为转移现货价格风险的场所，期货的套期保值对象主要是现货商品，以现货为标的。而期权交易是以期货合约为标的，因此，期权既可以对现货商品进行保值，也可以对期货持仓进行保值。对于实体企业来说，期权可以有效规避其持有期货仓位的时间风险，从而有效规避企业在期货市场上的敞口风险，使企业的总体风险减小。可见，期权的套期保值对象范围更广，具有对期货进行“再保险”的功能。

套期保值效果不尽相同

采用期权套期保值不仅能够保值，有时还能够增值，这是采用期货套期保值所无法实现的，这也是期权套期保值效果的独特之处。采用期货进行套期保值时，当现货部位出现亏损，则必定期货部位出现大致等额的盈利。在这种情况下，利用期权套期保值与利用期货套期保值的效果是一样的，均可以规避价格不利变化时的风险。但采用期货进行套期保值时，当现货部位出现盈利，则必定期货部位出现大致等额的亏损。现货部位赚得越多，期货部位也会亏得越多，即现货部位获得的利润被期货部位的亏损给抵消了。在这种情况下，利用期权套期保值与利用期货套期保值的效果就大不一样了。由于不论价格变化多大，买进期权的亏损仅限于支付的权利金，最大亏损被固定死了，而现货部位的盈利却可以随着价格有利的变化而不断扩大，从而达到既能保值，又能增值的双重目的。

【例 40】某饲料加工厂一个月后需要购进豆粕 1 000 吨。当时现货市场豆粕价格为 3 500 元/吨。为了规避一个月后采购豆粕时价格已经上涨的风险，该饲料企业打算做买入套期保值。期货公司为该企业设计了两种套期保值方案：一是买入 1 000 吨豆粕期货合约，期货价格为 3 600 元/吨；二是买入 1 000 吨执行价格为 3 600 元/吨的豆粕看涨期权，需支付权利金 50 元/吨（见图 17）。两种保值方案效果分析如下（见表 26）：

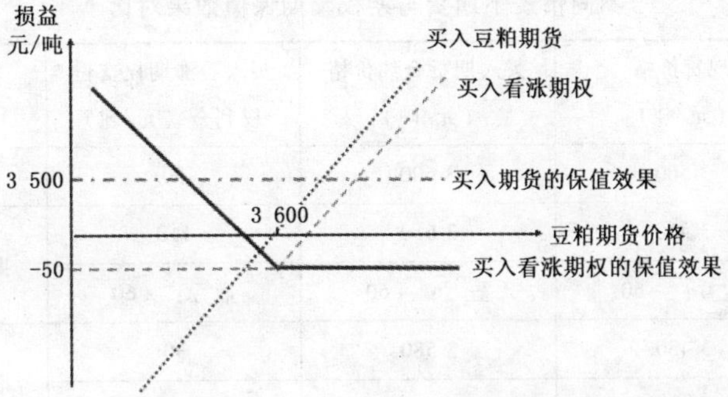

图 17 期货套期保值与期权套期保值效果示意图

情形一：假设一个月后，期货价格与现货价格均上涨了 60 元/吨，看涨期权价格也同步上涨了 60 元/吨。期货或期权部位的盈利与现货亏损相抵后，运用期货或期权的保值效果是相同的，锁定的采购成本都为 3 500 元/吨。

情形二：假设一个月后，期货价格与现货价格均下跌了 20 元/吨，看涨期权价格也同步下跌了 20 元/吨。期货或期权部位的亏损与现货成本的降低（相当于购买现货获利）相抵后，运用期货或期权的保值效果还是相同的，锁定的采购成本都仍为 3 500 元/吨。

情形三：假设一个月后，期货价格与现货价格均下跌了 50 元/吨，期货部位的亏损与现货成本的降低相抵后，锁定的采购成本仍为 3 500 元/吨。此时，看涨期权价格也同步下跌，但跌幅不会超过 50 元/吨（因为期权有时间价值，至少不可能为负值）。假设此时看涨期权距最后行权期限还有一段剩余时间，价格已跌至 10 元/吨，权利金亏损了 40 元/吨，与现货成本的降低相抵后，现货采购成本下降 3 500 - 50 + 40 = 3 490 元/吨。运用期权的保值效果优于采用期货套期保值的效果。

情形四：假设一个月后，期货价格与现货价格均下跌了 200 元/吨，期货部位的亏损与现货成本的降低相抵后，锁定的采购成本仍为 3 500 元/吨。此时，看涨期权价格也同步下跌，但跌幅不会超过 50 元/吨（因为期权价值不可能为负值）。假设此时看涨期权距最后行权期限还有一段剩余时间，即便价格此时已跌至 0.01 元/吨，权利金亏损了约 50 元/吨，与现货成本的降低相抵后，现货采购成本下降 3 500 - 200 + 50 = 3 350 元/吨。运用期权的保值效果大大优于采用期货保值的效果。

表 26　　不同情景下期货与期权套期保值效果对比

情景	现货价格（元/吨）	买入期货合约价格（元/吨）	买入看涨期权支付权利金（元/吨）	保值效果
初始情况	3 500	3 600	50	—
情形一	3 560	3 660	110	期权与期货相同
	盈亏：-60	盈亏：+60	盈亏：+60	
情形二	3 480	3 580	30	期权与期货相同
	盈亏：+20	盈亏：-20	盈亏：-20	
情形三	3 450	3 550	10	期权优于期货
	盈亏：+50	盈亏：-50	盈亏：-40	
情形四	3 300	3 400	0.01	期权大大优于期货
	盈亏：+200	盈亏：-200	盈亏：-50	

缴纳保证金的规定不同

企业在运用期货为现货保值过程中，如果期货部位亏损，就要追加交易保证金；如果因为资金紧张或亏损过大而不能及时补足，还会导致被强行平仓的后果，从而使整个保值计划归于失败。

【例 41】1993 年，德国金属公司对其与客户长达 5～10 年的原油购买合同进行买入套期保值。由于其买入保值头寸庞大，保值时间要长达数年，而当期活跃的合约月份也就一两个，使得大量保值头寸必须在不同月份间频繁移仓，增大了交易成本和移仓损失，导致其股东反对后续追加资金。其后，原油价格出现大幅下跌，在价格下跌过程中公司相应的期货头寸出现亏损，需要逐日追加保证金。然而，在德国的会计惯例中，采取的是保守稳健的会计和信息披露制度，对按逐日盯市规则计算出来的浮动盈利不能计作公司的利润，但对潜在亏损却要披露出来。在股东们反对追加保证金的情况下德国金属公司被迫砍仓，当清仓结束后原油期价开始上涨，而且涨幅超过了原来套期保值多单的建仓价位。如果之前资金能够追加到位，套期保值交易不但不会出现亏损，反而会达到很好的效果。结果是虽然公司做对了套期保值方向，却由于未能及时追加保证金而不得不提前砍仓出场，最终以巨亏 13 亿美元而告终。

可见，采取期货进行期货保值，套期保值者虽然正确地判断出了市场的大方向，也建立了合适的仓位，但是由于市场价格剧烈波动，中途因保证金不足无法追加而被迫过早地止损斩仓。在市场剧烈波动中，套期保值者的流动资金承受着重重压力与考验，有时会迫使套期保值者不得不忍痛离场。因此，不少从事套期保值的企业都曾问过有没有不用追加保证金的套期保值方法。在国内推出商品期权以后，这种愿望是可以实现的。

由于期权买方不需交纳保证金，也就不存在追加保证金的问题。套期保值企业只要在买入期权时支付权利金后，即可获得行权权利。在期权到期日之前，也可以理解成“保险”到期前，不管市场价格如何波动都不会被要求追加任何保证金，而且已经将可能产生的最大亏损锁定在权利金的范围之内，从而规避了市场非常规的剧烈波动风险，避免了流动资金的压力以及持仓风险。因此，期权更符合套期保值者厌恶风险的需求。

但需要强调的是，如果企业采取卖出商品期权的套期保值策略，则还是需要缴纳保证金的。采用这种策略进行套期保值与采用期货工具进行套期保值一样，也存在追加保证金的风险。从企业的风险管理角度来讲，由于期权的行权特性，卖出期权的风险可以无限大。在没有完善的、有经验的套期保值计划前，套期保值企业不应贪图期权费而卖出期权。因此，对厌恶追加保证金风险的套期保值者来说，尽量慎用卖出看涨期权或卖出看跌期权的套期保值策略。

保值效果的有效性不同

运用期货进行保值，保值者虽然规避了较大的价格不利变动风险，但常常还会面对现货与期货价格之间存在的基差风险，也就是由于期货价格变动幅度与现货价格变动幅度不一致造成的套期保值误差。基差的变动大小对于套期保值的效果十分重要。正是基差风险的存在，影响了期货市场套期保值的有效性和不确定性。而运用期权进行套期保值，则不存在类似问题。因为一旦期权成交，就已经规定了将来固定的交割价格——执行价格。套期保值者通过买入看涨期权，可以有效地确定将来最高的买价；通过买入看跌期权，也可以有效确定将来最低的卖价，从而大大增强套期保值的有效性，减少现货与期货价格之间的基差风险。

保值策略的灵活性不同

在期货保值策略中，为防止价格上涨/下跌的风险，只能买入/卖出期货。有了期权，保值者可以有更多的选择，如买入看涨期权或卖出看跌期权都可以规避价格上涨的风险，买入看跌期权或卖出看涨期权都可以规避价格下跌的风险。再加上不同执行价格、不同到期月份的选择，可以为不同需求的保值者实现不同成本预算的保值效果。如果套期保值企业的风险承受力较强，在有了完善的套期保值策略后，也可以运用卖出期权作为套期保值手段。这就要求更为复杂的计算模型及交易体系，以及更严格的风险控制措施。有时运用卖出期权保值策略，收益甚至比期货的保值还要高。因此，采用期权套期保值策略要比采用期货套期保值策略多得多，方便套期保值者灵活选择。

交易手续费更低

为降低套期保值成本，国内期权交易手续费制定了较低的收取标准，一般仅为相关期货交易手续费的一半，甚至更少。

3. 期权套期保值策略有哪几种

商品的生产企业、贸易企业、加工企业所采用的套期保值策略是各不相同的，因此有必要将期权的套期保值策略进行分类，以确定哪些策略适合不同企业进行买入套期保值，哪些策略适合不同企业进行卖出套期保值。

期权套期保值交易策略主要划分为三种：保护性保值策略、抵补性保值策略、复合型保值策略。三种策略所使用的条件和效果大不相同。

4. 保护性保值策略的应用

保护性保值策略，是指通过买入数量相等的看涨期权或看跌期权，为现货或期货部位进行套期保值，以便有效规避价格波动风险。

保护性保值策略的优点：一是风险有限，而获利的空间在理论上是无限的。采取保护性保值策略损失完全控制在已知的范围之内，最大的风险和损失就是已交纳的权利金，不会存在做错方向、损失不断扩大的风险，而当价格走势对套期保值者持有的现货或期货部位有利时，收益还能够不断提升。二是套期保值者不用交纳保证金，可以弥补期货交易中进场时机不佳的缺点，可以保持较好的交易心态，能够承受行情的大幅震荡，不存在追加保证金及被强平的风险，使保值计划得到完整的执行。

保护性保值策略的缺点：套期保值成本较高。买入期权时需要向卖方交纳权利金，尤其是对于实值期权，所需支付的权利金还相当高。

保护性保值策略的适用情景：适用于担心未来现货价格朝着不利于企业的方向发展且涨跌幅度估计较大的情况。保护性保值策略既可用于企业买入套期保值，也可以用于企业做卖出套期保值，只是前者需要买进看涨期权，后者需要买进看跌期权。

买进看涨期权的买入保值策略——主要规避现货价格上涨风险

策略目的：保护现货（无货情况）或期货的空头部位，规避未来一段时期价格上涨的风险，同时保持价格下跌所带来的采购成本降低的益处。

适合对象：适合贸易商和加工企业为了防止采购成本上涨所采取的保值策略，类似于期货买期保值。

策略特点：该策略需要向期权卖方支付权利金，但无须交纳保证金。

【例 42】 3 月初，某饲料加工企业根据生产计划和库存情况，拟在 4 月中旬采购 1 000 吨豆粕。当时豆粕现货价格为 3 500 元/吨。为了规避豆粕价格上涨带来的采购成本大幅提高的风险，锁定生产成本，该企业打算采取买进看涨期权的保护性保值策略。企业买入 4 月中旬到期的豆粕看涨期权，执行价格为 3 500 元/吨，支付权利金 50 元/吨。结果分析如下。

情形一： 如果到了 4 月中旬，豆粕期货和现货价格均上涨超过 3 500 元/吨的期权执行价格，采购成本大幅提高，但买入的看涨期权也开始发挥保护作用。此时，该饲料加工企业可以选择将看涨期权卖出平仓，获得权利金的价差，也可以要求行权。看涨期权套期保值的盈利可以弥补现货采购成本上涨的损失，不管未来豆粕价格上涨多少，企业的豆粕实际采购成本都可以控制在 3 500 + 50 = 3 550 元/吨的价格水平，从而确保经营不受大的影响。增加的 50 元/吨实际上是买入期权支付的权利金成本。

情形二： 如果到了 4 月中旬，豆粕现货和期货价格没有出现上涨而是下跌了，其中现货价格跌到 3 450 元/吨以下，即便期权价格跌至 0（通常在到期前期权价格都 >0），饲料厂将放弃行使期权，最大亏损为权利金

50 元/吨。但此时现货采购成本大幅降低，企业采购成本比套期保值前的采购成本 3 500 元/吨还要低，因为期权的亏损已经被限制在最大 50 元/吨的极限。豆粕价格跌得越狠，企业总体采购成本就会越低。

可见，通过买入看涨期权进行套期保值，该饲料加工企业确立了一个最高的买价 3 550 元/吨，有效避免了豆粕价格大幅上涨带来的采购成本上升；而在价格下跌时，又能够享受低价购买的额外收益。这就是保护性保值策略体现的优点。不过，其显而易见的缺点是：在看对上涨方向时，采用看涨期权套期保值所需成本比采用期货套期保值要高一些，这个成本就是期权的权利金 50 元/吨。图 18 是该饲料加工企业采用豆粕看涨期权套期保值后的效果示意图。

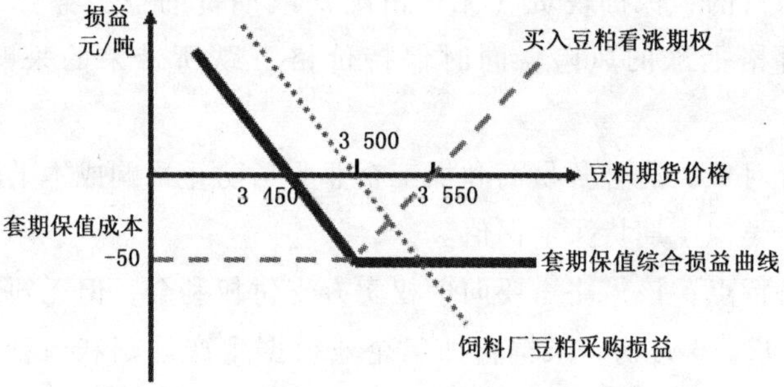

图 18　买入豆粕看涨期权保护性保值效果示意图

买进看跌期权的卖出保值策略——主要规避现货价格下跌风险

策略目的：保护现货（有货情况）或期货的多头部位，规避未来一段时期价格下跌的风险，同时保持价格上涨所带来的存货增值的益处。

适合对象：适合商品生产企业和贸易商为了防止价格下跌所采取的保值策略，类似于期货卖期保值。

策略特点：该策略同样需要向期权卖方支付权利金，但无须交纳保证金。

【例 43】 某糖厂白糖库存较大，在现货市场难以销售，当时现货价格为 4 800 元/吨。企业担心未来一段时间白糖价格下跌引发库存跌价损失，于是买入 3 个月后到期、执行价格为 4 800 元/吨的白糖看跌期权，支付权利金 60 元/吨。结果分析如下。

情形一： 如果 3 个月到期时，白糖期货和现货价格均上涨，并超过

4 800 元/吨的期权执行价格，看跌期权已无任何价值，糖厂将放弃行使期权，最大亏损为权利金 60 元/吨。此时糖厂以超过 4 800 元/吨的现货价销售白糖库存，实际销售价格比套期保值前的现货销售价格 4 800 元/吨要高。如果白糖销售价格在 4 860 元/吨以上，则糖厂本次套期保值在扣除 60 元/吨的权利金成本后还有额外盈利。现货价格涨得越高，企业销售盈利也更多。

情形二：如果 3 个月到期时，白糖现货和期货价格没有出现上涨，而是下跌。其中，现货和期货价格均跌破 4 800 元/吨，此时买入的看跌期权也由平值转为实值，开始发挥保护作用。此时，企业既可以选择将看跌期权卖出平仓，获得权利金的价差，也可以要求行权。与此同时，糖厂在现货市场以现货价格销售库存白糖。虽然白糖销售价格较低，但买入的看跌期权套期保值的盈利可以弥补现货销售价格下跌造成的利润损失，不管未来白糖价格下跌多少，企业的白糖实际销售价格都可以控制在4 800 - 60 = 4 740 元/吨的价格水平。与套期保值前现货销售价格 4 800元/吨相比，减少的 60 元/吨销售利润实际上是买入看跌期权支付的权利金成本。

可见，通过买入看跌期权套期保值，该糖厂等于锁定了一个最低的卖价，有效避免了白糖价格大幅下跌带来的库存跌价损失。而在价格上涨时，期权的权利金损失是有限的，能够持续享受高价销售库存带来的额外收益。这就是保护性保值策略的优点。不过缺点是在看对下跌方向时，采用看跌期权套期保值所需成本比采用期货套期保值要高，这个成本就是期权的权利金。图 19 是该糖厂采用白糖看跌期权套期保值后的效果示意图。

5. 抵补性保值策略的应用

抵补性保值策略，是指通过卖出数量相等的看涨期权或看跌期权，为现货或期货部位进行套期保值。收取的权利金可以抵补部分风险损失，但当现货或期货部位的风险损失大于收取的期权权利金后，裸露的风险不能得到完全的转移和规避。

抵补性保值策略的优点：与保护性策略相比，抵补性策略是负成本，即可以收取一定金额的权利金。

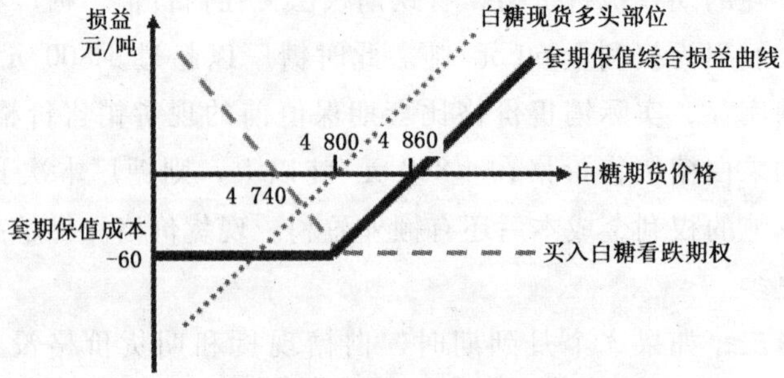

图 19 买入白糖看跌期权保护性保值效果示意图

抵补性保值策略的缺点：获利的空间有限，就是权利金；存在对期货价格方向判断正确，但波动幅度判断错误时套期保值失效、风险敞口裸露、损失会不断扩大的风险。

抵补性保值策略属于在收取的权利金范围内的套期保值。超出收取的权利金范围，则没有套期保值效果了。卖出期权需要交纳保证金，因此，采用抵补性保值策略需要的入市资金会多一些，并要做好追加保证金的后续准备。

抵补性保值策略适用情形：适用于期货价格波动幅度不大的情况下。由于涨跌幅度范围可以大致确定，目标价位比较明确，主要用于对期货合约的“再保险”，而对价格波动幅度不好判断的现货，虽然也可以用于保值，但保值效果的误差和不确定性都较大。抵补性保值策略既可用于企业手头上期货合约的买入套期保值，也可以用于卖出套期保值，只是前者需要卖出看跌期权，后者需要卖出看涨期权。这一点千万不要与保护性保值策略混淆了。

卖出看跌期权的买入保值策略——主要规避期货价格上涨风险

策略目的：企业估计在未来一段时间期货价格保持稳定或跌幅不会太大的情况下，卖出看跌期权，收取权利金，为手头已有的期货空头部位用权利金补偿一点交易成本，在一定范围起到保值的作用。但是，一旦期货价格跌至期权执行价以下时，则该期权卖方会失去手头期货空头部位未来大幅盈利的机会；一旦期货价格涨幅超过收取的权利金额度，则期货空头部位重新裸露并开始亏损，失去期权的保护。

适合对象：适合贸易商和加工企业为了防止期货价格小幅上涨所采取的保值策略，类似于期货买期保值。

策略特点：该策略需要向交易所交纳期权保证金。

【例44】 某黄金生产企业在6月时计划3个月后销售1 000克黄金。当时发现现货市场价为250元/克，同期上海期货交易所黄金10月期货合约价格也处于横盘整理状态，期价为255元/克。该企业预计未来3个月黄金价格可能还会下跌，但跌幅也不会太大，可能会在220~240元/克范围内波动。为此，该企业决定在上海期货交易所以255元/克价格卖出1手10月期货合约，为生产的黄金保值。但企业又担心自己的判断有误，黄金不跌反涨，但认为未来3个月黄金即便上涨，涨幅也不会太大，很难上涨超过265元/克。为规避期货价格上涨造成期货空头持仓损失，企业同时以10元/克的价格卖出9月下旬到期的黄金看跌期权，执行价格为240元/克，在缴纳2万~3万元/手的保证金（由于上期所期权保证金的计算方法很复杂，此处略）后，收取权利金10元/克。结果分析如下。

情形一： 到了9月下旬期权到期日时，如果此时黄金期货和现货价格均小涨，价格超过255元/克，但期货价格不超过265元/克的权利金抵补上限，此时期权买方不会行权。假如此时企业在现货市场以高于255元/克的即时价格出售1 000克的黄金，同时在期货市场买入对冲平仓期货合约，并买入对冲平仓看跌期权，结束套期保值。结果是：企业卖出的期货合约出现小幅亏损，但收取的10元/克权利金可以完全抵补期货部位的亏损并有盈余，因此，黄金实际销售价格将会高于销售即时价格，比仅采用期货套期保值效果要好。在这种情况下，期货加期权总体对套期保值的贡献是“正能量”的。

情形二： 到了9月下旬期权到期日时，如果黄金期货和现货价格均大涨，超出企业的预期，且期货价格高于265元/克，此时看跌期权买方不会行权。假如企业在现货市场以高于265元/克的即时价格出售1 000克黄金，同时在期货市场买入对冲平仓期货合约，并买入对冲平仓看跌期权，结束套期保值。结果是：企业收取的权利金收入最大上限就是10元/克，当期货价格高于265元/克后，卖出的期货合约亏损已经超过了10元/克，权利金不足以完全抵补期货部位的亏损了。如果期货价格涨幅越大，则期权对期货的套期保值效果就越差。这种情况下，企业的现货销售综合价格会低于实际的销售即时价格，期货加期权总体对套期保值的贡献是“负能量”的。

情形三： 到了9月下旬期权到期日时，如果黄金期货和现货价格均小跌，但期货价格没有跌破240元/克的执行价格，期权仍处于虚值状态，则期权买方不会行权。假如此时企业在现货市场以低于255元/克但高于240元/克的价格出售1 000克黄金，同时在期货市场买入对冲平仓期货合约，并买入对冲平仓看跌期权，结束套期保值。结果是：企业在黄金现货市场销售价格有所降低，但期货部位盈利，再加上期权权利金收入的抵补，黄金实际销售价格比仅采用期货进行套期保值的效果要好。在这种情况下，抵补性保值策略不仅套期保值无成本费用，反而还有额外的10元/克权利金收益，期货市场总体对套期保值的贡献是“正能量”的。

情形四：到了9月下旬期权到期日时，如果黄金期货和现货价格均出现大幅下跌，期货价格跌破240元/克的执行价格。此时期权处于实值状态，期权买方提出行权。收市后，该企业账户出现10月黄金期货合约多头1手，买入价格为240元/克，正好对冲其原有的255元/克1手空头合约，相当于以240元/吨的价格把原来手中的那1手空头期货合约给对冲平仓了。假如当天企业在现货市场以低于240元/克的即时价格出售1 000克黄金，同时在期货市场以同一价格平仓期货合约多空各1手，结束套期保值。此时期货市场交易虽然出现（255－240）＋10＝25元/克的盈利，可以弥补现货销售价格的降低，但对现货销售价格低于240－25＝215元/克后的销售利润损失就再无法弥补了。在这种情况下，抵补性保值策略的效果就不如仅采用期货工具进行套期保值的效果好。如果仅仅是用期货进行套期保值，则它对现货价格的下跌能够一直保护下去，而采用了卖出看跌期权后等于是放弃了空头期货合约在240元/克以下的盈利空间。当然，这种情况下如果不用期权为期货进行套期保值，那是最好不过了，可以让期货持仓的盈利继续奔跑，只不过这是“马后炮”的想法。因为当时卖出看跌期权是企业想保护期货市场的空头持仓不出现亏损，而且也没想到期货价格的波动幅度会如此之大，企业对期价波动幅度的判断有误。

图20是该企业卖出黄金看跌期权对期货空头部位（不包括现货市场）的套期保值效果示意图。

卖出看涨期权的卖出保值策略——主要规避期货价格下跌风险

策略目的：企业估计在未来一段时间期货价格保持稳定或涨幅不会太大的情况下，卖出看涨期权，收取权利金。可以为手头已有的期货多头部位用权利金补偿一点交易成本，在一定程度上起到保值的作用。但是，一

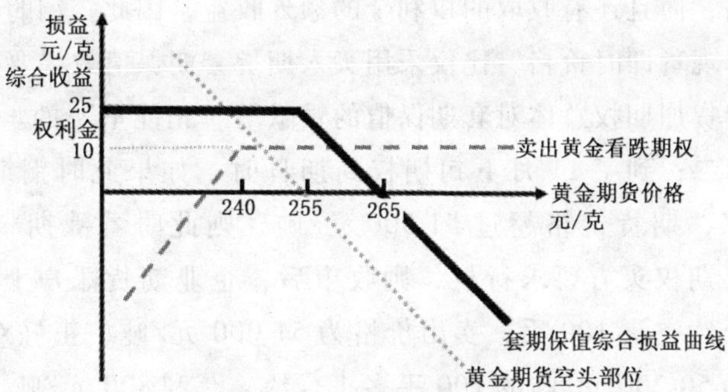

图 20　卖出黄金看跌期权对期货合约的抵补性保值效果示意图

旦期货价格涨至期权执行价以上时，该期权卖方会失去手头期货多头部位未来大幅盈利的机会；而一旦期货价格跌幅超过收取的权利金额度，则期货多头部位重新裸露并开始亏损，失去期权的保护。

适合对象：适合贸易商和加工企业为了防止期货价格下跌所采取的保值策略，类似于期货卖期保值。

策略特点：该策略需要向交易所交纳保证金。

【例 45】9 月初，某铜加工企业计划在 11 月份采购 500 吨铜作生产原料。为防止未来铜价上涨，该企业决定利用期货进行买入套期保值。当时，铜现货价为 50 000 元/吨，上海期货交易所 12 月铜期货合约价格为 50 200 元/吨。为此，该企业决定在上海期货交易所以 50 200 元/吨价格买进 100 手 12 月铜期货合约保值。企业又担心自己的判断有误，铜价不涨反跌，但认为未来两个月铜价即使下跌幅度也不会太大，很难跌破 49 000 元/吨。为规避价格下跌造成期货多头持仓亏损，企业同时以 500 元/吨的价格卖出 11 月下旬到期的铜看涨期权 100 手，执行价格为 51 000 元/吨，在缴纳 2 万～3 万元/手的保证金（由于上期所期权保证金的计算方法很复杂，此处略）后，收取权利金 500 元/吨。结果分析如下。

情形一：到了 11 月下旬期权到期日时，如果此时铜期货和现货价格均小涨，价格超过 50 200 元/吨，但铜 12 月期货合约价格没有超过 51 500 元/吨的价格，期权买方通常不会行权。假如此时企业在现货市场以高于 50 200 元/吨的即时价格采购 500 吨铜，同时在期货市场卖出对冲平仓铜期货合约，并同时买入对冲平仓看涨期权，结束套期保值。结果是：企业买入的铜期货合约出现的盈利不仅可用来弥补在现货市场采购成本的提高，而且还有收取的权利金的额外收益，因此，铜的实际采购价格将会低于现货即时价格，比仅采用买入期货套期保值效果要好。在这种情况下，期货加期权总体对套期保值的贡献是“正能量”的。

情形二：到了11月下旬期权到期日时，如果此时铜期货和现货价格均上涨，期货价格超过51 500元/吨，则此时看涨期权处于实值状态。如果期权买方要求行权，则收市后，企业期货账户上会出现12月铜期货合约空头100手，卖出价格为51 000元/吨，正好对冲其原有的买入价为50 200元/吨的100手多头合约，获利800元/吨，加上其获得的权利金收入500元/吨，总获利可达1 300元/吨。假如当天该企业在现货市场以高于51 500元/吨的即时价格买进500吨铜，同时在期货市场对冲平仓掉全部铜期货合约多、空持仓各100手，结束套期保值。结果是：此时期货市场交易虽然出现1 300元/吨的盈利，可以弥补现货市场采购成本的提升，但对现货采购价格高于50 000 + 13 000 = 51 300元/吨后的采购成本就再无法弥补了。这种情况下，抵补性保值策略的效果就不如仅采用期货工具进行套期保值的效果好。如果仅仅是用期货进行套期保值，则它对现货价格的上涨能够一直保护下去，而采用了卖出看涨期权后等于是放弃了多头期货合约在51 500元/吨以上的盈利空间。但是，期货价位超出51 500元/吨以上后，现货就被“裸露”在风险之中，没有期货保护了。因此，这种策略虽然能够保护多头期货持仓免受下跌的风险，但同时也削弱了期货对现货的保护能力。期货价格涨得越高，则现货的采购成本也就越大。

情形三：到了11月下旬期权到期日时，如果此时铜期货和现货价格均小幅下跌，期货价格离51 000元/吨的行权价格渐行渐远，但没有跌破49 700元/吨，期权买方不会提出行权。假如此时企业在现货市场以低于50 000元/吨的即时价格采购500吨的铜，同时在期货市场卖出对冲平仓期货合约，并买入对冲平仓看涨期权，结束套期保值。结果是：企业套期保值买入的期货合约出现小幅亏损，但收取的500元/吨权利金可以完全抵补期货部位的亏损并仍有盈余，因此铜实际采购价格将会低于采购即时价格，比仅采用期货进行套期保值的效果要好。这种情况下，期货加期权总体对套期保值的贡献仍是“正能量”的。

情形四：到了11月下旬期权到期日时，如果此时铜期货和现货价格均大跌，其中期货价格跌破了49 700元/吨，离51 000元/吨的行权价格更远，期权买方不会提出行权。假如此时企业在现货市场以低于 49 700 元/吨的即时价格采购 500 吨铜，同时在期货市场卖出对冲平仓期货合约，并买入对冲平仓看涨期权，结束套期保值。结果是：企业稳获权利金收入，但由于权利金的最大收入就是 500 元/吨，当期货价格跌破 49 700 元/吨后，手头上的多头期货合约亏损已经超过了 500 元/吨，权利金不足以完全抵补期货多头部位的亏损了。如果期货价格跌幅越大，则期权对期货的保护效果就越差。从这一点上看，抵补性策略对期货部位的保值作用是有限的。这种情况下，企业的现货采购综合价格会高于实际的采购即时价格，"期货＋期权"总体对套期保值的贡献是"负能量"的。当然，如果这种情况下不用期货工具做买入套期保值，那企业的采购成本就更低了，这就需要企业对未来铜价走势的判断要准确，以确定是否进行套期保值和何时进行套期保值。套期保值的工具已经摆在眼前了，就看怎么用了。

图 21 是铜加工企业采用卖出铜看涨期权对期货多头部位（不包括现货市场）套期保值后的效果示意图。

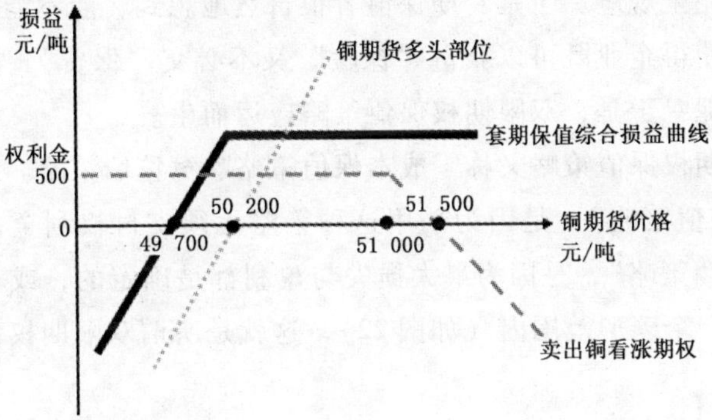

图 21　卖出铜看涨期权对期货合约的抵补性保值效果示意图

从以上案例中可以发现，采用抵补性保值策略能够降低企业的套期保值成本，在一定程度上可有效避免套期保值中采用的期货持仓因价格不利变动所出现的亏损，但缺点是，当期价波动幅度超出一定范围，也就是期货部位的损失超出权利金的抵补极限后，期权对期货部位的保护作用就会失效。此外，当价格朝着期货部位有利方向发展时，由于卖出期权的行为，往往会过早地终止期货部位扩大盈利的机会，导致现货"裸露"在风险之中，套期保值就半途而废了。因此，采用抵补性保值策略应慎重，要考虑周全。

6. 复合型保值策略的应用

在对现货进行套期保值时，企业往往会将期货工具和期权工具同时使用，这样的保值效果往往会比仅采用单一期货或单一期权工具好得多。将期货与期权工具进行组合，可以获得许多的复合型保值策略。以下介绍几种常用的复合型保值策略。

双限期权保值策略——想要“保险”但又不想交“保费”

在保护性保值策略与抵补性保值策略中，总面临着风险与权利金成本两相矛盾的烦恼。采用保护性策略虽然能规避风险，但是需要付出权利金成本。尤其是在商品价格处于高位时，买入期权的价格可能非常昂贵。例如：当油价在 100 美元/桶时，购买一个执行价为 110 美元/桶的看涨期权的权利金是 14 美元/桶，该笔成本对于利润率偏低的航空公司而言是非常昂贵的，套期保值代价太高。而采用抵补性策略，虽然不用付出成本，但风险不能完全规避。于是套期保值者很自然地想到，能不能把两种策略结合起来，使得企业既可以获得“保险”又不必交“保费”，以获得更好的保值效果呢？于是，双限期权保值策略应运而生。

双限期权保值策略又称零成本保值策略、篱笆墙策略。之所以称之为“零成本保值策略”，是因为采用这种策略无须支付权利金；而之所以又叫“篱笆墙策略”，是因为最大损失与盈利都是确定的，或者说盈、亏均被限定在一个菱形范围内（如图 22），这就是所谓双限期权保值策略。

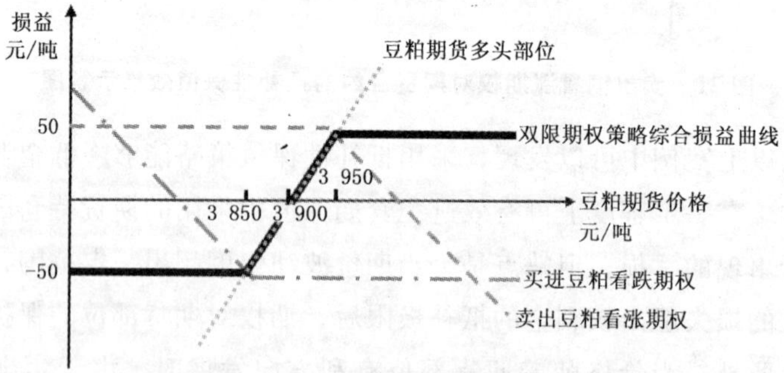

图 22　期货多头的双限期权保值策略效果示意图

双限期权保值策略的操作原理：企业如果要对自己手头上期货的多头/空头部位进行套期保值，首先买入一个虚值的看跌/看涨期权，来保护期货部位，此时需要支付权利金；其次，为了降低权利金成本，再同时卖出一个虚值的看涨期权/看跌期权，又获得权利金收入，用来抵补权利金的支出。有时为了匹配现货头寸，两个期权的持仓数量可能存在不一致的情况，并不一定支付的权利金与收回的权利金完全相等，但成本肯定有限，且对价格上方和下方的不利变化均能完全保护。这样，投资者可以避免因价格不利方向变化所带来的风险，而且不需要付出或者仅仅付出少量的权利金成本。

双限期权保值策略的使用条件：保值者需要做的是找出两个权利金价格相等或大致相等的看涨期权和看跌期权。

双限期权保值策略的优缺点：套期保值成本低，既能规避价格不利变化的风险，又能保留一定的获利潜能，但放弃了无限收益的能力。

双限期权保值策略经常被机构投资者所使用，主要原因就是可以享受不用交保费的“保险”。

（1）期货多头部位的双限期权保值策略。

策略组成：期货多头持仓部位 + 买入虚值看跌期权 + 卖出虚值看涨期权。

应用情形：当商品期货价格处于高位区间小幅振荡时，且后市存在暴跌的可能。

适用范围：手中有期货多头持仓。

【例 46】某饲料加工企业预计未来 3 个月后需要购进一批豆粕原料。当时发现豆粕期货价格正在大涨，企业担心 3 个月后采购成本会大幅提高，于是急忙在期货市场上以 3 900 元/吨买入 100 手豆粕期货合约进行套期保值。结果随后发现豆粕期货价格一直在 3 900 元/吨附近的高位小幅区间振荡，没有再继续上涨，这让企业感到有些骑虎难下。企业担心未来期价存在暴跌的可能，但又怕预期错误，而平仓出场因需要付出一定的交易成本又有些不甘心。于是企业决定采取期货多头的双限期权保值策略，这样既不需要付“保费”，还能为豆粕期货的多头持仓上个“保险”，即买入同月份执行价格为 3 850 元/吨的看跌期权 100 手，支付权利金 50 元/吨的同时卖出同月份执行价格为 3 950 元/吨的看涨期权 100 手，收到权利金 50 元/吨。结果分析如下（图 22）：

情形一：如果未来 3 个月期间，豆粕期价如企业预期那样继续上涨，但涨幅在 3 900 ~ 3 950 元/吨之间。此时企业手头上的期货持仓部位是盈利的，买、卖的看跌期权和看涨期权均为虚值状态，都不存在行权问题，期货合约的盈利就是整个策略组合的盈利，但盈利不会超过 50 元/吨。

情形二：如果未来 3 个月期间，豆粕期价如企业预期那样继续上涨。当上破 3 950 元/吨后，企业手头上的期货持仓部位是盈利的，但卖出的看涨期权成为实值期权，开始出现亏损。同时，企业买进的看跌期权为虚值期权，企业放弃行权。一旦看涨期权的买方要求行权的话，则企业必须履行义务，将会获得 3 950 元/吨的期货空头持仓 100 手，正好与其手头上的那 100 手期货多头持仓对冲平仓了，相当于企业以 3 950 元/吨的价格把正在赚钱的多头仓位移交给了对方。企业共获利：（3 950 - 3 900）+ 50 - 50 = 50 元/吨。此后，无论期货价格涨到多高，都跟企业没有关系了，企业为现货的套期保值行为就此结束，最大获利为 50 元/吨。这当然非常可惜，但上“保险”就是这样的结果。

情形三：如果未来 3 个月期间，豆粕期价并未如企业预期那样继续上涨而是掉头向下，但期价没有跌破 3 850 元/吨。此种情况下，企业手头上的期货持仓部位是亏损的，买、卖的看跌期权和看涨期权均为虚值状态，都不存在行权问题，期货合约的亏损就是整个策略组合的亏损，但亏损不会超过 50 元/吨，企业尚能承受。

情形四：如果未来 3 个月期间，豆粕期价正如企业担心的那样出现大跌，期价跌破了 3 850 元/吨。此时企业手头上的期货持仓部位亏损增大，但买入的看跌期权成为实值期权，企业要求行权后能够弥补期货多头合约上的亏损，而卖出的看涨期权为虚值期权，对方不会行权。因此，无论期货价格跌多少，企业的总亏损最大为 50 元/吨。此时就体现出“保险”的好处了。虽然这种情况下，企业为现货的套期保值行为结束了，但却因祸得福，没有了期货多头合约的继续亏损，企业在现货市场上的采购成本能实实在在地得到降低。

可见，期货多头采用双限期权保值策略的目的主要是基于手头上有多头持仓，且期价处于高位，有大幅下跌的危险。通过买入看跌期权，就是为了规避一旦价格下跌期货多头持仓造成的损失，将风险控制在了确定的范围内。而同时又卖出同等或相当数量的看涨期权的目的是为了将支付的权利金再“收”回来，抵消或降低买入看跌期权的权利金成本。当期货价格运行在 3 850 ~ 3 950 元/吨这两个执行价格之间时，买卖的看跌和看涨期权均不发生作用，此时期货多头合约的盈利和亏损不受期权影响，价格在企业可承受的小范围内。一旦期货价格向上突破3 950元/吨时，投资者的期货多头持仓的收益戛然而止。这就是采用该策略保值者需要付出的代价：放弃预期之外的潜在盈利。而当期货价格向下跌破3 850元/吨时，期货多头持仓部位的亏损也将会被有效“切断”，这是该策略为企业提供的保险好处。

（2）期货空头部位的双限期权保值策略。

策略组成：期货空头持仓部位＋买入虚值看涨期权＋卖出虚值看跌期权。

应用情形：当商品期货价格处于低位区间小幅振荡时，且后市存在暴涨的可能。

适用范围：手中有期货空头持仓。

【例47】某白糖贸易商库存积压严重，且发现白糖价格正在下跌，企业担心白糖库存存货贬值，于是急忙在期货市场上以4 200元/吨卖出200手白糖期货合约进行套期保值。结果随后发现白糖期货价格一直在4 200元/吨附近的低位小幅区间振荡，没有再继续下跌，这让企业感到有些纠结。企业担心未来期价存在大幅反弹的可能，但又怕预期错误，而平仓出场因需要付出一定的交易成本又心有不甘。于是决定采取期货空头的双限期权保值策略，这样既不需要付“保费”，还能为白糖期货的空头持仓上个“保险”。具体做法是：买入同月份执行价格为4 300元/吨的看涨期权200手，支付权利金82元/吨的同时卖出同月份执行价格为4 100元/吨的看跌期权200手，收到权利金80元/吨。结果分析如下（见图23）：

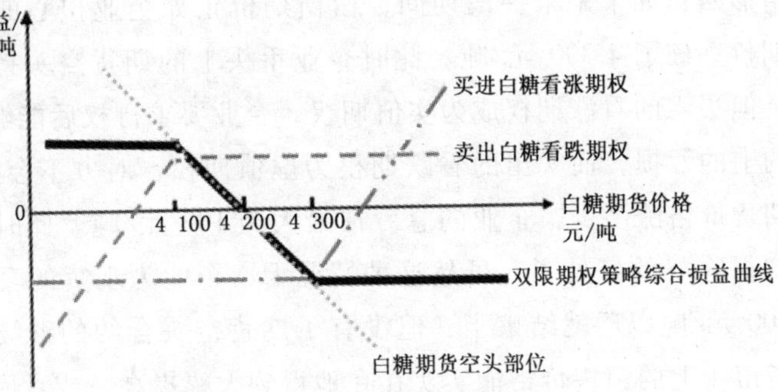

图23　期货空头的双限期权保值策略效果示意图

情形一：如果未来一段期间，白糖期价如企业预期那样继续下跌，但跌幅在4 100 ~ 4 200元/吨之间。此时企业手头上的期货持仓部位是盈利的，买、卖的看跌期权和看涨期权均为虚值状态，都不存在行权问题，支付的权利金和收到的权利金基本上相互抵消，期货合约的盈利就是整个策略组合的盈利再扣减2元/吨，但总盈利不会超过98元/吨，可以为现货库存减少一定的贬值损失，起到保值作用。

情形二：如果未来一段期间，白糖期价如企业预期那样继续大跌，当下破4 100元/吨后，企业手头上的期货持仓部位本应该大幅盈利，但卖出的看跌期权成为实值期权，开始出现亏损，同时买进的看涨期权为虚值期权，企业放弃行权。一旦看跌期权的买方要求行权的话，则企业必须履行义务，将会获得以4 100元/吨买进的期货多头持仓200手，正好与其手头上的那200手期货空头持仓对冲平仓了，相当于企业以4 100元/吨的价格把正在赚钱的空头仓位移交给了对方。企业共获利：(4 200 - 4 100) + 80 - 82 = 98元/吨。此后，无论期货价格跌到多低，都跟企业没有关系了，企业为现货库存的套期保值行为就此结束了，最大保值能力为98元/吨。企业原有的200手期货空单在4 100元/吨以下无法再起到为现货保值的作用了。

情形三：如果未来一段期间，白糖期价并未如企业预期那样继续下跌而是掉头向上，但期价没有上破4 300元/吨。此种情况下，企业手头上的期货空头持仓部位是亏损的，买、卖的看跌期权和看涨期权均为虚值状态，都不存在行权问题，期货合约的亏损就是整个策略组合的亏损再加多支付的2元/吨的权利金，但亏损不会超过102元/吨，企业尚能承受。

情形四：如果未来一段期间，白糖期价正如企业担心的那样出现大涨，期价上破了4 300元/吨。此时企业手头上的期货空头持仓部位理应大亏，但买入的看涨期权成为实值期权，企业要求行权后能够弥补期货空头合约上的亏损，而卖出的看跌期权为虚值期权，对方不会行权。因此，无论期货价格涨多少，企业的总亏损最大为102元/吨。此时就体现出该策略“保险”的好处了。虽然这种情况下，企业为现货的套期保值行为在4 300元/吨以后就结束了，但没有了期货空头合约的继续亏损，企业在现货市场上的销售价格能实实在在地得到大幅提高，或者库存存货处于增值状态。

可见，期货空头采用双限期权保值策略的目的主要是基于手头上有期货空头持仓，且期价处于低位，有大幅上涨的风险。买入看涨期权，就是为了规避一旦价格上涨期货空头持仓造成的损失，将风险控制在了确定的范围内。而同时卖出同等或相当数量的看跌期权的目的是为了将支付的权利金再“收”回来，抵补买入看涨期权的权利金成本。当期货价格运行在4 100～4 300元/吨这两个执行价格之间时，买、卖的看跌和看涨期权均不发生作用，此时期货空头合约的盈利和亏损不受期权影响，价格在企业可承受的小范围内。一旦期货价格向下跌破4 100元/吨的执行价时，投资者的期货空头持仓的收益就此停止。这就是采用该策略保值者需要付出的代价：放弃预期之外的潜在盈利。而当期货价格向上突破4 300元/吨时，期货空头持仓部位亏损也将会被有效“切断”，这是该策略为企业提供的保险好处。

现货保值+期货保险策略——截住亏损，让利润无限制奔跑

采用期货套期保值的一个显著缺点就是在规避现货价格波动风险的同时，也把潜在的收益机会给断送了。实际上，在许多情况下，企业需要的套期保值策略是：当价格向不利于企业持有的现货方向发展时，需要期货工具发挥套期保值作用，而在价格向有利于企业持有现货方向发展时不再需要套期保值，即便是多承担一点成本也无所谓。那怎么样才能达到这种套期保值效果呢？于是利用“期货+期权”的复合型套期保值策略——现货保值+期货保险策略便应运而生了，它的最大优点是能够“截住亏损，让利润无限制奔跑”！

(1) 买进期货合约+买入相关期货看跌期权的组合买期保值策略。当生产企业计划购进原材料时，为防止价格上涨带来的采购成本增加，可以通过买进相关期货合约的套期保值策略来锁定采购成本。但是一旦价格没有上涨反而下跌的话，其期货持仓将会发生亏损。虽然这一亏损可以由现货价格下跌带来的采购成本同时降低来弥补，但失去了低成本购进原材料的收益。为了尽量避免期货持仓亏损，可以在买进期货合约的同时，买入相关期货看跌期权。这样，价格上涨时，放弃或卖出平仓看跌期权，同时高价卖出期货合约平仓，获取期货合约的差价利润，在弥补已支付的权利金后还有盈余，可为现货交易起到一定的保值作用。一旦价格下跌时，则履行看跌期权，用得到的期货合约空头头寸与手中的期货合约多头头寸对冲，解除期货对现货的套期保值，成本只是已支付的权利金。

策略组成：需要套期保值的现货空头部位 + 期货多头持仓部位 + 买入虚值或平值看跌期权。

应用情形：企业未来需要对现货进行采购，既想规避价格大幅上涨风险，又想获得价格大幅下跌带来的采购成本降低的好处。

适用范围：手中尚无现货但又有采购需求的企业。

策略优点：截住亏损，并让利润无限制奔跑。

策略缺点：交易成本增加。

【例 48】 某铜加工企业需要在 5 月采购一批铜作为生产原料，但是铜现货价格为 49 200 元/吨。为了防止未来铜价上涨，该企业决定采用期货工具进行买入套期保值。于是该企业在 3 月初以 49 500 元/吨的价格买入上海期货交易所的 6 月铜期货合约。但企业又担心，一旦预判错误，价格不涨反跌，则采购成本降低的好处得不到，怎么办？期货公司帮他们出了个不错的主意，建议企业同时买入 5 月到期的铜看跌期权，执行价格为 49 000 元/吨，支付权利金 100 元/吨。操作结果分析如下：

情形一： 如果铜价果然如企业预判那样上涨，至 5 月下旬期权到期日前，期铜价格高于 49 600 元/吨。此时企业手头上的期货多头持仓盈利大于 100 元/吨，买进的看跌期权为虚值状态，企业会放弃行权。假如企业在采购现货的当天，将期货合约以高于 49 600 元/吨以上的即时价格卖出平仓，同时将期权合约也卖出平仓或弃权，结果是：该加工企业在现货市场的实际采购成本 = 现货采购价 - 期货盈利 + 支付的权利金（100元/吨） - 平仓收取的权利金。由于后面三项总和大于 0，企业实际采购成本小于现货采购价，套期保值效果显现。

当然，如果此种情况下不用期权为期货合约上保险的话，采购成本还可以降低最多 100 元/吨权利金，但这个费用相当于是缴纳的“保险费”，为了保险花费，值！由此可见，期货与期权的组合买期保值策略，可以用期货与期权的净盈利弥补现货市场上采购成本的提高损失。不管铜价上涨多高，企业现货采购成本的提高被确保限制在了一个很小的范围内。这就是“截住亏损”的意义。

情形二： 如果铜价不涨反跌，至 5 月下旬期权到期日前，期铜价格跌破 49 000 元/吨。此时企业手头上的期货多头持仓出现亏损，但买入的看跌期权成为实值期权，该企业可以选择行使期权，获得 49 000 元/吨卖价的期货合约空头部位，正好对冲平仓掉原有的期货多头持仓，再加上 100

元/吨买入期权的权利金，期货市场共亏损：49 000 - 49 500 - 100 = -600元/吨，不管期价跌到什么程度，期货市场就亏这么多！此时，企业现货市场铜的实际采购成本也同步下降。好在期货为现货的套期保值已经被期权在49 000元/吨时给解除了，低于49 000元/吨的部分就是企业在现货市场采购中获得的价格收益。如果没有用期权为期货合约上保险，虽然从套期保值的角度来说期货赔、现货赚也正常，但企业却没能获得价格大跌带来的采购成本大幅下降的好处。此时就体现出该组合策略“保险”的好处了。没有了期货多头合约的继续亏损，企业在现货市场上的采购成本能实实在在地得到单边大幅降低。从这一点来看，将期货与期权结合在一起用于套期保值，仍然可以获得在价格发生有利变动时的好处，比只利用期货工具进行套期保值的效果要好得多。

情形三：如果铜价在5月下旬期权到期日前一直在49 000~49 500元/吨范围内小幅波动，则期权对期货的套期保值效果不很明显。此时，企业会发现购买期权的100元/吨权利金成为主要的成本负担。建议企业，如果判断在现货采购前的那段时间内价格不会有大的变动的话，应该尽早解除期权对期货合约的“保险”，即卖出平仓看跌期权，尽可能多地回收部分权利金，只保留期货对现货的套期保值作用就可以了，从而降低交易成本。

（2）卖出期货合约+买入相关期货看涨期权的组合卖期保值策略。当生产企业或贸易商拥有可出售的商品现货时，为防止价格下跌，通常采取卖出期货合约的套期保值策略来保证预期利润的实现。但是一旦价格没有下跌反而上涨的话，其期货合约头寸将会出现亏损。虽然这一亏损可以由现货价格上涨带来的高价来弥补，但失去了商品高价销售的利润。为了尽量避免期货合约持仓发生亏损，可以在卖出期货合约的同时，买入相关期货看涨期权。这样，价格下跌时卖出平仓看涨期权或放弃行权，同时低价买入平仓期货合约，达到保值目的；价格上涨时则执行看涨期权，所得到的期货合约多头持仓与手中原有的期货空头持仓相对冲，截住期货合约的亏损，使企业能保留在现货市场高价销售的机会。

策略组成：需要套期保值的现货多头部位+期货空头持仓部位+买入虚值或平值看涨期权。

应用情形：企业要在未来销售现货，既想规避价格大幅下跌风险，又想获得价格大幅上涨带来的高价销售利润。

适用范围：手中有现货的生产企业或贸易商。

策略优点：截住亏损，并让利润无限制奔跑。

策略缺点：交易成本增加。

【例 49】6 月初，黄金现货价格为 261 元/克。国内某黄金生产企业根据分析，预计国际市场黄金价格会有较大幅度的下跌，将影响企业的生产效益。为此，该企业决定在期货市场进行卖出套期保值。于是该企业在 6 月初以 260 元/克的价格卖出上海期货交易所的 10 月黄金期货合约。但是企业又担心，一旦预判错误，价格不跌反涨，则黄金高价销售的利润会落空，怎么办？期货公司建议企业同时买入 9 月到期的黄金看涨期权，执行价格为 265 元/克，支付权利金 5 元/克。操作结果分析如下：

情形一：如果随后黄金价格果然如企业预判那样出现了大幅的下跌，至 9 月下旬期权到期日前，黄金期货价格跌破 255 元/克，此时企业手头上的期货空头持仓部位是盈利的，买进的看涨期权为虚值状态，企业会放弃行权。假如企业在销售黄金现货的当天，将期货合约买入平仓，结束套期保值，结果是：如果企业在现货市场是以低于 255 元/克的现货价格销售黄金，则它的实际销售价格等于现货销售价加上期货盈利减去权利金 5 元/克。由于此时期货盈利减去权利金 5 元/克的差大于 0，企业的实际销售价格大于现货销售价格，套期保值效果明显。

当然，如果当初没有用期权为期货合约上保险的话，销售价格可以提高最多 5 元/克，但这 5 元/克的权利金相当于是避免期货合约亏损而缴纳的“保险费”，值得花费。由此可见，期货与期权的组合卖期保值策略，可以用期货与期权的净盈利弥补现货市场上因销售价格下跌所带来的损失。不管黄金价格下跌多少，企业现货销售价格下跌的损失被确保限制在了一个很小的范围内，截住了亏损。

情形二：如果黄金价格不跌反涨，至 9 月下旬期权到期日前，黄金期货价格高于 265 元/克执行价，此时企业手头上的期货空头持仓出现亏损，但买入的看涨期权成为实值期权，该企业可以选择行使期权，获得 265 元/克买价的期货合约多头部位，正好对冲平仓掉原有的期货空头持仓，再加上 5 元/克买入期权的权利金，期货市场共亏损：$260-265-5=-10$ 元/克，不管期价跌到什么程度，期货市场就亏这么多！此时，企业在黄金现货市场的实际销售价也同步上涨。好在期货为现货的套期保值已经被期权在265元/克时给解除了，高于265元/克的卖价部分就是企业现货销售中获得的价格利润。如果没有用期权为期货合约上保险，虽然从套期保值的角度来说，期货赔、现货赚也正常，但企业却没能获得销售价格大幅上涨带来的利润。此时就体现出该组合策略“保险”的好处了。没有了期货空头合约的继续亏损，企业在现货市场上的销售价格能实实在在地得到单边大幅提升的好处。从这一点来看，将期货与期权结合在一起用于套期保值，仍然可以获得在价格发生有利变动时的好处，比只利用期货工具进行套期保值的效果要好得多。

情形三：如果黄金价格在9月下旬期权到期日前一直在260～265元/克范围内小幅波动，则期权对期货的套期保值效果不会很明显。此时企业会发现购买期权的5元/克权利金成为主要的成本负担。建议企业，如果判断在现货销售前的那段时间内，价格不会有大的变动的话，应该尽早解除期权对期货合约的“保险”，即卖出平仓看涨期权，尽可能多地回收部分权利金，只保留期货对现货的套期保值作用就可以了，从而降低交易成本。

从以上分析发现，采用“现货保值+期货保险”策略主要用于防止价格大涨或大跌时的情景。若在价格小幅波动时使用，则在交易成本的付出上有些吃亏。

7. 期权套期保值方案设计

以上介绍了各种形式多样的期权套期保值策略。为帮助投资者更好地应用期权套期保值策略，下面将列举不同企业在采购、生产、销售等各个环节中，根据自身避险需求而应用商品期权进行套期保值方案设计的案例，仅供参考借鉴。

大豆压榨企业在采购压榨环节运用豆粕期权套期保值方案设计

近10年来，国内需求增长以及行业进入门槛较低推动了大豆压榨行业的快速发展。2014年，中国大豆年压榨量约为6 500万吨，国内油厂压榨用豆95%以上采用国外大豆。如何利用好期货市场，已成为大豆压榨企业核心竞争力的关键要素。随着国内油脂油料期权品种的推出，国内大豆压榨企业的套期保值模式将逐步完善。

大豆压榨企业因受到国产大豆原料短缺且价高的制约，必须按计划提前从国外采购大豆，并且企业还要有一定的大豆库存，以维持企业一定时段的正常生产需求。根据企业对国外大豆点价时点的选择以及生产进度的快慢，压榨企业的大豆仓储库存和在途大豆的总量大致占其1~3个月的压榨产能。这部分大豆将完全承担市场价格波动的风险，面临很大的贬值风险。对于一个稳健经营的油脂压榨加工型企业来讲，这是一个巨大的风险源，企业需尽量规避。

一般而言，企业可以选择在美国芝加哥期货交易所（CBOT）期货市场点价后，在大连商品交易所（DCE）期货市场卖出豆油和豆粕的方式来锁定压榨利润。因此，大豆压榨企业在采购环节进行套期保值的目的是锁定压榨利润。但在实际点价过程中，企业可能面对压榨利润出现增减变化的各种状况，因此企业需谨慎计算成本，采取灵活多变的保值方案。以下介绍大豆压榨企业在采购环节中如何通过期权来优化保值策略。

（1）在预期压榨利润会明显增加的情况下（见表27）。该情况应该是压榨企业最乐见的。在明显看涨压榨利润的情况下，企业甚至可以不进行保值操作。不过由于是对压榨利润的一种预期看涨，通常为了稳健经营，企业还是会基于锁定当时的压榨利润的目的而进行套期保值，免得到手的鸭子飞了。这就会产生矛盾：如果通过卖出与大豆加工数量相对应的豆油和豆粕期货头寸，则在强烈看涨压榨利润的情况下等于白白断送了未来很有希望赚取的额外增加的压榨利润，“鱼和熊掌都想兼得”，怎么办呢？在这种情况下，企业优化套期保值方案设计就很有必要。

在表27第一种情形下，利用豆粕期权优化压榨利润套期保值方案设计中，交易成本因权利金而会有所增加。企业需要权衡的重点在于愿意支付多少权利金成本来换取可能获得的额外压榨利润，也就是看跌期权的价格与未来在现货市场上可能获得的额外压榨利润数额的衡量对比。

表27中的第二种情形通常发生在国际大豆产量增加、大豆价格下跌的时候。该情形下也会出现大豆压榨利润的明显增加。如果企业是基于国际市场大豆价格比国内油粕价格下跌更多来判断未来压榨利润将有所增加的话，则运用国内豆粕期权对于优化套期保值方案的作用很有限，企业可能更多地需要参与CBOT大豆期权市场的交易，或等待大商所未来推出转基因大豆期权品种后，再来优化套期保值方案。

表 27　　预期压榨利润会明显改善情况下的套期保值方案优化设计

	情形一	情形二
市场状况	国内油、粕需求强劲，豆油、豆粕价格上涨带来大豆压榨利润明显增加	国内油、粕需求保持平稳，但因国际大豆市场下跌而看好大豆压榨利润
企业预期	未来一段时间压榨利润会明显增加	未来一段时间压榨利润会有所提升
期货套期保值方案设计	CBOT 大豆多单 + DCE 豆油空单 + DCE 豆粕空单	CBOT 大豆多单 + DCE 豆油空单 + DCE 豆粕空单
套期保值方案优化设计	CBOT 大豆多单 + DCE 豆油看跌空单 + DCE 豆粕看跌期权多单	CBOT 大豆多单 + CBOT 大豆看跌期权多单 + DCE 豆油空单 + DCE 豆粕空单
方案优化设计后的效果损益	价格情形 1——上涨：豆粕看跌期权多单作废，不会行权，损失权利金，但却能获得压榨利润大幅提升后的收益，有效实现了压榨利润套期保值方案的优化 价格情形 2——下跌：豆粕看跌期权多单能很好地锁定豆粕价格下跌损失，前期锁定的压榨利润在扣除权利金后依然能够得以保证	价格情形 1——上涨：CBOT 大豆看跌期权多单作废，不会执行，前期锁定的压榨利润在扣除权利金后依然能够得以保证 价格情形 2——下跌：CBOT 大豆看跌期权多单能够很好地锁定大豆多单损失，而国内的豆油和豆粕空单在利润上有很好的表现

【例 50】某油脂压榨企业与国外大豆供应商签订了 6 万吨 5 月船期的大豆，已商定好综合升贴水（基差为 65 美分/蒲式耳，海运费为 50 美元/吨）；点价合约为 CBOT 大豆 5 月合约；点价时间为合同签订至船到港前。当时 CBOT 大豆 5 月合约价格为 12.50 美元/蒲式耳；DCE 9 月豆油合约价格为 9 400 元/吨；9 月豆粕合约价格为 3 100 元/吨（均为 DCE 市场主力合约）。企业经核算，该时点下大豆到厂及压榨、包装等总成本为 4 075 元/吨，而压榨成品销售价为 4 235 元/吨，压榨每吨大豆可获得 160 元利润。该企业经研究认为，国内油粕需求强劲，未来压榨利润可能会增至 200 元/吨的水平。但又考虑到在油厂普遍预计未来一段时间压榨利润增加的情况下，将极大刺激国内压榨企业大量采购大豆，并且在国内豆油和豆粕库存增加的情况下，可能导致后期 DCE 豆油和豆粕价格下跌，并影响 CBOT 市场也会下跌，而且 160 元/吨的压榨利润已经较为丰厚了，故该企业计划在 DCE 市场卖出压榨 6 万吨大豆所得到的豆油和豆粕产品，为在 CBOT 买入的 6 万吨大豆进行套期保值，以保住当时 160 元/吨的压

榨利润。

原始套期保值方案的设计：

设企业在签订大豆点价合同后，在美国 CBOT 市场即时点价价格为 1 250 美分/蒲式耳，且同时在大连 DCE 市场抛空压榨 60 000 吨大豆所相应得到的豆油和豆粕。按照出油率 0.19、出粕率 0.79、压榨利润 160 元/吨、36.7437 蒲式耳/吨大豆、即期汇率 6.20 元人民币/美元、关税税率 3%、进项增值税税率 13%、生产成本（加工费）170 元/吨及公式，计算如下：

压榨利润 = 豆粕贡献 + 豆油贡献 − 大豆价格 − 生产成本

= 豆油价格 × 出油率 + 豆粕价格 × 出粕率 − ［（CBOT 大豆期货价格 + FOB 贴水 + 运费）×（1 + 关税税率）×（1 + 增值税税率）+ 加工费］

则：60 000 吨 ×（9 400 元/吨 ×0.19 + 3 100 元/吨 ×0.79 − 160 元/吨）

= Y × ｛［（12.5 美元/蒲式耳 + 0.65 美元/蒲式耳）×36.7437 蒲式耳/吨 + 50 美元/吨］×6.20 元/美元 ×1.03 ×1.13 + 170 元/吨｝

解得 Y = 60 858.43 吨。按 CBOT 美豆期货合约中规定，1 手 = 5 000 蒲式耳，企业需要在 CBOT 市场买进约 447 手 5 月美豆合约。

操作方案：企业在 CBOT 市场买进 447 手 5 月美豆合约的同时，在 DCE 市场卖出 9 月豆油期货合约60 000 吨 ×0.19 ÷10 吨/手 = 1 140 手；卖出 9 月豆粕期货合约60 000 吨 ×0.79 ÷10 吨/手 = 4 740 手。从而能够在油粕价格下跌的情况下锁定 160 元/吨共计 960 万元压榨利润。

但这样做，企业就无法再获得一旦利润提升所带来的额外收益了，如果企业还想保留未来能够赚取 200 元/吨以上压榨利润的机会，怎么办？

套期保值方案优化设计：

企业较为强烈看涨未来压榨利润上升，因此利用 DCE 市场的豆粕期权工具取代豆粕期货工具进行套期保值更符合企业的预期。

操作方案：企业在 CBOT 市场买进约 447 手 5 月美豆合约的同时，在 DCE 市场卖出 9 月豆油期货合约 1 140 手，并买入执行价格为 3 100 元/吨、9 月到期的豆粕看跌期权 4 740 手，支付权利金 30 元/吨，共计 142.2 万元。此时实际锁定的压榨利润为 160 − 30 = 130 元/吨。从这可以看出，运用期权所需的成本费用有时也是惊人的！这是运用期权的一个最大弱点。

情形一：假如大豆从5月底装船启运，到企业压榨生产出油粕产品的3个月时间内，CBOT大豆价格上涨到了1 300美分/蒲式耳，同期DCE的豆油价格持平，豆粕价格上涨到3 400元/吨，压榨利润果然如企业预期的那样增加到了210元/吨的水平。此时虽然企业买入的看跌期权作废，损失权利金30元/吨，但企业获得的实际压榨利润为210 - 30 = 180元/吨，大大优于采用豆粕期货卖出套期保值的效果。因为若采用原始的卖出豆粕4 740手的套期保值方案，由于同期压榨利润的增加主要是豆粕价格上涨产生的，豆粕涨幅高于大豆涨幅，企业在期货市场上豆粕亏损远大于大豆上涨收益，企业获得实际压榨利润仅有：160 - （210 - 160） = 110元/吨，比采用期权方案低70元/吨。可见，在预期压榨利润上涨的前提下，采用豆粕期权卖出套期保值策略比采用豆粕期货卖出套期保值策略能有效实现压榨利润套期保值方案的优化。当然，如果企业对压榨利润的预期增幅小于所支付的期权权利金数额，则采用期权的套期保值优化效果可能并不明显。

情形二：假如大豆从5月底装船启运，到企业压榨生产出油粕产品的3个月时间内，CBOT大豆价格下跌到了1 150美分/蒲式耳，同期DCE的豆油价格下跌100元/吨，豆粕价格下跌到3 000元/吨，压榨利润与企业预期的相反，不增反降。此时企业买入的看跌期权发挥套期保值作用，最终的期权套期保值效果与原始的卖出豆粕期货的套期保值效果大致相当，即压榨利润被锁定。不过，在这种情况下，由于买入看跌期权支付了30元/吨的权利金，套期保值成本较卖出期货的套期保值成本高30元/吨，采用期权的套期保值效果可能略差于采用期货卖出套期保值的效果。

（2）明显看跌压榨利润的情况下。大豆压榨利润下降是企业所不愿见到的，却也是压榨企业最常面临的问题。由于豆粕期权的优势在于以最小的权利金成本来换取未来可能出现的无限增长的压榨利润，在明显看跌压榨利润的情况下，不管是由于国际大豆价格涨幅大于国内油粕价格涨幅，还是国内油粕价格跌幅大于国际大豆价格跌幅，运用期货工具套期保值锁定压榨利润成为最为高效的保值策略，期权在这种情况下起不到什么保值优化作用。

大豆压榨企业在销售环节运用豆粕期权套期保值方案设计

销售是实现企业经营利润的重要环节。大豆压榨企业从国际市场进口大豆之后进行压榨得到油、粕产品，然后进入销售环节。在销售环节中运用期货或期权工具进行套期保值对企业最终实现预期压榨利润将起到重要作用。以下结合当前国内大豆压榨行业销售环节的各种不同定价模式介绍如何利用豆粕期权的套期保值优化策略。

(1) 压榨企业在“一口价”销售模式下的豆粕期权套期保值方案设计。所谓“一口价”，是指企业因拥有对自身产品销售价格的定价权而挂牌的销售价格，不需要买方竞价，买方一般没有讨价还价的余地。在国内油脂行业中，传统的销售模式多采用的是“一口价”。最常见的“一口价”销售模式就是油厂每天对外发布的豆油、豆粕“当日报价”。当然，目前市场竞争激烈，采用“一口价”销售模式的油厂还是会给买家留有少许的讨价还价余地，即每天的报价与最终油粕成交价格还是会存在一定的出入。

对油厂来说，采用“一口价”销售模式的好处在于：可以及时销售油粕产品，确保压榨利润的兑现。由于销售和提货基本是同步进行的，买家通常会在很短的时间内将油粕产品提走，降低了油厂的产品库存风险。但该销售模式的弊端在于：一旦油厂发布销售价格后，至少当天的销售价格是确定的，这在市场价格涨跌不定的情况下，当天油厂很难在销售价格上再掌握主动权，而且油厂发布的价格可以让同行轻而易举地知道原本为企业最为核心的商业机密，容易引发恶性价格竞争。

对压榨企业而言，当企业买进大豆原料之时，一般就会在期货市场上卖出豆粕或豆油，进行卖出保值操作。此时压榨企业手中持有的套期保值头寸是期货市场上持有的卖出套期保值持仓和现货市场上尚未出售的豆粕现货产品。在“一口价”销售模式下，仅就豆粕产品来说，在销售尚未完成之前，面临的价格最大风险就是豆粕期货和现货之间的价差变化，就是说，基差风险对企业最终能否实现预期的压榨利润具有重要影响。针对上述营销模式的特点，压榨企业可以利用豆粕期权工具在特定情况下对销售环节的套期保值方案起到优化作用。

根据基差公式：基差 = 现货价格 - 期货价格，可以把基差分为正、负两种情况。以下分别进行讨论。

①基差为正的情况下的期权套期保值策略。只有在现货价格高于期货价格时，豆粕基差才会为正值。随着交割日期的临近，期、现两者的价格必然会逐渐收拢，否则会出现大量卖现货买期货的套利行为。期、现两者

价格的收拢方式又分为期货价格的快速上涨向现货价格靠拢，以及现货价格的快速下跌向期货价格靠拢两种方式（见表 28）。

作为一种衍生工具，在期货价格变化不大，而主要是现货价格快速变化的情况下，期权所起到的作用是有限的。也就是说，如果企业预期豆粕基差的修复主要是通过现货价格的快速下跌使期、现两者价格靠拢，则这种情况下豆粕期权的套期保值优化作用有限。但如果是期货市场比现货市场要强势得多，期货价格的涨幅大于现货价格，企业预期豆粕基差的修复主要是通过期货价格的快速上涨使期、现两者价格靠拢，则这种情况下豆粕期权的套期保值优化作用较为明显。

表 28　　豆粕基差为正情况下的套期保值方案优化设计

	情形一	情形二
市场状况	现货价格高于期货价格，但期货价格涨幅大于现货价格，基差的收敛主要是通过豆粕期货价格上涨造成的	现货价格高于期货价格，但现货价格跌幅大于期货价格，基差的收敛主要是通过豆粕现货价格下跌造成的
企业预期	预期未来一段时间由豆粕期货价格上涨修复基差	预期未来一段时间由豆粕现货价格下跌修复基差
期货套期保值方案设计	豆粕现货 + DCE 豆粕期货空单	豆粕现货 + DCE 豆粕期货空单
套期保值方案优化设计	豆粕现货 + DCE 豆粕期货空单 + 高执行价豆粕看跌期权空单 + 低执行价豆粕看跌期权多单	利用豆粕期权的套期保值优化作用有限

【例 51】 6 月初，某油脂压榨企业生产出 5 000 吨豆粕。当时豆粕现货价格为 3 700 元/吨，同期大连商品交易所 9 月豆粕期货合约价格为 3 400 元/吨，两者基差为 300 元/吨。该企业采取的销售模式是通过每天挂牌出价，也就是常说的“一口价”销售模式。由于现货价格高，企业销售比较困难。因担心未来豆粕价格下跌，企业不得不在期货市场进行卖出套期保值。原始的套期保值方案是：企业在期货市场卖出 500 手 9 月豆粕期货合约，卖出价为 3 400 元/吨。但这样做，企业最担心的是，未来一旦现货价格止跌，期货价格上涨向现货价格靠拢，那卖出套期保值就帮

了倒忙了。企业最希望的是未来期货价格下跌的幅度比现货大，或者是现货涨幅比期货大，那卖出豆粕期货套期保值就发挥了作用。如何既能保住后者的机会又能避免前者的风险呢？

在期货公司的帮助下，企业对原套期保值方案进行了优化设计：因为企业较为强烈地预期未来很有可能是期货涨幅会大于现货涨幅，也就是说，基差的收敛主要是通过豆粕期货价格上涨造成的，所以利用DCE市场的豆粕期权工具与豆粕期货工具组成套期保值组合更符合企业的预期。

操作方案：企业在DCE市场以3 400元/吨卖出500手9月豆粕期货合约的同时，在DCE市场卖出9月到期的、执行价格为3 700元/吨的豆粕看跌期权500手，收取权利金350元/吨，同时买入执行价格为3 400元/吨、9月到期的豆粕看跌期权500手，支付权利金50元/吨（见图24）。

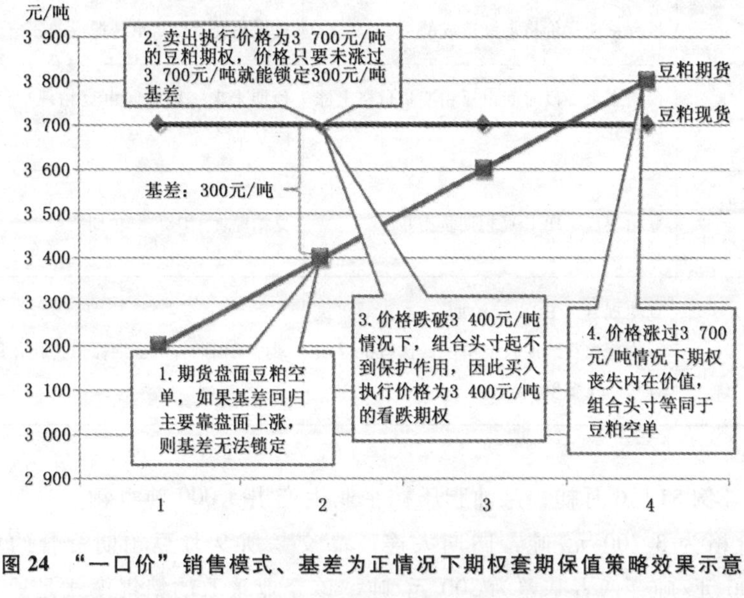

图24 “一口价”销售模式、基差为正情况下期权套期保值策略效果示意图

情形一：随着交割日期的临近，市场果然像企业预期的那样，现货价格波动不大，期货价格上涨，但价格未能超过3 700元/吨。此时不管是期权买方要求行权，还是企业通过买入平仓手法，企业收取的权利金－支付的权利金均大于0，所获得的权利金收入可用于弥补500手期货空头造成的一部分亏损，优于单独采用期货空头头寸进行套期保值的

做法。比如当期货价格为 3 600 元/吨时，500 手的期货空头持仓将亏损 200 元/吨，企业买入的看跌期权因为不会行权，所以权利金的最大损失为 -50 元/吨，但卖出的看跌期权的权利金收入在 150 元/吨左右，显然多获得的 100 元/吨左右的权利金收入可用于弥补期货空头 200 元/吨的部分亏损。

情形二： 随着交割日期的临近，市场果然像企业预期的那样，现货价格波动不大，期货价格上涨，但价格超过了 3 700 元/吨。此时期权买方不会行权，企业收取的权利金 - 支付的权利金≈300 元/吨，而此时 500 手的期货空头持仓亏损将超过 300 元/吨，显然，多获得的 300 元/吨左右的权利金收入仍可用于弥补期货的部分亏损，但最大弥补限度为 300 元/吨。显然，该套期保值方案为非全程性套期保值，当期货价格高于 3 700 元/吨之后，期权对期货合约就没有套期保值能力了。

情形三： 随着交割日期的临近，现货价格波动不大，但期货价格出现意外下跌，且价格跌破了 3 400 元/吨的执行价格，基差不仅没有缩小反而拉大。此时期权买方要求行权，企业账户中将会有 3 700 元/吨的期货多头持仓，与手中的 500 手 3 400 元/吨的期货空头持仓正好对冲了结，再扣除买入期权所支付的 50 元/吨的权利金，此时期货市场盈亏为：3 400 - 3 700 + 350 - 50 = 0 元/吨，正好不赚不赔，但此时企业买的执行价为 3 400 元/吨的看跌期权开始发挥套期保值作用，与所持有的豆粕期货空单的效果相同。

在以上所讨论的三种情形中，因交割日期的临近，第一、第二种情形发生的概率较大，而第三种情形发生的概率较小。因此，在豆粕基差为正且预期期货价格涨幅将大于现货价格涨幅的情形下，采用期权优化套期保值方案是值得考虑的，即压榨企业在与下游买家签订豆粕现货销售合同前均可通过持有期权组合头寸来优化套期保值方案。在签订合同后，即可平仓豆粕期货空单以及期权组合持仓，从而完成整个套期保值过程。

图 25 为上述期权套期保值优化方案实施情况下的损益图。

也许有读者会心存疑虑，上述期权套期保值优化方案过于复杂，为什么不采取简单的套期保值方式，如仅仅买入执行价 3 400 元/吨的豆粕看跌期权不就行了吗？这样的话，当期货价格上涨后不行权，现货交易不担心价格下跌风险；而当期货价格下跌的话，期权也能发挥保值作用，这不是很好吗？这种套期保值方式也没有什么大错，但存在两个缺陷：一是忽

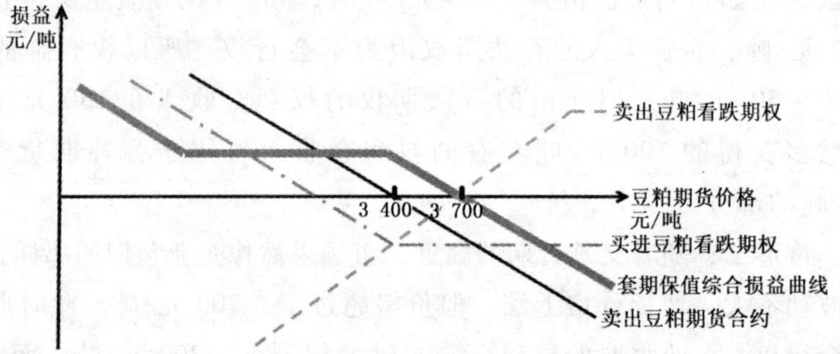

图 25 "一口价"销售模式、基差为正情况下期权套期保值综合损益图

略了买入期权的成本问题。由于要支付权利金，往往导致利用期权工具比利用期货工具所需的成本要高得多，从而影响套期保值效果。企业在运用期权工具套期保值时应尽可能地考虑少交甚至不交权利金，将交易成本压缩到最小。二是一旦出现下面②情形，则采用买入看跌期权套期保值方式效果不会太好。

②基差为负情况下的期权套期保值策略。在基差为负的情形下，也就是现货价格低于期货价格时（这种情况较为少见），如果企业预期未来基差的回归主要是以期货下跌向现货价靠拢来实现，那么采取卖出豆粕期货合约来进行套期保值就能起到最好的套期保值效果；如果企业预期基差回归主要通过现货的上涨向期货价格靠拢来完成，那么企业可以在销售的过程中通过控制销售节奏，适量延缓销售来完成。因此，在基差为负情况下采用期权工具进行套期保值反而是画蛇添足。

（2）压榨企业在"基差销售"模式下的豆粕期权套期保值方案设计。基差销售，是指压榨企业以豆粕某月份合约的期货价格为计价基础，在该合约期货价格上加上或减去买卖双方协商同意的基差来确定豆粕购销价格的销售方式。通常是由豆粕买方对合同约定的大连豆粕某月份期货合约进行点价，与协商同意的基差共同形成现货购销结算价格，并依此付款提货。此种销售模式主要针对豆粕的远期销售。

基差销售价格 = 双方协商同意的基差 + 大商所某豆粕期货合约的即时价格

基差销售模式属于定金销售。定金核算方式为：

定金金额 = （成交基差 + 大商所某豆粕期货合约在签订合同当日的收盘价格） × 豆粕成交数量 × 定金比例

与传统的“一口价”交易模式相比，基差交易在定价上给买方提供了更大的主动权。比如某压榨企业与下游饲料企业客户签订了某月交货的豆粕基差交易合同，并约定了一个固定基差，客户便可以在合同签订日之后至交货日前，在期货市场任何一个交易日对约定的某豆粕期货合约的价格进行点价。只要期货价格曾击穿该客户点价的价格，该笔基差交易便视为达成。双方最终的现货交易价格为期货点价价格加上双方约定的基差。买方须于交货期限结束前完成豆粕的作价。逾期未作价部分，油厂有权强行作价，由此产生的损失、风险和责任由豆粕买方承担。

基差销售的方式与“一口价”销售策略不同，油厂基差销售并非全年都有对外报价，即不能保证报价的连续性。

对油厂来说，采用基差销售模式类似于：远期“一口价”合同加上期货套期保值，减小了由于价格波动而导致的远期风险程度。因此，从套期保值的角度来说，基差销售本身是一种锁定远期利润的行为，尤其是在压榨企业对未来现货不看好而当前现货基差高企的情况下，本质上是卖出现货基差的行为。因此，对于压榨企业而言，这种销售方式已经完成套期保值，锁定了最终压榨利润，说明豆粕期权能起到的作用有限。

【例 52】某贸易商 6 月初以 3 000 元/吨的价格从压榨厂购进 1 000 吨豆粕，一时还没有找到买主。由于此时豆粕价格处于高位，为了回避日后价格下跌的风险，该贸易商在期货市场做了卖出套期保值，以 2 900 元/吨的价格卖出 9 月豆粕期货合约，此时的基差为 +100 元/吨，同时在现货市场上积极寻找买家。6 月中旬，该贸易商找到一饲料加工厂为潜在买家，但饲料厂认为豆粕价格很有可能继续下跌，不想当时就确定购买价格。经协商，双方决定以 9 月期货合约价格加 150 元/吨的价格，作为双方现货成交价格，并确定由买方（饲料厂）在 7 月 1 日至 7 月 31 日内任何一天选择点价。7 月 12 日，大连商品交易所 9 月豆粕期货合约盘中跌至 2 700 元/吨，饲料厂认为这个价格可以接受，并告知了贸易商，贸易商即时将卖出套期保值持仓买入平仓了结，双方的现货实际成交价就定在 2 850 元/吨，饲料厂在一周内提货。

至此，贸易商在现货市场上出现亏损，即 2 850 - 3 000 = - 150 元/吨，在期货市场上盈利 2 900 - 2 700 = 200 元/吨。采取基差交易模式，该贸易商不仅回避了豆粕价格下跌的风险，还能确保利润；而饲料厂既保证了货源，同时获得了选择合适价格的权利。

假如该贸易商不是采用期货卖出套期保值，而是采用期权卖出套期保值，即以2 900元/吨的执行价格买入100手豆粕看跌期权，支付权利金50元/吨。在其他条件不变的情况下，则贸易商在现货市场上的亏损仍为2 850－3 000＝－150元/吨，在期货市场上通过行权方式了结期权合约，获得期货空单，再以2 700元/吨价格平仓后，盈利为2 900－2 700－50＝150元/吨，即该贸易商期、现市场盈亏相抵，正好不亏不赚，白忙活一场，主要因为权利金吞噬了应有的利润。在这种情况下，采用期权套期保值比采用期货套期保值的方法逊色。

但如果是期价不跌反涨至2 950元/吨以上，则用期权套期保值比用期货套期保值效果要好。假如最终饲料厂的点价在3 000元/吨，实际成交价为3 150元/吨，则贸易商在现货市场上将盈利3 150－3 000＝150元/吨，在期货市场上用期货套期保值则会亏损2 900－3 000＝－100元/吨，总盈利还是50元/吨；假如采用的是用期权套期保值，放弃行权，则仅亏损权利金：－50元/吨，总的盈利是100元/吨，期价涨得越高，盈利会越多。

可见，在基差销售模式下，采用期权卖出套期保值比采用期货卖出套期保值多少带有投机成分，风险比用期货套期保值大得多，对稳健经营的压榨企业来说，可能会出现“偷鸡不成蚀把米”的窘境。

（3）压榨企业在“延期结价”模式下的豆粕期权套期保值方案设计。延期结价是压榨企业进行促销的一种销售模式，是在“一口价”营销模式的基础上衍变而来的。这种销售方式为：当油厂因压榨量较大或下游提货量较小，导致油厂近期或未来可预期的一段时间内豆粕库存压力较大时，油厂往往会采取由经销商或下游饲料厂先行提货，在随后10天左右的任意时间内（因厂家或地区而异）进行结价。在此规定的时间内，采购商可以当天油厂的报价为准进行相应的作价，价格涨跌都有可能，个中产生的价格波动风险由采购商独自承担。因此，延期结价本身还有另一种称谓，叫“移库”。

与“一口价”营销模式相比，延期结价销售方式的灵活之处在于结价时间比较宽松，给下游的经销商或饲料厂以更多的时间来定价或点价，同时又能保证油厂豆粕产品的实质性销售。由于移库销售对于油厂的去库存有益，可将库存的压力转移到下游采购商，如果油厂和采购商存在长期合作关系，油厂会对下游采购商做出相应的占库补偿，这种补偿要么以补贴的方式，要么以低于当地市场价格的报价来成交。

延期结价对于压榨企业而言只是豆粕库存的转移，真正影响企业利润的还是结价环节，因此，这种方式对于压榨企业而言，在利用期货或期权套期保值策略上跟“一口价”的套期保值策略没有什么区别，故不再重复赘述。

（4）压榨企业在“移库封顶结价”模式下的豆粕期权套期保值方案设计（见表29）。移库封顶结价销售是从移库的销售策略中衍生出来的，一般是在豆粕销售非常不好的情形下油厂才会使用的一种无奈的销售模式。简言之，就是豆粕先由经销商或饲养企业从油厂拉走，油厂在当日就确定一个未来一段时间内结价的最高封顶价格。而在随后的作价日内，无论采购方最终选定的结算价格是多少，都不会高于最高封顶价格。

表29　　豆粕移库封顶结价销售模式下的套期保值方案优化设计

市场状况	豆粕现货销售十分疲软，压榨企业胀库，企业以消化库存为主要目的
企业预期	预期未来一段时间豆粕价格上涨机会渺茫
期货套期保值方案设计	豆粕现货 + DCE 豆粕期货空单
套期保值方案优化设计	豆粕现货 + DCE 豆粕期货空单 + 豆粕看涨期权多单

对于油厂来说，采用这种销售方式，有利的一面是可以增加豆粕销售量，减少库存压力，但同时不利的是价格方面。由于销售价格已经封顶，油厂无法获得价格上涨超过封顶价时应得到的利润。因此，这种销售方式对于油厂来说较为不利。而对采购方如饲料企业来说，这种模式既可以在跌价时有选价权，另外涨价时也不用担心。因此，移库封顶结价的销售方式较为有利于采购方。这种策略也只是在豆粕供给整体宽松的特定情景下油厂才会使用的促销策略，并不会常态存在。

对于压榨企业而言，在移库封顶结价的销售模式下，为冲抵价格下跌对压榨企业带来的利润损失，企业往往会在期货市场同时做等量的卖出套期保值操作。这样的话，当豆粕价格下跌时，期货市场的盈利可以弥补现货上的亏损，但在价格上涨的情况下，当价格高于移库锁定价格后，现货市场利润不再增加，而期货市场亏损会继续扩大，风险会比不做期货卖出套期保值更大。在这种情况下，压榨企业可以买入看涨期权来对冲套期保值头寸的风险，即便当豆粕价格出现明显上涨、超过移库封顶最高结价后，企业也能够规避期货市场卖出套期保值的亏损风险。

【例 53】11 月初，豆粕现货价格为 3 100 元/吨，同期大连商品交易所来年 1 月豆粕期货合约价格为 3 000 元/吨。由于现货价格高，加上养殖业不景气，某压榨企业豆粕销售比较困难，豆粕库存很高，存在胀库的风险。为减轻库存压力，该企业采取移库封顶结价的销售模式，与采购方签订未来 1 个月最高封顶价格不超过 3 100 元/吨，且在此期间，采购方有权根据企业每天报价确定最终有利于自身的采购价格。

由于担心未来豆粕价格下跌导致企业收益大幅下降，企业不得不在期货市场进行卖出套期保值。原始的套期保值方案是：企业在期货市场卖出与现货销售等量的豆粕 1 月期货合约，卖出价为 3 000 元/吨，从而规避价格下跌造成的现货利润的损失。但这样做，企业最担心的是，未来一旦现货价格不跌反涨，特别是价格超出最高封顶价格 3 100 元/吨以后，那么在期货市场做的卖出套期保值就帮了倒忙。如何既能利用期货套期保值规避现货价格下跌的损失，又能避免因价格上涨导致卖出套期保值亏损无限扩大的风险呢？

利用期权工具，企业对原套期保值方案进行了优化设计：由于当价格下跌时期货卖出套期保值完全能够发挥作用，只是当价格上涨时对卖出套期保值的期货空头头寸缺乏防护措施，利用 DCE 市场的豆粕期权工具与豆粕期货工具组成套期保值组合更能满足企业的需求。

操作方案：企业在 DCE 期货市场以 3 000 元/吨卖出与现货销售等量的 1 月豆粕期货合约的同时，在 DCE 市场买进与现货销售等量的、1 月到期的、执行价格为 3 000 元/吨的豆粕看涨期权，支付权利金为 50 元/吨（见图 26）。

情形一：在随后 1 个月的作价期间，如果现货和期货价格均出现大幅上涨，现货价格和期货价格均超过 3 100 元/吨，则此时企业已销售出去的豆粕现货仍然只能按 3 100 元/吨结算，无法享受价格上涨带来的额外盈利。此时期货市场上做空的套期保值持仓将出现亏损，但企业买的看涨期权成为实值期权，并有盈利。这时候，看涨期权能够很好地冲抵期货套期保值空单的亏损，只是增加了 50 元/吨权利金费用。若企业没有买进看涨期权，则在理论上期货市场上做空的套期保值持仓亏损将是无限大的。

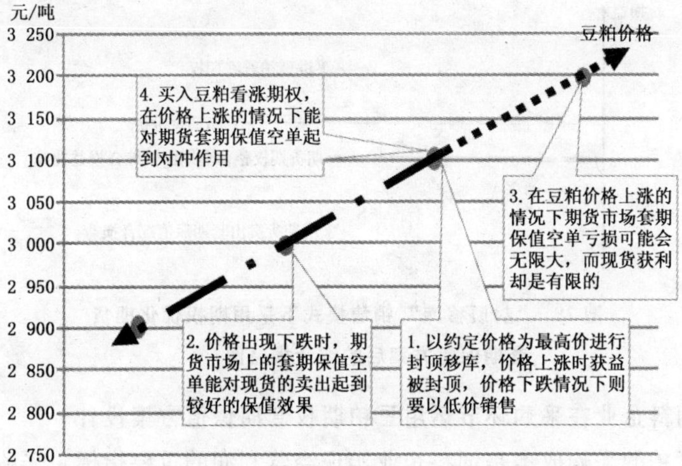

图 26 “封顶移库”销售模式下采用期货和期权套期保值策略效果示意图

情形二：在随后 1 个月的作价期间，如果现货和期货价格均出现下跌，某一天，豆粕的采购方按照企业挂牌的现货价点价，最终确定的销售价格低于 3 000 元/吨的执行价，则此时企业现货少赚的部分可以由期货卖出的套期保值持仓盈利来弥补，而企业买的看涨期权不会行权，也只是增加 50 元/吨的权利金成本。

图 27 和图 28 分别为封顶移库销售模式下压榨企业在买入看涨期权前（原始套期保值方案）和买入看涨期权后（套期保值优化方案）两种情况下的各自损益图。

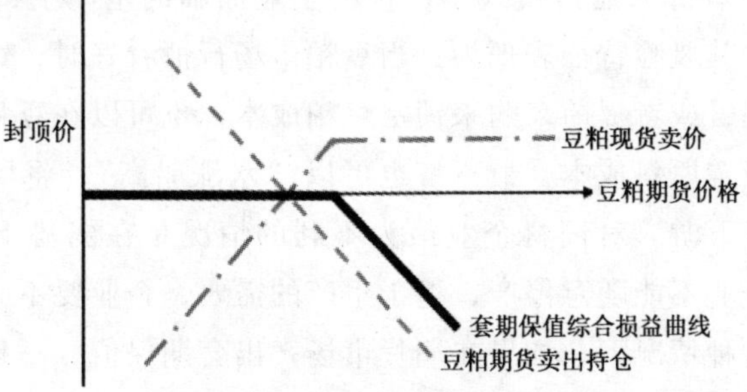

图 27 “封顶移库”销售模式仅采用期货卖出套期保值情况下的综合损益图

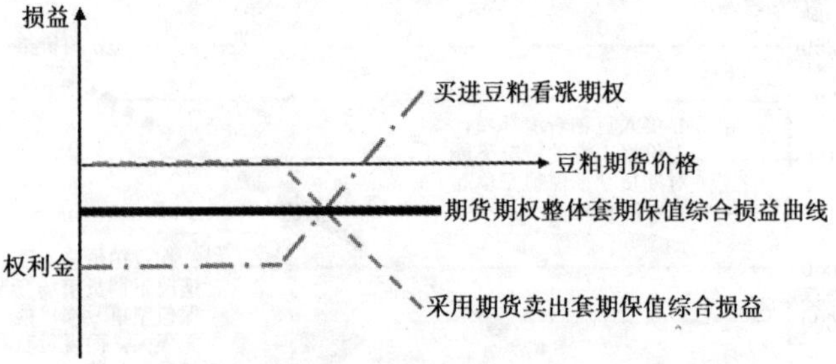

图 28 “封顶移库”销售模式下采用期权优化期货套期保值方案后的综合损益图

饲料企业在采购环节运用豆粕期权套期保值方案设计

豆粕的采购成本是饲料企业实现经营利润的重要指标。采购的潜在风险可能造成企业经济上的损失，甚至可以使企业倒闭。因此，饲料企业在采购环节中如何运用期货或期权工具进行套期保值以规避采购风险，降低豆粕采购成本对企业最终实现预期销售利润至关重要。以下结合当前国内饲料行业在采购环节中遇到的各种不同定价模式，介绍如何利用豆粕期权的套期保值优化策略。

（1）饲料企业在“一口价”购销模式下的豆粕期权套期保值方案设计。对饲料企业来说，上游压榨企业采用“一口价”销售模式的好处在于：报价变得相对透明，能在较短时间内知晓各家压榨企业的当日报价，对比后能更好地决定采购行为。但该购销模式的弊端在于：“一口价”的每日价格波动性较大，饲料厂处于价格被动接受状态，承受着较大的价格单边波动风险，并有可能造成潜在的提货压力。

在“一口价”购销模式下，饲料企业面临的基本上都是单边的敞口多头风险。其风险特征表现为：当豆粕市场行情看好时，饲料企业可以按时采购豆粕，或者提前采购来锁定豆粕成本，也可以在豆粕期货市场买入套期保值锁定原料成本，最不济也可以“水涨船高”，将增加的成本转移给饲料消费下游。对饲料企业最为不利的情况是在弱势下跌的市场行情下。由于企业不能随意停产，迫于生产的需要，企业要不断采购原料满足生产。在这种情况下，如果在期货市场卖出套期保值，一旦判断失误，未来豆粕价格不跌反涨，则企业将同时会在现货、期货两个市场上出现亏损，风险极大。为解决这一难题，饲料企业可以通过买进豆粕看跌期权来锁定饲料销售价格（见表 30）。

表 30　饲料企业在“一口价”购售模式下的豆粕套期保值方案优化设计

市场状况	饲料企业每间隔一段时间必须采购豆粕，以满足生产需求
企业预期	预期未来一段时间豆粕价格上涨，但也担心提货后豆粕价格下跌
期货套期 保值方案设计	由于企业是豆粕需求方，通常只能在期货市场进行买入套期保值操作 豆粕现货 + DCE 豆粕期货多单
套期保值 方案优化设计	为防止采购豆粕后的未来一段时间内豆粕价格下跌，采用期权工具配合套期保值 豆粕现货 + DCE 豆粕期货多单 + 豆粕看跌期权多单

【例 54】 某饲料加工企业每三个月都需要购进一批豆粕原料以满足生产需求。该企业通常是在每个季度末向上游压榨厂以“一口价”模式采购豆粕。3 月底，饲料厂发现豆粕期货价格正在大涨，企业马上购进了 10 000 吨豆粕，提货价为 3 600 元/吨。由于企业担心第三季度的豆粕采购成本还会大幅提高，于是急忙又在期货市场上以 3 400 元/吨买入 1 000 手大商所 9 月豆粕期货合约进行买入套期保值。结果随后发现豆粕期货价格没有再继续上涨，反而有下跌的迹象，这又让企业感到有些恐慌。企业担心未来第二季度豆粕价格出现回调的可能。对于期货持仓企业并不担心，因为到时期货价格下跌，企业的采购成本也会降低。最令企业感到棘手的是，已经采购的 10 000 吨豆粕存在贬值的风险，所生产出来的饲料产品在第二季度存在亏本销售的风险。于是，为保护 10 000 吨的现货敞口头寸，企业决定为已经采购的豆粕再上个“保险”，即买入执行价格为 3 600 元/吨的 9 月豆粕期货合约看跌期权 1 000 手，支付权利金 50 元/吨。操作结果分析如下（见图 29）：

情形一： 假如到了 6 月末，豆粕现货价格上涨，高于 3 650 元/吨，企业放弃看跌期权的行权。此时企业豆粕原料采购成本尽管会增加 50 元/吨权利金，但豆粕成本仍能降低到 3 600 元/吨以下，对企业的饲料产品销售没有大的影响，因手头上的期货持仓多头部位也是盈利的，第三季度采购的豆粕成本得到了很好的锁定。

情形二： 假如到了 6 月末，豆粕现货价格下跌，跌破 3 550 元/吨，企业行使看跌期权。此时企业豆粕原料采购成本为 3 600 元/吨，尽管高于现货市场即时价格，但由于看跌期权开始发挥收益补偿作用，采购的豆粕成本仍能保持仅比现货即时价高 50 元/吨（权利金）的水平，豆粕价格下跌对企业饲料产品的销售利润仍无大的影响。此时企业手头上的期货

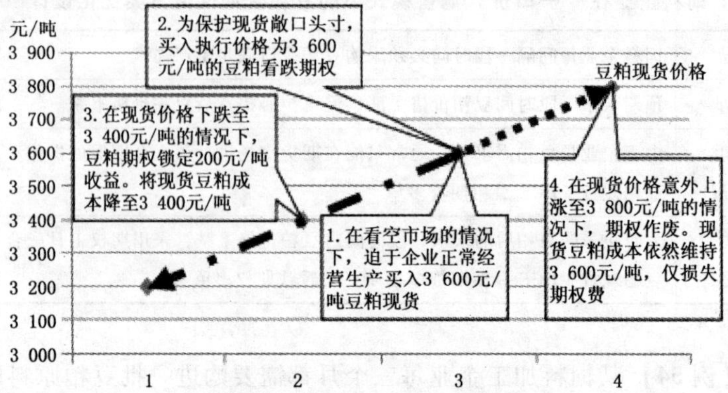

图 29　饲料企业在“一口价”销售模式下采用期权套期保值策略效果示意图

持仓部位出现亏损，但第三季度企业采购的豆粕成本也在同期会下降大致的程度，6 月末企业向上游压榨油厂采购新一批豆粕的成本仍然能得到很好的锁定。

可见，采用期权与期货工具的综合配套，不论豆粕价格是涨是跌，饲料企业的原料采购成本和销售利润都能“稳坐钓鱼台”。

图 30 为饲料厂运用期权套期保值优化方案实施情况下的损益图。

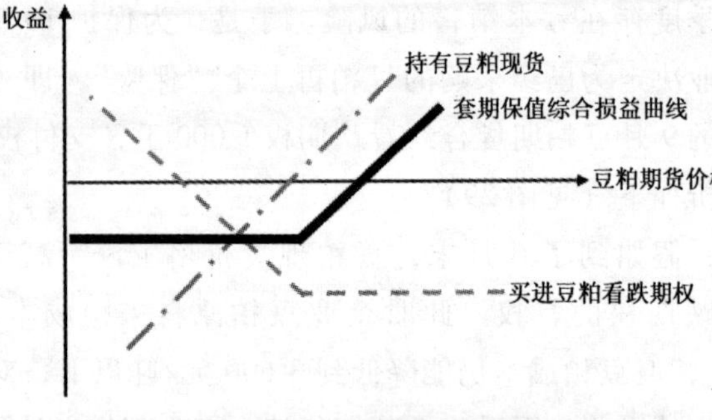

图 30　饲料企业在“一口价”销售模式下采用期权套期保值优化方案后的综合损益图

（2）饲料企业在“基差销售”模式下的豆粕期权套期保值方案设计（见表 31）。对饲料企业来说，参与“基差销售”模式的益处在于：一是相比远期一口价合同加上期货套期保值的模式可减少二分之一以上的资金占用；二是该模式使得买方拥有点价、定价权，经销商和饲料厂可以凭自身对市场价格的判断能力增加降低豆粕采购成本的概率。但弊端是，经销商和饲料厂在相应的套期保值操作中难度加大。特别是对市场价格走势判断失误时，点价的时机把握不好，也会相应增加一定的经营风险。这是因为：通常，买方是在豆粕价格出现大跌后，认为价格比较低了，或者是对未来价格看涨时，才会完成点价，尽管此时买入的豆粕并不会马上用于生产，但企业也不可能同时在期货市场进行卖出套期保值，否则点价就失去了意义。这就产生了现货的风险敞口。一旦对价格判断失误，即价格继续大跌，则企业就将面临经营风险。为防止企业点价后对价格走势判断上的失误，可以买入看跌期权对未来价格的可能下跌进行再保险。

表 31　饲料企业在“基差销售”模式下的豆粕套期保值方案优化设计

市场状况	豆粕价格跌至采购预期价格，符合采购方饲料企业的点价预期
企业预期	预期未来一段时间豆粕价格上涨或止跌的可能性较大
期货套期保值方案设计	豆粕采购方点价后通常是不会立刻在期货市场进行卖出套期保值的，否则点价失去意义，但一旦对价格走势判断失误即价格继续大跌，则企业将面临巨大的经营风险
套期保值方案优化设计	豆粕现货 + DCE 豆粕看跌期权多单

【**例 55**】3 月初，某饲料加工企业 3 个月后需要购进 5 000 吨豆粕原料以满足生产需求。为此，该企业同上游压榨厂签订了豆粕基差销售采购合同，即：现货成交价格 = 双方协商同意的基差 200 元/吨 + 大商所 9 月豆粕期货合约的即时价格。企业向压榨厂缴纳了一定数量的定金。定金金额 =（300 元/吨 + 大商所 9 月豆粕期货合约在签订合同当日的收盘价格）×5 000 吨 × 定金比例 10%。

两个月后，饲料厂发现豆粕期货价格从签订采购合同时的 3 800 元/吨大跌至 3 400 元/吨，达到了企业对豆粕采购价格的心理预期。企业认为应抓住本次豆粕价格大跌的机会采购，于是马上进行了点价，向上游压榨厂确定了 3 400 + 200 = 3 600 元/吨的采购价格。但第二天企业发现豆粕现货价格也开始出现大跌的迹象，这让企业感到有些担忧。因为这批 5 000 吨豆粕需要囤积在仓库 1 个月的时间。企业担心未来 1 个月内豆粕价格会出现继续大跌，如果这样，已经采购的 5 000 吨豆粕存在贬值的风险，所生产出来的饲料产品在第三季度存在亏本销售的风险。企业有些后悔，觉得点价早了。但谁也不可能恰好买到最低价。于是，为保护5 000吨的现货敞口头寸，企业决定为已经采购的豆粕再上个“保险”，即买入执行价格为3 600元/吨的9月豆粕期货合约看跌期权500手，支付权利金50元/吨。操作结果分析如下（见图31）：

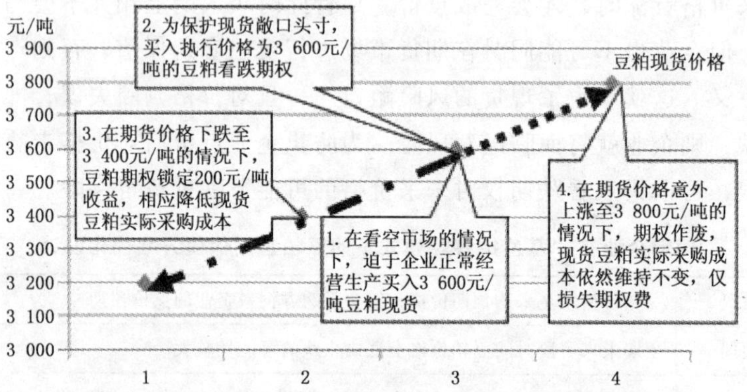

图31　饲料企业在“一口价”销售模式下采用期权套期保值策略效果示意图

情形一：假如到了6月初，豆粕现货和期货价格均上涨，其中期货价格超过3 650元/吨的执行价格，企业放弃看跌期权的行权。此时企业豆粕原料成本尽管会增加50元/吨（权利金），但仍有原始3 650元/吨的低成本优势，对企业的饲料产品销售十分有利。点价操作是比较成功的。

情形二：假如到了6月初，豆粕现货和期货价格均下跌，假如期货价格跌到3 250元/吨以下，企业将行使看跌期权。此时企业豆粕点价成本尽管高于现货市场350元/吨以上，但由于看跌期权盈利，在扣除50元/吨的权利金后仍有收益补偿，采购的豆粕成本约保持在比现货价仅高出50元/吨的水平，对企业饲料产品的销售利润仍无大的影响。尽管本次点价操作比较失败，但采用期权工具“保险”后，饲料企业的原料采购成本的增加和销售利润的减少仍处于50元/吨的可控范围内。

当然，假如企业在进行了点价操作后，有非常充分的理由相信，未来两三个月内豆粕价格肯定是上涨的，则企业就没有必要再买进看跌期权，这样，企业也就没必要支付一笔可观的权利金了。只是，这种“肯定上涨”的把握能有多大就需要企业好好思量了。

图32是该饲料加工企业在“基差销售”模式下采用期权保值优化方案的损益图。

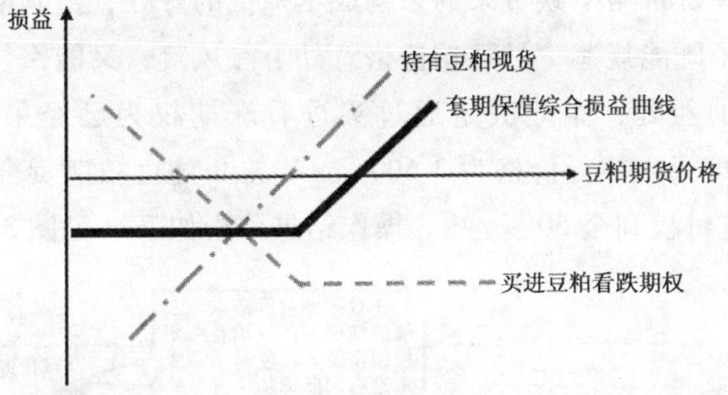

图 32 “基差销售”模式下采用期权套期保值优化方案后的综合损益图

（3）饲料企业在“延期结价”销售模式下的豆粕期权套期保值方案设计（见表 32）。对下游饲料企业或豆粕经销商来说，延期结价是短期内看空市场的一种心态表现。在这种情况下，企业面临的风险是价格出现意外上涨。但如果采取期货买进套期保值，就如同即期结价，原本看空的未来收益则荡然无存，延期结价也变得毫无意义。因此，买入豆粕看涨期权既可以规避价格上涨风险，又能保住看空市场的未来收益。

表 32 饲料企业在“延期结价”销售模式下的豆粕套期保值方案优化设计

市场状况	上游压榨企业对销售豆粕采取延期结价方式促销
企业预期	饲料企业预期未来一段时间豆粕价格下跌的可能性较大
期货套期保值方案设计	豆粕采购方采购现货后通常是不会立刻结价的，否则延期结价失去意义，但一旦对价格走势判断失误，即价格不跌反涨，则企业将面临巨大的经营风险
套期保值方案优化设计	豆粕现货 + DCE 豆粕看涨期权多单

【例 56】 6 月底，某饲料厂趁上游压榨企业豆粕促销购进了 5 000 吨豆粕。饲料厂可以先将豆粕提走，提货价为签订采购合同之日起，一个月内由饲料厂根据压榨企业每日挂牌销售价格，在任意一天的点价为准。当天压榨企业的豆粕挂牌销售价为 3 600 元/吨。由于饲料厂预期未来一个月内豆粕价格下跌的可能性较大，想尽可能地拖延点价，但又担心自己对豆粕价格走势判断万一失误，未来豆粕价格不跌反涨，企业将面临巨大的经营风险。如果此时就在期货市场上以即时价 3 600 元/吨买入豆粕期货 9 月合约进行买入套期保值的话，虽然可以规避价格上涨风险，但也同时规

避了未来现货价格下跌带来的采购成本降低的好处，使延期结价变得毫无意义。为了既能规避7月豆粕价格意外上涨风险，又能保住7月豆粕价格下跌带来的益处，企业决定通过买进看涨期权为已经采购的豆粕上个“保险”，即买入执行价格为3 600元/吨的9月豆粕期货合约的看涨期权500手，支付权利金50元/吨。操作结果分析如下（见图33）：

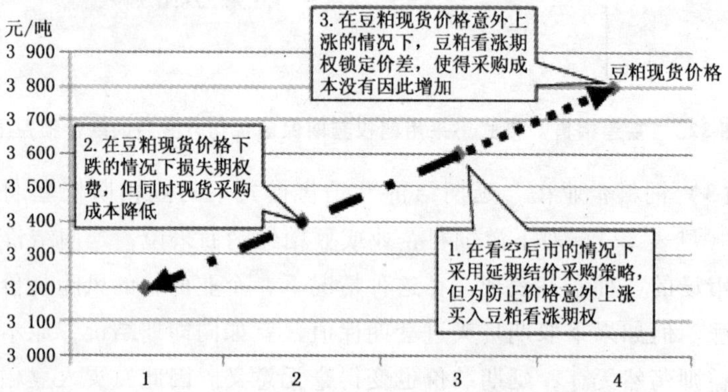

图33　饲料企业在“延期结价”销售模式下采用期权套期保值策略效果示意图

情形一：假如到了7月末，豆粕期货和现货价格均下跌，其中期货价格跌破3 550元/吨，企业放弃看涨期权的行权。此时企业豆粕原料成本尽管会增加50元/吨（权利金），但通过延期结价方式点价，企业豆粕采购成本下降了至少50元/吨以上，企业原料的采购成本降低了。

情形二：假如到了7月末，豆粕期货和现货价格均上涨，其中期货价格上涨超过3 650元/吨，企业因时间到期，不得不点价，豆粕采购成本高于3 600元/吨。但此时豆粕看涨期权成为实值期权，企业行使看涨期权。在扣除50元/吨的权利金后，还有盈利可以补偿现货采购成本，不论豆粕价格涨多高，企业最终采购的豆粕成本价始终仍保持在3 650元/吨的水平，对企业饲料产品的销售利润仍无大的影响。

可见，在“延期结价”销售模式下，采用买进看涨期权来配合点价，不论豆粕价格未来是涨是跌，对于饲料企业的原料采购既能规避风险，又能保留可能的获利机会。

图34是该饲料加工企业在“延期结价”销售模式下采用期权套期保值优化方案的损益图。

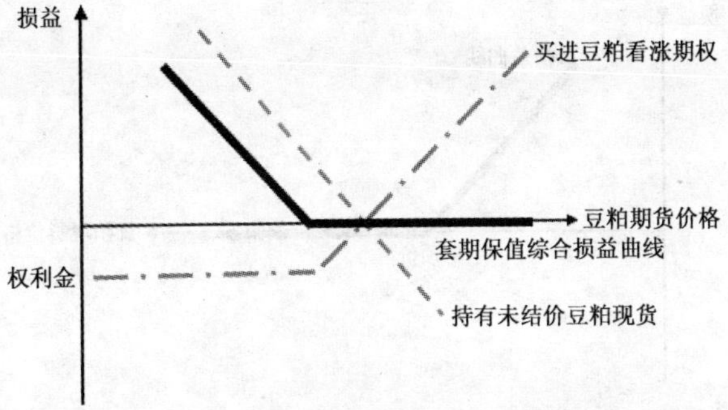

图 34 饲料企业在“延期结价”模式下采用期权套期保值优化方案后的综合损益图

（4）饲料企业在“封顶移库”销售模式下的豆粕期权套期保值方案设计（见图 35）。“封顶移库”销售模式是上游压榨企业让利最大的一种销售模式。对于下游饲料厂豆粕采购来说，相当于是压榨企业送给了自己一个看跌期权，自己手中拥有的是一个无须缴纳任何权利金的买进看跌期权。在豆粕下跌的过程中，自己能够享受价格下跌带来的采购成本降低的益处，而在价格上涨的过程中，最高价格已经被约定封死，不存在额外风险，因此，在这种现货销售模式下，下游企业采购豆粕无须进行套期保值操作。

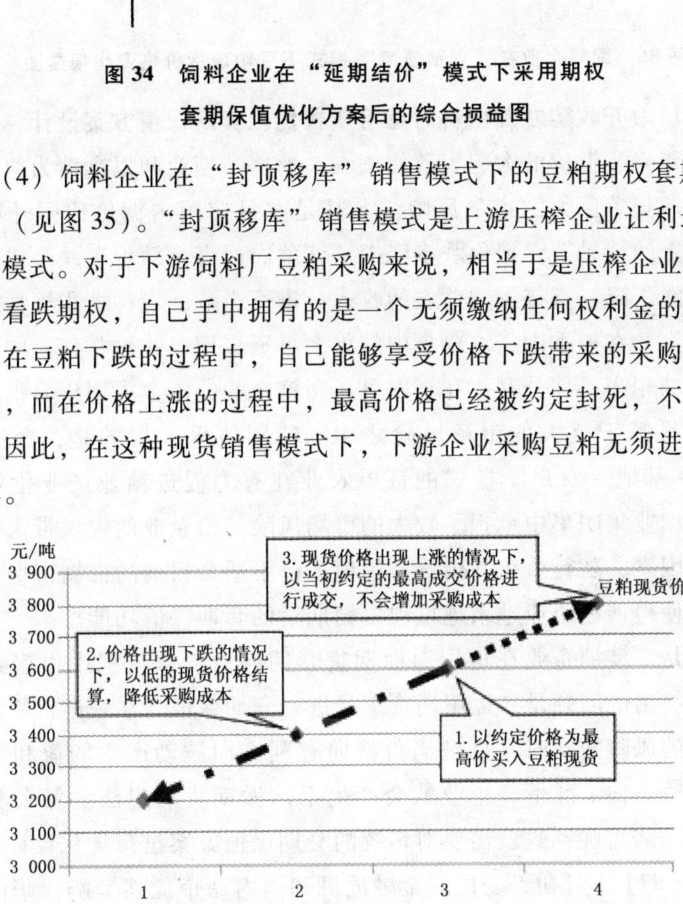

图 35 饲料企业在“封顶移库”销售模式下的价格变动效果示意图

图 36 是饲料企业在“封顶移库”销售模式下的豆粕现货价格变化的损益图。

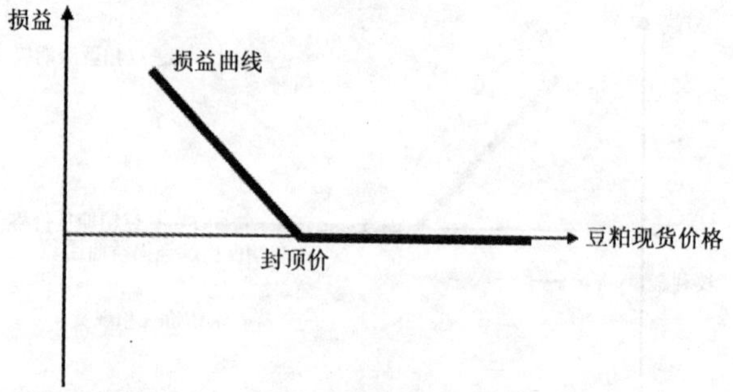

图 36　饲料企业在“封顶移库”模式下豆粕现货价格变化损益图

糖厂敞开收购甘蔗糖料时运用期权优化套期保值方案设计

近年来，糖价的大起大落使蔗农、糖厂、糖商和以食糖为原料的加工企业均承担着巨大的市场风险。尤其是在目前国内糖价比国外糖价高出30%以上的情景下，糖价跌多涨少。就蔗农而言，糖价下跌造成甘蔗收购价格直线下降，直接影响蔗农的收入，进而影响蔗农种植积极性。就制糖企业而言，在榨季内，需要集中筹集大量资金用于收购甘蔗，同时生产出来的食糖相当一部分存放在仓库里，制糖企业的资金占用压力很大，其业务经营暴露于巨大的市场风险之中。特别值得一提的是，食糖产区的“公司 + 基地 + 农户”模式的订单农业在有力促进糖业产业化经营的同时，使糖业集团集中承担了较大的市场风险，给企业的发展带来非常多的不确定因素。随行就市的传统产销模式已不适合目前的白糖市场，新的市场格局使得涉糖企业越来越重视白糖期货的套期保值功能。

但是，涉糖企业在运用白糖期货套期保值操作过程中也遇到一些难题。最突出的问题是：运用期货工具进行套期保值，在规避价格向不利方向波动的风险的同时，也把当价格向有利方向波动产生的盈利给规避掉了。在后一种情况下，企业就会产生不该做期货的想法。怎么能够“鱼和熊掌”兼得呢？这就需要对传统的套期保值方案进行优化设计。

【例 57】1 月初，受国际金融危机和国内糖市低迷影响，华南某省糖业经受了前所未有的冲击。大部分糖厂因缺乏资金及糖价低迷，导致甘蔗没人要，蔗农利益受到很大影响。该省某糖业集团作为当地的龙头企业，受当地政府的委托，要求解决蔗农卖蔗难的问题。怎么办？一边是糖价“跌跌”不休，一边政府又要求收购甘蔗，糖厂开了几次会议讨论都没有结果，最后销售科科长提议找一下期货公司，看看期货市场能帮什么忙。

于是他们找到当地一家期货公司进行咨询，要求帮助设计套期保值方案。当时白糖现货价在 2 800 元/吨，而郑州商品交易所白糖 5 月期货合约价格在 2 950 元/吨左右。按 8 吨甘蔗可榨 1 吨糖再加上费用倒推，2 950 元/吨折算的甘蔗收购价为 250 元/吨，高出当时当地甘蔗现货市场收购价 20 元/吨。期货公司建议，如果在期货市场卖出套期保值的同时敞开收购甘蔗则不会有大的风险。于是糖厂开始敞开收购甘蔗，最终共收购了 12.5 万多吨，仅此一项，就多付蔗农甘蔗款 250 多万元，缓解了当地蔗农卖蔗难现象。同时，该企业在期货市场同步卖出白糖期货 125 000 ÷ 8 = 15 625 吨≈1 563 手（1 手 = 10 吨）进行套期保值，防止价格下跌风险（见图 37）。

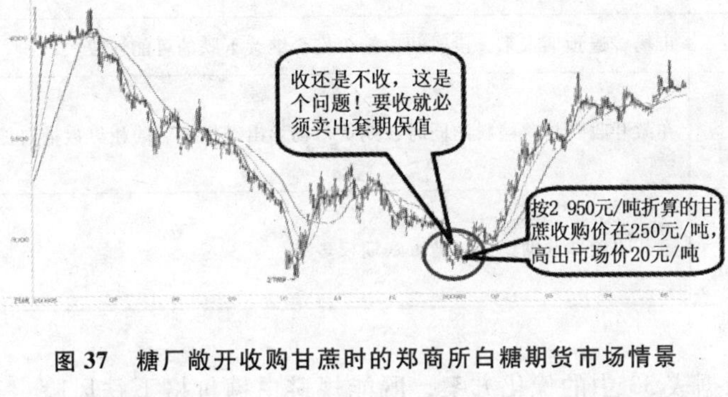

图 37　糖厂敞开收购甘蔗时的郑商所白糖期货市场情景

但没想到的是，刚刚收购完甘蔗并卖出期货套期保值后，1 月中旬糖价竟开始逐步回升。到了 4 月下旬，该地区的白糖现货价格已经上涨到 3 700 元/吨，而期货市场上 5 月合约价格也上涨到 3 800 元/吨左右。现货每吨约 900 元的盈利与期货市场上每吨约 900 元（包括交易费用）的亏损相互抵消了，虽然达到了套期保值的目的，但纯粹是“保本赚吆喝”。尽管该公司保障了蔗农的利益，受到政府的赞赏，同时在蔗农中享有较高声誉，为今后公司的长远发展打下了坚实的基础，但本次榨季企业一共压榨了 1.5 万多吨糖，却没有赚到什么利润，全被期货市场的套期保值给“规避”了。如果当初没有在期货市场上卖出套期保值，而是“赌”上一把，则企业在本榨季将盈利 900 元/吨 ×15 625 吨≈1 400 万元。如此惊人的利润让企业确实感到很可惜。当然，在当时整个市场都不看好白糖价格的大环境下，企业根本就不敢去“赌”，做套期保值是万全之策，否则一旦白糖价格继续下跌，企业将受到灭顶之灾！

如何能优化这种套期保值方案，使企业既无价格下跌的后顾之忧，又能保留价格上涨所带来的丰厚利润呢？运用期权工具就能做到这一点！

对糖厂来说，在敞开收购甘蔗糖料而又看空市场的情况下，企业面临的风险是所压榨的白糖价格出现大幅下跌。如果采取期货卖出套期保值，那么一旦白糖价格反转上涨而带来的未来收益也会一同落空，而买入白糖看跌期权既可以规避价格下跌风险，又能保住市场未来上涨的收益（见表 33）。

表 33　糖厂在敞开收购甘蔗糖料时的套期保值方案优化设计

市场状况	白糖市场萧条，蔗农出现卖蔗难，糖厂为帮助政府解忧同时帮助蔗农解难，不得已敞开收购甘蔗糖料
企业预期	市场普遍预期未来一段时间白糖价格会继续下跌的可能性较大
期货套期保值方案设计	在敞开收购甘蔗糖料的同时在期货市场卖出经折算后的相等数量白糖期货合约
套期保值方案优化设计	敞开收购甘蔗糖料 + 白糖看跌期权多单

根据表 33 中的优化方案，既能规避白糖价格下跌风险，又能保住白糖价格一旦上涨带来的巨大利润。因此企业决定不采用期货卖出套期保值而改采用在郑州商品交易所买进白糖看跌期权，为敞开收购的甘蔗糖料上个“保险”，即买入执行价格为 2 950 元/吨的 5 月白糖期货合约看跌期权 1 563 手，支付权利金 30 元/吨。操作结果分析如下：

情形一：假如到 3 月白糖期权到期日前，白糖现货和期货价格均下跌，其中期货价格大大低于 2 950 元/吨，企业生产出的 15 625 吨的白糖亏损很大，同时，现货市场的销售依然不畅。但是，此时企业买的看跌期权成为实值期权，企业可随时行使看跌期权。不管白糖价格下跌多少，在扣除 30 元/吨的权利金后，期权还有额外收益对现货销售价格进行补偿，期权发挥了套期保值作用，企业生产出的白糖销售成本价与现货价同步保持在 30 元/吨（权利金）左右的水平，几乎不会对企业本次敞开收购甘蔗糖料的经营造成压力，套期保值操作是成功的。

情形二：假如到 3 月白糖期权到期日前，白糖现货和期货价格均上涨，其中现货价格超过 2 980 元/吨。企业这时才发现，原来在敞开收购甘蔗的时候，白糖价格正处在一个大底部。此时企业也没什么好后悔的，放弃看跌期权的行权。当然企业会损失一笔不菲的权利金费用，大约有：15 630 吨 ×30 元/吨≈47 万元。但此时企业生产出的 15 625 吨的白糖能顺利销售到现货市场，且现货销售价格在扣除 30 元/吨的权利金成本后，仍比 2 950 元/吨的价格要高。按图 37 所示，3 月下旬白糖期货价格已经涨到在 3 700 元/吨左右，即便按现货价 3 650 元/吨销售，则企业获利（3 650 - 2 950）元/吨 ×15 630 吨 =1 094 万元，所支付的权利金还不及所获利润的零头，企业获益颇丰。

图 38 是该糖厂在敞开收购甘蔗糖料时运用期权保值优化方案实施情况下的损益图。

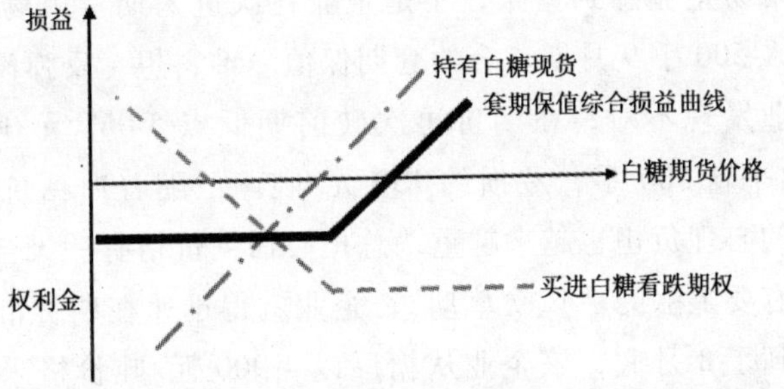

图 38　糖厂敞开收购甘蔗糖料时运用期权卖出保值损益图

食糖贸易商在采购销售环节运用白糖期权套期保值方案优化设计

对食糖贸易商而言，糖价的大起大落同样带来了很大的不确定风险。众多的糖商为规避糖价下跌的风险，不敢大批量购糖和存糖，只能随行就市，小批量购销，加剧了食糖销售的不顺畅和价格的不稳定性。尤其是对那些与下游用糖企业签订了供货合同，而因时间关系尚未与上游糖厂签订采购合同的贸易商来说，极易造成经营上的亏损。为此贸易商往往在与下游用糖企业签订供货合同的同时，不得不在期货市场上进行买入套期保值。问题是，近些年来，由于糖价长期处于熊市，跌势不断，贸易商的买进套期保值几乎总是在帮倒忙，致使贸易商该赚的钱赚不到。但不做套期保值，一旦糖价大涨，则企业的经营风险也是巨大的，甚至会使企业破产倒闭，这让贸易商左右为难，怎么办？

【例 58】广东东莞某食糖贸易商与深圳某糖果厂签订了每 3 个月供应

5 000 吨白糖的供货合同，价格以每 3 个月签订合同时当日的深圳现货市场白糖批发价为准。例如：6 月 4 日签订 9 月初的供货合同时，按当天白糖现货市场批发价 5 300 元/吨为供货价。而当天郑州商品交易所白糖 9 月合约收盘价为 5 356 元/吨。该贸易商根据市场形势判断未来 3 个月白糖价格易跌难涨，觉得这单贸易应该是有把握赚钱的。但是，到了 6 月中旬，白糖价格却出现了上涨，该企业有些担忧，如果白糖价格继续上涨，则供货将成问题，到时企业会面临巨大的经营风险。为求稳健经营，企业不得不在期货市场以 5 350 元/吨的价格买进 500 手 9 月白糖期货合约进行买入保值。但结果期价又掉头向下，期货套期保值出现亏损。企业发现对白糖价格判断失误，于是在期价破前期低点 5 176 元/吨时，在 5 150 元/吨平仓出场，亏损约 200 元/吨。但价格没跌几天，糖价又出现上涨苗头，令该贸易企业感到紧张，于是企业再次进入期货市场以 5 130 元/吨的价格买入 500 手 9 月期货合约套期保值。谁料想，反弹没几天期价再次下跌，企业发现不对，在期价再次破前期低点 5 061 元/吨时，在 5 000 元/吨卖出平仓 500 手，亏损约 130 元/吨。但随着白糖价格继续越跌越深，企业的心理负担也越来越重，总担心白糖价格有一天会出现大涨。期价只要一有要上涨的“风吹草动”，企业就得迅速在期货市场买入套期保值。最终到了 8 月底，该企业从糖厂以 4 900 元/吨价格采购到现货并运往下游糖果厂，按时交完糖后，企业核算才发现，虽然现货市场盈利 5 300 - 4 900 = 400 元/吨，但在期货市场上做套期保值亏损了 200 + 130 = 330 元/吨，再加上 50 元/吨的运费，把现货盈利吞噬殆尽了，这单买卖企业几乎没有赚到钱。

但如果不在期货市场做买入套期保值，则一旦遇到后来 9 月下旬开始的大幅反弹行情，该贸易商将有可能在 12 月交货时陷入“灭顶之灾”(见图 39)。有没有更好的方法让贸易商在签订完合同后不至于如此狼狈呢？如果运用白糖期权，则套期保值的境况就会大不一样了。

对食糖贸易商来说，在与下游用糖企业签订了供货合同，但因时间关系暂时还不能从上游糖厂采购白糖的情况下，企业面临的风险是白糖价格在供货之前出现大幅上涨。但如果采取期货买入套期保值，则在对白糖价格并不看好的市场背景下，未来收益也会一同落空，买入白糖看涨期权既可以规避价格上涨风险，又能保住市场未来价格下跌带来的收益（见表 34）。

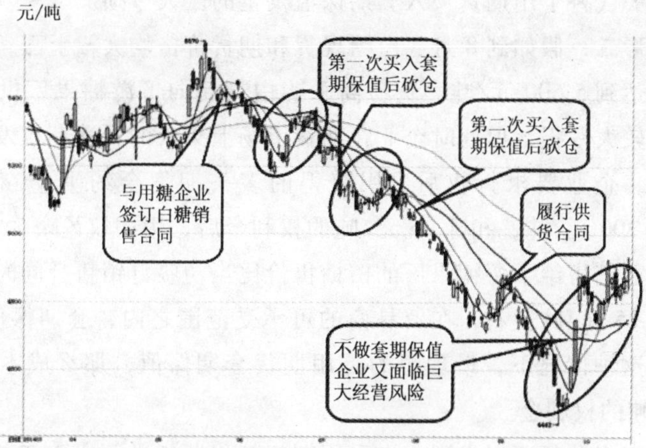

图 39 食糖贸易商期货市场买入套期保值的窘境

表 34 食糖贸易商在有销售敞口风险时的套期保值方案优化设计

市场状况	糖厂已经与下游用糖企业签订了销售合同，但尚未与上游供糖企业签订采购合同
企业预期	尽管市场普遍预期未来一段时间白糖价格会继续下跌，但由于长期熊市，价格随时会触底反弹，贸易商十分担心价格上涨
期货套期保值方案设计	在与下游用糖企业签订销售合同的同时，在期货市场买入相等数量白糖期货合约
套期保值方案优化设计	现货销售合同 + 白糖看涨期权多单

根据表 34 中的优化方案，既能规避白糖价格上涨风险，又能保住白糖价格持续下跌带来的巨大利润，贸易商决定不采用期货买入套期保值而改采用在郑州商品交易所买进白糖看涨期权为现货销售合同上个“保险”，即买入执行价格为 5 400 元/吨的白糖 9 月到期的期货合约的看涨期权 500 手，支付权利金 25 元/吨。操作结果分析如下：

情形一：假如到 8 月底白糖现货和期货价格均大幅下跌，其中期货价格比 5 400 元/吨的执行价低得多，企业放弃行使看涨期权，损失 25 元/吨的权利金。最终企业向上游糖厂采购白糖的成本只是在较低的即时价上加上 25 元/吨的权利金损失，但转售给下游糖果厂是按当初签订销售合同时的白糖价格结算，因此获利巨大。其原因就在于用期权的 25 元/吨的权利金损失代替了用期货买入套期保值发生的巨大亏损。

情形二：假如到8月底白糖现货和期货价格均大幅上涨，其中期货价格上涨达到5 600元/吨。贸易商采购白糖后向下游糖果厂供货履行合同会出现较大亏损，但此时企业在期货市场上买入的看涨期权发挥套期保值的作用，企业要求行权后，用获得的多头期货合约平仓，获利5 600－5 400＝200元/吨，扣除25元/吨的权利金后，用期权盈余弥补现货亏损。最终企业销售给下游糖果厂的白糖售价比当初签订销售合同时的白糖价格最多高25元/吨左右，在贸易商的可承受范围之内，套期保值相当成功。当然，这种情况下，最理想的是用期货套期保值，那么成本还可以减少25元/吨的权利金。

从以上分析可以发现，在采用期权替代期货进行买入套期保值后，贸易商在3个月内再也不用担心白糖价格的起伏了。这种操作既能规避价格上涨带来的风险，又能够享受价格下跌带来的贸易利润。

图40是该贸易商在有销售敞口时运用期权保值优化方案实施情况下的损益图。

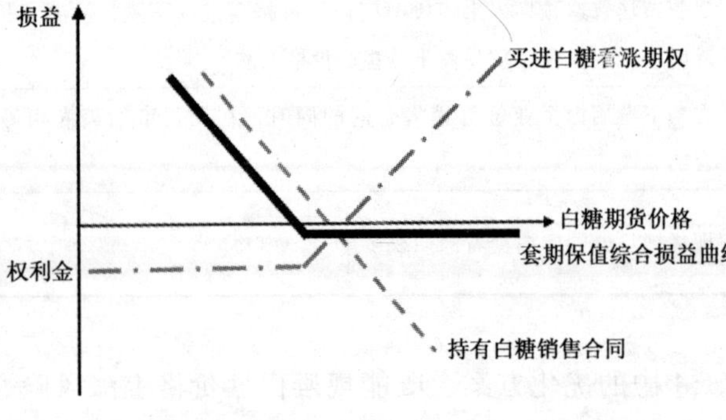

图40 食糖贸易商在有销售敞口风险时运用期权买入保值损益图

8. 期权套期保值方案设计中应注意的问题

企业在进行期权套期保值方案设计时，需要格外注重某些细节，细节决定成败。企业不论是应用期货工具，还是采用期权工具进行套期保值，都应该有一套较为完整的套期保值制度和方案设计流程。

期权套期保值方案设计流程应包括以下重要因素：

· 套期保值方向的确定；

· 执行价格、期限、权利金的选择；

· 套期保值比例的确定；

· 根据市场变动调整保值头寸；

· 期权部位的了结方式。

以下就期权套期保值方案设计中需要重点关注的环节进行论述。

（1）关于期权执行价格的选择问题。同一个期货合约对应挂牌有一系列不同执行价格的期权合约。投资者可以根据自身的成本预算及预期计划来选择确定买卖哪一个执行价格的期权合约。究竟选择交易哪一个执行价格的期权合约，应掌握以下要点：

一是执行价格对期权买方越有利，买方所要支付的权利金成本就会越高。例如，对于卖出套期保值的生产企业来讲，为了获得较好的卖价，往往愿意选择买进执行价格高的看跌期权。买入的看跌期权的执行价格越高，在行权时当然对买方越有利，但所需要支付给卖方的权利金当然也就越高；所选择买入的看跌期权的执行价格越低，在行权时虽然对买方不利，但所需要支付给卖方的权利金也较低。对原料需求方的加工企业来说，情况正好相反。买入的看涨期权的执行价格较低，意味着采购成本较低，行权时对自身有利，其所支付的权利金相应较高；而买入的看涨期权的执行价格高，意味着将来行权时的买价高，所以所需支付的权利金相应就会低些。因此，套期保值者必须要在所提供的保护程度与所需的权利金成本之间求得平衡。深度实值的期权能够提供更大的保护，但其权利金成本昂贵；深度虚值期权的成本极低，但其保护功能甚至相当于“什么都没做”。保值者需要选择一种能最大限度满足其保值目标与适当成本的折中方案。

二是在期权交易中，一般情况下接近当前期货市场价格的平值期权合约交易比较活跃，深度实值与深度虚值的期权合约交易比较稀少，流动性不足。因此，在选择这两类期权合约交易时，套期保值者应考虑未来期权了结在方式上可能出现的困难。

还有一种情况，就是保值者在建立期权头寸后，随着期货价格的波动，所拥有的期权持仓会成为深度实值或深度虚值状况，此时成交就会变得清淡，可能会导致保值者最后可能无法顺利平仓以了结部位，因此一旦发现交易清淡，应早点采取移仓换月等措施，规避流动性风险。

（2）关于期权的到期问题。在不同商品期货交易所挂牌的期权合约，其最后到期时间与所对应的期货合约的最后到期时间是不一致的，前者往往会提前1~2个月摘牌。因此，套期保值者一定要特别注意最后行权的日期，根据套期保值月份相近的原则，注意所选择的期权与现货或期货在经营计划上的期限匹配问题，以免在套期保值时间上不匹配，导致不必要的损失。

（3）关于期权部位了结方式的选择。根据期权交易规则，保值者利用期权进行套期保值后，可采取的了结期权持仓方式有以下三种：对冲平仓、行权履约、到期弃权。对这三种了结方式如何选取，还要按套期保值者采取的是保护性策略还是抵补性策略进行具体分析。

保护性策略是买入期权的策略。套期保值者买入期权后，在期权到期日时将面临选择行权或弃权的难题。在到期日前，平值期权与虚值期权将毫无内涵价值，但多少还有一点时间价值。由于期权价格包含内涵价值与时间价值两部分，不到最后一刻，即便是虚值或平值期权，多少都还有一点时间价值。因此，只要市场有流动性，保值者采取平仓方式了解期权持仓是较佳选择。如果是采取行权方式了结期权持仓，那只能获得期权的内涵价值，这在期权的最后一刻也许不吃亏，因为最后时刻期权也没有时间价值了。但在其他时候，套期保值者这样做实际上是放弃了期权的时间价值，是不划算的。因此，如果不是必须要进行实物交割，套期保值者不宜采取行权履约的方式来了结期权持仓。

此外，保值者采取保护性策略买进期权后，不会面临缴纳及追加保证金的风险，但如果保值者选择行权履约方式来完成保值计划，就需要提出行权要求，以获得相应的期货持仓。而由期权持仓转成期货持仓，风险特征迥然不同，套期保值者要面临缴纳期货保证金的要求。尤其是从进入交割月前一个月开始，上旬、中旬、下旬的期货交易保证金会不断提高，套期保值者要事先安排好资金，确保套期保值计划的顺利实施。

如果保值者采取的是抵补性策略，也就是卖出期权套期保值策略，则他对所持有的期权持仓在了结方式上处于相对被动地位。对套期保值者而言，最有利的了结方式是对手买方到期弃权，卖方可以获得全部的权利金收入。如果买方提出行权，则卖方需无条件履约，这通常对卖方不利，尽管卖方不一定会出现亏损，但会打乱保值者的套期保值计划。当然，保值者也可以采取主动性的买入平仓方式了结所持有的空头期权持仓，化被动为主动，但这样做，意味着套期保值计划的结束。

9. 期权套期保值方案设计原则总结

总体而言，企业在运用商品期权工具进行套期保值方案优化时，需要结合更多的变量和不同的市场环境进行设计。首先，在商品价格方向的判断上，需要有较为明确的上涨、下跌或者盘整的预测，这样在选择究竟是看涨期权、看跌期权或者是期权组合方式以及期权的买卖方向上能够做出明确的抉择；其次，在套期保值时间的覆盖跨度上，企业也需要慎重考虑，这涉及对期权近远月合约的选择；最后，在价格区间的判断上也需要更为明确，因为不同执行价格的期权选择众多，只有对未来涨跌价格的目标位置和价格区间有更为清晰的判断，才能在具体的执行价格上选取合理的期权配置。因此，企业利用期权进行套期保值方案设计时，需要对市场的认识和判断更为清晰准确，通过选择不同参数和变量的期权组合来最终实现套期保值的优化。

国内商品期权套利交易策略

期权的一个重要特色就是能够与其他的期货或标的资产结合，形成新的组合，从而产生一个新的交易策略领域。正是由于期权这种固有的各种数学关系，才使得交易者即使没有理论定价模型和量化数据信息，也可以通过复合关系判定获利潜能，进而拟定合理的套利交易策略。

1. 商品期权套利类型

期权套利也叫期权的价差交易，是指在买进或卖出某种期权合约的同时，卖出或买进与之相关的另一种期权合约，并在某个时间同时将两者平仓了结的交易方式。

期权套利是利用期权的不合理定价或抓住出现的波动率错误估计来获得低风险收益的一种投机形式。

由于交易的期权种类较多，各种套利策略不仅多达十几种，比期货套利策略多得多，而且也更为复杂。从期权套利原理的角度分类，期权套利主要分为两大类：一类是针对期权价格出现不合理失真进行的纯价格性套利交易；另一类是以波动率或涨跌幅度不同步为基础进行的波动率套利。可见期权套利的关键是能否及时准确地抓住市场上期权报价出现的不合理机会。从期权报价的感观角度分类，习惯上将期权套利分为三类：垂直套利、水平套利和对角套利。上述套利分类的名称与报纸上期权价格的表格方式有关：垂直套利是涉及报纸期权报价表中同一竖栏中的两个期权；水平套利涉及的是报纸期权报价表中因到期日不同而横向排列的两个期权；对角套利是指套利所涉及的两个期权既不在同一排，也不在同一列，而呈对角状，它是垂直套利和水平套利的结合。

期权套利遵循的两条主要原则：一是买入价值被低估的期权的同时卖出价值被高估的期权；二是必须对冲期权空头的风险头寸。

以下介绍常用的商品期权套利策略：垂直套利策略、水平套利策略、跨式套利策略、宽跨式套利策略、蝶式套利策略、飞鹰式套利策略、转换套利策略与反向转换套利策略。至于其他更为复杂的套利策略，如对角套利等，因过于复杂，且实用性不强，也不经常使用，有兴趣的读者可参考理论性更强的其他相关书籍和资料。

2. 垂直套利策略

垂直套利又称价差套利或货币套利。之所以称为垂直套利，是因为该策略除执行价格外其余都是相同的，而且执行价格和对应的权利金在期权行情表上是垂直排列的（见【例 59】中的豆粕期权行情表）。垂直套利的交易方式为买进一个期权的同时，卖出一个相同品种、相同到期日但是执行价格不同的期权。这两个期权受相同因素的影响同涨或同跌。垂直套利的特点在于将风险和收益均限制在一定的范围内，赚不了大钱，也亏不到哪去。

垂直套利又分为四种形式：牛市看涨期权垂直套利、牛市看跌期权垂直套利、熊市看涨期权垂直套利、熊市看跌期权垂直套利。

牛市看涨期权垂直套利

这是最简单也是最常用的一种期权套利模式，其套利策略、具体操作、最大潜在风险与最大潜在收益等分析详见表 35。

表 35　牛市看涨期权垂直套利综合分析表

套利策略	预测商品价格上涨而买进看涨期权，同时等量卖出执行价格不同的另一个看涨期权以收回或降低权利金成本。若商品价格上涨，后者将会限制收益；若商品价格下跌，后者也会限制亏损。该套利策略风险有限，收益也有限
具体操作	买进 N 份低执行价格看涨期权 A，同时卖出 N 份高执行价格看涨期权 B
最大潜在风险	权利金净支出 = 收取的权利金 - 支出的权利金
最大潜在收益	（高执行价格 - 低执行价格） - 权利金净支出
损益平衡点	低执行价格 + 权利金净支出

【例59】7月8日，大连商品交易所豆粕期权行情表如下：

看涨期权价格/元/吨				行权价格/元/吨	看跌期权价格/元/吨			
9月	11月	1月	3月		9月	11月	1月	3月
55.0	75.5	90.0	110.5	3 500	36.0	48.5	66.5	86.0
35.5	40.0	62.5	86.5	3 550	45.5	62.0	80.5	101.0
20.5	31.5	45.0	58.0	3 600	56.0	73.0	98.0	121.5

某投资者预测豆粕价格未来将上涨，但又担心判断有误，想在风险有限的前提下获得比较稳妥的有限收益，于是他打算进行牛市看涨期权套利交易。考虑到9月期权合约到期时间较短，而11月期权合约交易又十分清淡，该投资者选取来年1月合约进行牛市套利。具体操作为：买进执行价格为3 500元/吨的来年1月豆粕看涨期权1份，支付权利金90.0元/吨，同时卖出执行价格为3 600元/吨的来年1月豆粕看涨期权1份，收取权利金45.0元/吨（手续费略）。

情形一：假如在12月期权到期时豆粕价格并未预期上涨，而是出现下跌，期货价格跌破3 500元/吨执行价，则该投资者买进的看涨期权亏损，不会行权，但卖出的那份看涨期权，买方更不会行权，该投资者的最大风险（也就是最大的亏损）为45－90＝－45元/吨。

情形二：假如在12月期权到期时豆粕价格如期上涨，期货价格上涨超过3 600元/吨执行价，则该投资者买进的看涨期权若行权则盈利，但以3 600元/吨卖出的那个期权合约很有可能也被买方要求行权，将出现亏损。所获最大收益为（3 600－3 500）－（90－45）＝55元/吨。也就是不论豆粕期价涨多高，该投资者只能获得55元/吨的最大收益，原因是卖出的那个期权把本应该由买进期权获得的未来收益给截断了。

情形三：假如在12月期权到期时豆粕价格一直小幅徘徊，期货价格处于3 500~3 600元/吨之间，则该投资者的这个套利组合是赚还是赔呢？这就需要计算套利的损益平衡点。

损益平衡点＝3 500＋（90－45）＝3 545元/吨

当期货价格超过这个价位，则套利组合盈利，低于这个价位则该套利亏损。显然在1月期货合约收于3 545元/吨时，该投资者正好不赚不赔。

从以上分析中可以发现，建立牛市看涨期权垂直套利组合的目的主要有两个考虑：一是由于权利金成本昂贵，买入一份期权的同时，也卖出一份期权收回部分权利金，以降低投资成本；二是对于商品期货价格虽然看涨，但也心有疑虑，看涨意愿不是特别强烈，因而卖出等量期权降低损益平衡点，增大获利的可能性。此外，若卖出的期权执行价格距离买入的期权执行价格越远，那么卖出期权获得的权利金对于降低投资成本的作用就越小，且对盈利平衡点的改善作用就越小，但最大收益空间显然增加了。若实行牛市套利时，商品期货价格越接近低执行价格，则牛市套利的吸引力越大。

图 41 是牛市看涨期权垂直套利损益图。

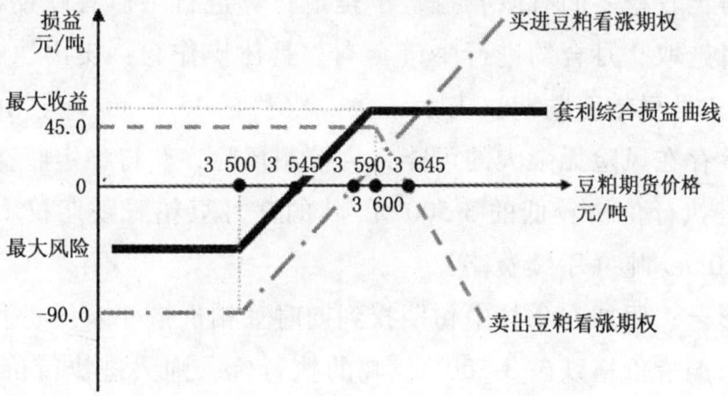

图 41　牛市看涨期权垂直套利损益图

牛市看跌期权垂直套利

牛市看跌期权垂直套利虽然也是看涨未来商品期货价格，但所选取的套利标的物是两个看跌期权而不是看涨期权。其套利策略、具体操作、最大潜在风险与最大潜在收益等分析详见表 36。

表 36　　牛市看跌期权垂直套利综合分析表

套利策略	预测商品价格上涨而卖出看跌期权赚取权利金，同时等量买入执行价格较低的另一看跌期权以防止万一价格下跌出现风险。此套利策略风险有限，收益也有限
具体操作	卖出 N 份高执行价格的看跌期权 A，同时买入 N 份低执行价格的看跌期权 B
最大潜在风险	（高执行价格 - 低执行价格）- 权利金净收入
最大潜在收益	权利金净收入 = 收取的权利金 - 支出的权利金
损益平衡点	高执行价格 - 权利金净收入

【例60】7月8日，大连商品交易所豆粕期权行情表如下：

看涨期权价格/元/吨				行权价格/元/吨	看跌期权价格/元/吨			
9月	11月	1月	3月		9月	11月	1月	3月
55.0	75.5	90.0	110.5	3 500	36.0	48.5	66.5	86.0
35.5	40.0	62.5	86.5	3 550	45.5	62.0	80.5	101.0
20.5	31.5	45.0	58.0	3 600	56.0	73.0	98.0	121.5

某投资者预测豆粕价格未来将上涨，但预计涨幅有限，想通过收取权利金获得比较稳妥的有限收益，于是他打算进行牛市看跌期权套利交易。该投资者选取9月合约进行牛市套利。具体操作为：卖出执行价格3 550元/吨的9月豆粕看跌期权1手，获得权利金45.5元/吨。由于卖出期权在理论上存在风险无限大的可能，为控制风险，获得稳定收益，该投资者同时买进执行价格较低的3 500元/吨的9月豆粕看跌期权1手，支付权利金36.0元/吨（手续费略）。

情形一：假如在8月中旬期权到期时豆粕价格并未预期上涨，而是出现下跌，期货价格跌破3 500元/吨的执行价，则买进执行价为3 550元/吨看跌期权的对方将会行权。这时，期权卖出方虽然事先获得45.5元/吨的权利金收入，但一旦被要求行权，则该投资者账户中将会有3 550元/吨价格买入的9月期货合约多头持仓1手。同时，该投资者买进的执行价为3 500元/吨看跌期权也会要求行权，又将获得9月期货合约空头持仓1手。两者对冲后，该套利投资者的最大风险（也就是最大的亏损）为(3 500 - 3 550) + （45.5 - 36.0） = -40.5元/吨。

情形二：假如在8月中旬期权到期时豆粕价格如期上涨，期货价格上涨超过3 600元/吨的执行价，则该套利投资者卖出的看跌期权无人要求行权，终将获得45.5元/吨的权利金收入。不过他所买的执行价为3 500元/吨的看跌期权也不会行权，将亏损权利金36.0元/吨。所获最大收益为权利金净收入，即45.5 - 36.0 = 9.5元/吨。也就是，不论豆粕期价涨多高，该投资者只能获得9.5元/吨的最大收益，原因是卖出期权获得的权利金收入是有限的，而买入的期权为虚值期权，没有行权的价值。

情形三：假如在8月中旬期权到期时豆粕价格一直小幅徘徊，期货价格处于3 500 ~ 3 550元/吨之间，则该投资者的这个套利组合是赚还是赔呢？这就需要计算套利的损益平衡点。

损益平衡点 =3 550 - （45.5 - 36.0） = 3 540.5 元/吨

当期货价格超过这个价位，则套利组合盈利；低于这个价位，因卖出 3 550 元/吨看跌期权出现亏损，收取的 45.5 元/吨的权利金会缩水，而自身买进的 3 500 元/吨看跌期权还处于虚值，支付的 36.0 元/吨权利金一分钱都收不回来，则该套利组合亏损。如果 9 月期货合约正好收于 3 500 元/吨时，该套利投资者似乎很“悲催”，因为自身买进的看跌期权正好处于平值，还是不能发挥赚钱功效，眼睁睁地看着卖出的那个看跌期权亏损，把所收取的权利金不仅都还给对手了，还倒赔了 4.5 元/吨。读者可自己算算。

从以上分析中可以发现，买入看跌期权是为卖出的看跌期权提供价格下行方向上的保护的。这一点很重要，遵循的是期权套利两大原则之一：卖出套利必须对冲期权空头的风险头寸，因为卖出期权所要承受的风险在理论上比买进期权所要承受的风险大得多。

图 42 是牛市看跌期权垂直套利损益图。

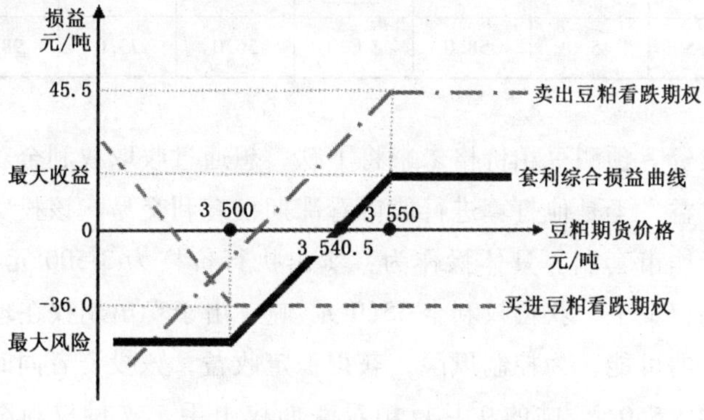

图 42 牛市看跌期权垂直套利损益图

熊市看涨期权垂直套利

熊市看涨期权垂直套利中的“熊市”指的是套利者看空相应的商品期货价格，通过对两个执行价格不同的看涨期权的买卖套利，从期货价格下跌中获利。这是因为在套利组合中，低执行价格卖出的看涨期权比高执行价格买入的看涨期权的权利金要高，投资者收到的权利金必然比支付的权利金要高，投资者通过收取净权利金而获利。该套利策略的风险与回报也都是有限的。其套利策略、具体操作、最大潜在风险与最大潜在收益等分析详见表37。

表 37 熊市看涨期权垂直套利综合分析表

套利策略	预测商品价格下跌而卖出低执行价格的看涨期权赚取权利金，同时买入等量执行价格高的另一个看涨期权以防止万一价格真的上涨出现风险。此套利策略风险有限，收益也有限
具体操作	卖出 N 份低执行价格的看涨期权 A，同时买入 N 份高执行价格的看涨期权 B
最大潜在风险	（高执行价格 - 低执行价格） - 权利金净收入
最大潜在收益	权利金净收入 = 收取的权利金 - 支出的权利金
损益平衡点	低执行价格 + 权利金净收入

【例 61】7 月 8 日，大连商品交易所豆粕期权行情表如下：

看涨期权价格/元/吨				行权价格	看跌期权价格/元/吨			
9 月	11 月	1 月	3 月	（元/吨）	9 月	11 月	1 月	3 月
55.0	75.5	90.0	110.5	3 500	36.0	48.5	66.5	86.0
35.5	40.0	62.5	86.5	3 550	45.5	62.0	80.5	101.0
20.5	31.5	45.0	58.0	3 600	56.0	73.0	98.0	121.5

某投资者预测豆粕价格未来将下跌，想通过收取权利金获得比较稳妥的有限收益，于是他打算进行熊市看涨期权套利交易。该投资者选取 9 月合约进行熊市套利。具体操作为：卖出执行价格为 3 500 元/吨的 9 月豆粕看涨期权 1 手，获得权利金 55.0 元/吨。由于卖出期权在理论上存在风险无限大的可能，为控制风险，获得稳定收益，该投资者同时买进执行价格较高的 3 550 元/吨的 9 月豆粕看涨期权 1 手，支付权利金 35.5 元/吨（手续费略）。

情形一：假如在 8 月中旬期权到期时豆粕价格并未预期下跌，而是出现上涨，期货价格向上突破 3 550 元/吨执行价，则买进执行价格 3 500 元/吨看涨期权的对方将会行权。期权卖出方虽然事先获得 55.0 元/吨的权利金收入，但一旦被要求行权，则该投资者账户中将会有以 3 500 元/吨价格卖出的 9 月期货合约空头持仓 1 手，同时该套利投资者买进的执行价为 3 550 元/吨的看涨期权也会要求行权，这将获得 9 月期货合约多头头寸 1 手。两者对冲后，该套利投资者的最大风险（也就是最大的亏损）

为(3 500 -3 550) + (55 -35.5) = -30.5 元/吨。

情形二：假如在 8 月中旬期权到期时豆粕价格如期下跌，期货价格跌破 3 500 元/吨的执行价，则该投资者卖出的看涨期权无人要求行权，终将获得 55.0 元/吨的权利金收入。不过他所买的执行价为 3 550 元/吨的看涨期权更不会被要求行权，将亏损权利金 35.5 元/吨。所获最大收益为权利金净收入：55.0 -35.5 = 19.5 元/吨。也就是，不论豆粕期价跌多深，该投资者只能获得 19.5 元/吨的最大收益，原因是卖出期权获得的权利金收入是有限的，而买入的期权为虚值期权，没有行权的价值。

情形三：假如在 8 月中旬期权到期时豆粕价格一直小幅徘徊，期货价格处于 3 500 ~3 550 元/吨之间，则该投资者的这个套利组合是赚还是赔呢？这就需要计算套利的损益平衡点。

损益平衡点 =3 500 + (55.0 -35.5) =3 519.5 元/吨

当期货价格低于这个价位时，套利组合盈利；超过这个价位时，因卖出执行价为 3 500 元/吨看涨期权出现亏损，套利者收取的 55.0 元/吨的权利金会缩水，而自身买进的 3 550 元/吨看涨期权还处于虚值，支付的 35.5 元/吨权利金一分钱都收不回来，该套利组合亏损。如果 9 月期货合约正好收于 3 550 元/吨时，该套利投资者似乎也没有盈利，因为自身买进的看涨期权正好处于平值，还是不能发挥赚钱功效，眼睁睁地看着卖出的那个看涨期权亏损达到最大值 -30.5 元/吨。

从以上分析中可以发现，投资者因看跌豆粕期货后市而卖出一个低执行价格的看涨期权，他认为对手行权的概率很小，可以收取较高的权利金。但他也担心，万一判断失误，豆粕期价上涨突破执行价格会使他面临不断增长的风险。因此，为了对冲这种上涨风险，他又买入一个较高执行价格的看涨期权。一旦期货价格突破这个较高执行价格，该看涨期权即可发挥阻截亏损的作用。买入看涨期权是为卖出的看涨期权提供价格上行方向时的保护的。当然这样做的代价是从收取的权利金中要支出去一部分。

图 43 是熊市看涨期权垂直套利损益图。

熊市看跌期权垂直套利

熊市看跌期权垂直套利也是投资者看空相应的商品期货价格，但通过对两个执行价格不同的看跌期权的买卖套利，从期货价格下跌中获利。在熊市看跌期权套利组合中，投资者买入一个看跌期权，寄希望于期货价格下跌到一定程度而获利。但他又有两个担心：一是时间损耗对买入期权一

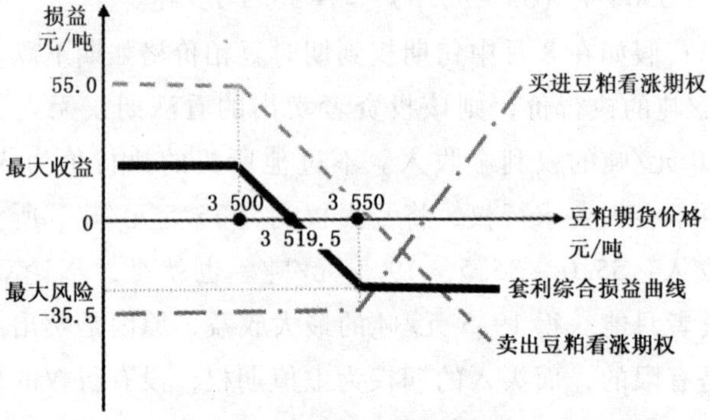

图 43 熊市看涨期权垂直套利损益图

方不利；二是单独买入看跌期权，所需支付的权利金成本太高，希望可以减少支出。于是，投资者要再卖出一个较低执行价的看跌期权。

由于投资者买入的高执行价格看跌期权比卖出的低执行价格看跌期权的权利金要高，投资者支出的权利金必然比收取的权利金要高，投资者仍有净权利金支出。具体分析见表 38。

表 38 熊市看跌期权垂直套利综合分析表

套利策略	预测商品价格下跌而买入一个看跌期权，以期在熊市中获利，但考虑到权利金成本，同时又卖出等量的另一个执行价格较低的看跌期权。此套利策略风险有限，收益也有限
具体操作	买进 N 份高执行价格的看跌期权 A，同时卖出 N 份低执行价格的看跌期权 B
最大潜在风险	权利金净支出 = 收取的权利金 - 支出的权利金
最大潜在收益	（高执行价格 - 低执行价格） - 权利金净支出
损益平衡点	高执行价格 - 权利金净支出

【例 62】7 月 8 日，大连商品交易所豆粕期权行情表如下：

看涨期权价格/元/吨				行权价格/元/吨	看跌期权价格/元/吨			
9 月	11 月	1 月	3 月		9 月	11 月	1 月	3 月
55.0	75.5	90.0	110.5	3 500	36.0	48.5	66.5	86.0
35.5	40.0	62.5	86.5	3 550	45.5	62.0	80.5	101.0
20.5	31.5	45.0	58.0	3 600	56.0	73.0	98.0	121.5

某投资者预测豆粕价格未来将下跌，想通过期货价格下跌获得熊市中的价差收益，但觉得权利金成本较高，为获得稳定收益，他打算进行熊市看跌期权套利交易。该投资者选取 9 月合约进行熊市套利。具体操作为：买入执行价格为 3 550 元/吨的 9 月豆粕看跌期权 1 手，支付权利金 45.5 元/吨。同时卖出执行价格较低的 3 500 元/吨的 9 月豆粕看跌期权 1 手，获得权利金收入 36.0 元/吨（手续费略）。

情形一：假如在 8 月中旬期权到期时豆粕价格并未预期下跌，而是出现上涨，期货价格向上突破 3 550 元/吨执行价，则买进的执行价为 3 550 元/吨的看跌期权不会行权，投资者支付的 45.5 元/吨权利金付之东流。但是，同时该投资者卖出的执行价为 3 500 元/吨的看跌期权更不会被要求行权，又获得 36.0 元/吨的权利金收益。两者相抵后，该套利投资者的最大风险（也就是最大的亏损）为 36.0 - 45.5 = -9.5 元/吨。

情形二：假如在 8 月中旬期权到期时豆粕价格如期下跌，期货价跌破 3 500 元/吨执行价，则该投资者买进的看跌期权要求行权后将获利。不过，与此同时，他所卖出的执行价为 3 500 元/吨的看跌期权也会被对手要求行权，将出现亏损。最终所获最大收益为(3 550 - 3 500) - (45.5 - 36) = 40.5 元/吨。也就是，不论豆粕期价跌得多狠，该投资者也只能获得 40.5 元/吨的最大收益，原因是买入期权获得的未来价差收益被卖出期权给阻截了。

情形三：假如在 8 月中旬期权到期时豆粕价格一直小幅徘徊，期货价格处于 3 500 ~ 3 550 元/吨之间，则该投资者的这个套利组合是赚还是赔呢？这就需要计算套利的损益平衡点。

损益平衡点 = 3 550 - （45.5 - 36） = 3 540.5 元/吨

当期货价格低于这个价位时，套利组合盈利；超过这个价位时，因卖出执行价为 3 500 元/吨的看跌期权出现的亏损幅度在减去收取的权利金 36.0 元/吨后，仍然大于买进执行价为 3 550 元/吨的看跌期权的盈利减去支付的权利金 45.5 元/吨后的盈利幅度，该套利组合亏损。如果 9 月期货合约正好收于 3 550 元/吨时，该套利投资者似乎也没有赚钱，因为自身买进的看跌期权正好处于平值，还是不能发挥赚钱功效，只能眼睁睁地看着卖出的那个看跌期权亏损达到 50 元/吨最大值。

图 44 是熊市看跌期权垂直套利损益图。

对比【例 60】牛市看跌期权发现，【例 62】的熊市看跌期权与其

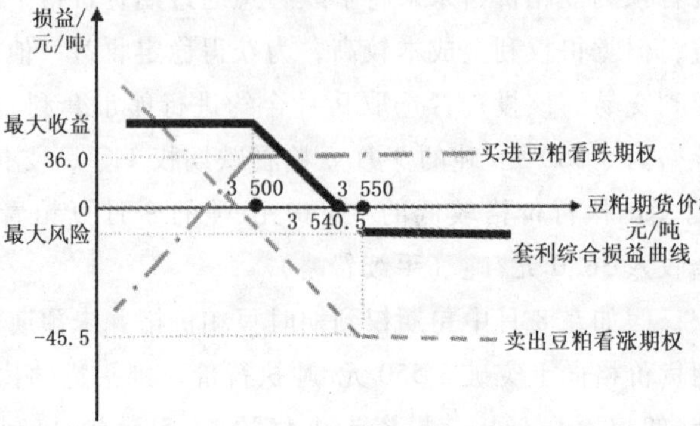

图 44　熊市看跌期权垂直套利损益图

是对手盘，即两个套利策略的交易者互为交易对手。同样，【例 59】的牛市看涨期权的交易者与【例 61】熊市看涨期权的交易者也是互为对手盘。前者都是判断价格上涨，而后者均是判断价格下跌。谁能盈利就看谁对商品期货价格的判断准确。因此，期权套利交易同样需要对期货价格行情进行准确的预测判断。不过，即使方向判断错了的那一方的亏损也不大，判断对的那一方盈利也不多，这就是垂直套利的基本特征之一。

对比图 40 牛市看涨期权垂直套利损益图和图 42 牛市看跌期权垂直套利损益图发现，两者的“套利综合损益曲线”是一样的。比较图 43 熊市看涨期权垂直套利损益图和图 44 熊市看跌期权垂直套利损益图也是如此。表明在对价格方向判断一致后，套利者可以采取不同的期权组合套利策略，都能获得最终相同的收益结果。

期权垂直套利的其他用途

垂直套利比单纯地买、卖期权有两个最大的优点：权利金成本低和风险小。因为该策略是在买进期权的同时也卖出一个期权以降低成本与风险。但大部分进取型投资者并不喜欢垂直套利，因为如果期货价格超过起保护作用的那个期权的执行价时，盈利就达到最大，之后的利润就赚不到了。其实垂直套利还有另外的用途，就是对出现浮亏的期货头寸增加实现扭亏为盈的机会。

【例 63】 7 月 8 日，某投资者以 3 550 元/吨价格买进 1 手来年 1 月豆粕期货合约，结果 1 周后，7 月 16 日期价跌到 3 500 元/吨。该投资者面临 50 元/吨的浮亏。为了达到盈亏平衡点，期价必须上涨 50 元/吨。此时他可以通过豆粕期权交易，实质性地降低其期货持仓盈亏平衡点。当天期货和相应期权价格如下：

时 间	品 种	即时价格
7月16日	豆粕期货1月合约	3 500元/吨
7月16日	执行价格为3 500元/吨的豆粕看涨期权1月合约A	50元/吨
7月16日	执行价格为3 550元/吨的豆粕看涨期权1月合约B	25元/吨

此时，该投资者可以买进1手A，同时卖出2手B。请注意：他所支付的权利金与收取的权利金总和为0（手续费略）。由此产生的组合为两个：一个是牛市看涨期权垂直套利组合，另一个是期货多头持仓加上看涨期权空头持仓。来看看这种大组合总的盈利特征。

情形一：假如在12月中旬期权到期时豆粕价格继续下跌，1月合约期货价格低于或等于3 500元/吨，此时投资者手中所有的期权都会无价值地过期而不会行权。对他来说，最终亏损只与他手中的期货多头持仓有关，与他是否做期权交易无关。

情形二：假如在12月中旬期权到期时豆粕价格出现上涨，1月合约期货价格高于或等于3 550元/吨，则买进的执行价为3 500元/吨的看涨期权涨到3 550元/吨后，后面的盈利会被卖出的执行价为3 550元/吨的看涨期权给阻截了，此时盈利为最大盈利。计算如下：

牛市看涨期权垂直套利组合：

最大盈利 = （3 550 - 3 500） - （50 - 25） = 25元/吨

期货多头持仓加看涨期权空头持仓：

最大盈利 = （3 550 - 3 550） + 25 = 25元/吨

整个组合最大盈利为：25 + 25 = 50元/吨

这实际上是将期货多头持仓的盈亏平衡点下移了50元/吨，由原来的3 550元/吨下移到了3 500元/吨。

情形三：假如在12月中旬期权到期时豆粕期货价格一直小幅徘徊，期货价格处于3 500～3 550元/吨之间，则该投资者的整个套利组盈亏情况如何呢？这就需要计算套利的损益平衡点。

牛市看涨期权垂直套利组合：

损益平衡点 = 低执行价格 + 权利金净支出 = 3 500 + （50 - 25） = 3 525元/吨

期货多头持仓加看涨期权空头持仓：

损益平衡点 = 期货买入价 - 期权权利金收入 = 3 550 - 25 = 3 525 元/吨

整个组合的损益平衡点为 3 525 元/吨。显然，当期价低于 3 525 元/吨时，整个组合亏损，高于 3 525 元/吨时，整个组合盈利。

那什么情况下，持有单一期货多头头寸会比持有上述期货加期权的组合表现更好呢？显然是当卖出的那个期权头寸开始起消极作用且收取的权利金消耗殆尽时，单一期货多头持仓策略才会比期货加期权策略好。由于加入期权后把单一期货多头头寸的损益平衡点降低了 50 元/吨，单一期货多头持仓策略由于期货加期权策略的价位是在 3 600 元/吨，也就是说只有当期货价格上涨突破 3 600 元/吨以后，单一期货多头持仓的盈利表现才会好于上述期货加期权组合策略。期货价格在 3 500 ~ 3 600 元/吨之间，上述期货加期权组合的盈利表现优于单一期货多头头寸。期货价格在 3 500 元/吨以下，这两个策略的表现是一样的。

因此，总体上看，在期货多头持仓上加入期权策略，期货交易者风险控制和盈利难度都会得到改善。只要期货价格有小幅上升，投资者就可以实现盈亏平衡或者获利，如果期价继续大跌，除了期权手续费之外，投资者不会遭受期权带来的任何额外亏损，只有当期货价格大涨时，单一期货多头持仓的表现才会优于期货加期权策略。

图 45 是两种不同策略的表现结果。

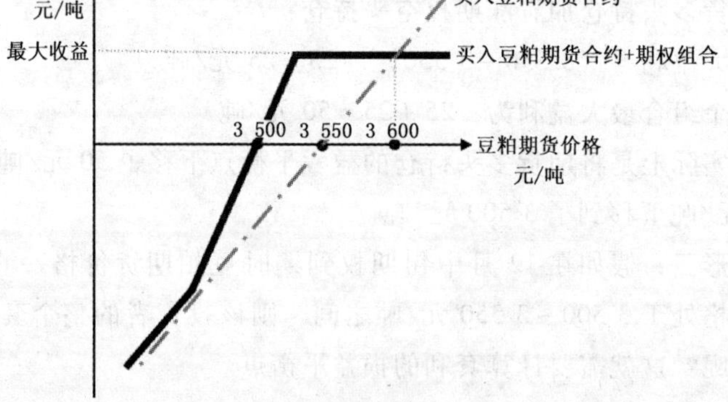

图 45 "期货"与"期货 + 期权"两种不同策略的表现结果

同理，如果投资者是在卖出单一期货合约后出现浮亏，他也可以利用期权组合来抬高其期货空头头寸的盈亏平衡点。有兴趣的读者可以自己设计一个方案并进行各种情形下的计算验证。

3. 水平套利策略

水平套利又称为日历套利、横向套利、跨月份套利或时间套利，是指交易者买进和卖出执行价格相同但到期月份不同的看涨期权或看跌期权合约的套利方式。之所以称之为“水平”套利，是由于该策略是通过两个月份套利，而月份在行情表上是水平排列的，所以叫“水平套利”。同时，日历的日期是由近到远延伸的，而该策略包括一个近期月份、一个远期月份，因此也叫“日历套利”。期权水平套利有点类似于期货套利中的跨期套利。

水平套利的交易方式是买进一个期限长的看涨/看跌期权，同时卖出一个具有相同执行价格且期限较短的看涨/看跌期权。

由于远期期权与近期期权有着不同的时间价值的衰减速度，一般情况下，近期期权的时间价值要比远期期权的衰减得更快，水平套利的一般做法是买入远期期权同时卖出近期期权（见表 39）。

水平套利分看涨期权水平套利和看跌期权水平套利两种。当长期价格有稳中看涨趋势时运用看涨期权进行水平套利交易，而在长期价格有稳中趋跌时运用看跌期权进行水平套利交易。

表 39　期权水平套利综合分析表

套利策略	预测商品价格上涨（下跌）而买入一个期限长的看涨（看跌）期权，同时又卖出等量同一执行价格但期限较短的看涨（看跌）期权，使得投资者在商品期价相对保持窄幅波动之时，从两个期权因时间衰减而减值快慢不同中获得差价
具体操作	买进一个期限长的看涨（或看跌）期权 A，同时卖出一个具有相同执行价格且期限较短的看涨（或看跌）期权 B
最大潜在风险	权利金净支出 = 收取的权利金 - 支出的权利金
最大潜在收益	买入期权的盈利 - 卖出期权的亏损 - 权利金净支出

【例 64】7 月 8 日，大连商品交易所豆粕期权行情如下：

看涨期权价格/元/吨				行权价格/元/吨	看跌期权价格/元/吨			
9月	11月	1月	3月		9月	11月	1月	3月
55.0	75.5	90.0	110.5	3 500	36.0	48.5	66.5	86.0
35.5	40.0	62.5	86.5	3 550	45.5	62.0	80.5	101.0
20.5	31.5	45.0	58.0	3 600	56.0	73.0	98.0	121.5

某投资者预测豆粕价格未来将小幅上涨，但波动幅度不会太大，他想通过水平套利获得期权因时减值的价差收益。该投资者选取执行价格同为3 500元/吨的9月和来年1月两个期权合约进行水平套利。具体操作为：买入执行价格为3 500元/吨的来年1月豆粕看涨期权1手，支付权利金90元/吨；同时卖出执行价格为3 500元/吨的9月豆粕看涨期权1手，获得权利金收入55元/吨（手续费略）。

情形一：假如在8月中旬期权到期时豆粕期货价格上涨，超过3 500元/吨执行价。因为9月期权的时间价值已经没有了，而内涵价值也被固定为：期价-3 500元/吨。而1月期权的内涵价值也是：期价 -3 500元/吨，两者对冲抵消了。因此，套利者所能获得的最大收益要看1月期权合约当时的剩余时间价值是多少来定。反映在交易价格上，肯定是1月看涨期权价格大于9月看涨期权价格。该投资者将获得稳定的套利收益。

情形二：假如在8月中旬期权到期时豆粕期货价格下跌，低于3 500元/吨执行价，则此时该套利投资者所买、卖的两个看涨期权都不会行权。其中，因为9月期权的时间价值和内涵价值都已经没有了，价格为0，而最大亏损程度是1月期权价格也跌到0，则该套利者面临的最大风险是55-90=-35元/吨的权利金损失。但实际上，此时1月期权合约并没有到期，即便内涵价值没有了，但多少还有一点时间价值，因此通常亏损会小于35元/吨。

分析以上案例可以发现，水平套利的盈利点主要在于期权的因时减值因素。随着时间的消逝，因时减值的作用在近期到期的期权上会比到期日较远的期权要大得多，即近期期权价值的衰减速度要远胜于到期日较远的期权，便存在了远近期权的价值基差变化的套利机会。

水平套利的优点在于初始投资相对便宜。由于水平套利的最大风险就是初始构建时所支付的净权利金成本，相应锁定了风险。这个净权利金成本费用是有限的，但水平套利的收益在理论上却是很大的。如果买入的远期期权价格发生跃升，交易者在短期内便可以获得非常可观的盈利。

4. 跨式套利策略

期权跨式套利（注意不是跨市套利）是指同时买进或同时卖出具有相同执行价格的看涨期权和看跌期权的一种套利形式。由于该套利综合损益曲线类似马鞍状，也被形象地称为马鞍式期权或骑墙组合（见图46或图47）；根据其交易特点也常被称为等量同价对敲期权或双向期权。

期权跨式套利策略与前面介绍的垂直套利策略的最大不同之处是，前者是一种基于行情波动性判断的策略，并不一定要判断未来行情涨跌的方向，因此属于波动性套利策略的一种；而后者获利则是需要判断未来行情涨跌方向的。因此跨式套利也可看成是买卖波动性的交易行为。

期权跨式套利按照是买期权还是卖期权分为买入跨式套利和卖出跨式套利两种形式。

买入跨式套利

买入跨式套利综合分析见表40。

表40　买入跨式套利综合分析表

套利策略	对后市涨跌方向不太容易确定，但认为会有显著的价格变动，波动性增大。波动性越大，对该套利策略越有利。只要预计价格波动会超过高平衡点或低于低平衡点就能获利。套利者希望会有消息刺激价格大幅波动
具体操作	买入一种看涨期权A的同时，再买入标的物、月份、执行价格都相同的对应看跌期权B；也就是同时买入两个条件都相同的期权，只是一个是看涨期权，一个是看跌期权
最大潜在风险	所支付的全部权利金
潜在收益	当价格上涨时收益增加，直至盈利 上行潜在收益 = 期货标的价格 - 执行价格 - 总权利金 当价格下跌时收益也增加，直至盈利 下行潜在收益 = 执行价格 - 期货标的价格 - 总权利金

续表

损益平衡点	上行损益平衡点(P_1) = 执行价格 + 总权利金 下行损益平衡点(P_2) = 执行价格 - 总权利金

【例65】7月8日，大连商品交易所豆粕期权行情如下：

看涨期权价格（元/吨）				行权价格（元/吨）	看跌期权价格（元/吨）			
9月	11月	1月	3月		9月	11月	1月	3月
55.0	75.5	90.0	110.5	3 500	36.0	48.5	66.5	86.0
35.5	40.0	62.5	86.5	3 550	45.5	62.0	80.5	101.0
20.5	31.5	45.0	58.0	3 600	56.0	73.0	98.0	121.5

某投资者无法准确预测在7月至来年1月期间豆粕期价的涨跌方向，但他预计在这期间，尤其是在10～11月，豆粕期价将会受到USDA大豆和豆粕月度供需报告的影响而出现大幅波动。于是，他想通过买入跨式套利赚取期权价格波动幅度值。该投资者选取执行价格为3 500元/吨的看涨期权和看跌期权合约进行买入跨式套利。具体操作为：买入执行价格为3 500元/吨的1月看涨期权1手，支付权利金90.0元/吨；同时买入相同执行价格、相同月份的看跌期权1手，再支付权利金66.5元/吨（手续费略）。

该投资者想知道，在什么情况下可以获利，在什么情况下会有亏损？

根据表40中的有关公式，可以计算出：

最大潜在亏损风险 = 所支付的全部权利金 = 90.0 + 66.5

= 156.5元/吨

上行损益平衡点（P_1） = 执行价格 + 总权利金 = 3 500 + 156.5

= 3 656.5元/吨

下行损益平衡点（P_2） = 执行价格 - 总权利金 = 3 500 - 156.5

= 3 343.5元/吨

当价格上涨时收益开始增加，直至价格超过3 656.5元/吨后开始有纯盈利。至于能获得多大的盈利就取决于1月豆粕期货合约价格能涨多高，期价涨得越高，投资者盈利就越大。

上行潜在收益 = 期货标的价格 - 执行价格 - 总权利金 = 1 月豆粕期货价格 - 3 656.5 元/吨

理论上，上行潜在收益可以是无限大的。

当价格下跌时收益也开始增加，直至价格跌破 3 343.5 元/吨后开始有纯盈利。至于能获得多大的盈利就取决于 1 月豆粕期货合约价格能跌多低。期价跌得越低，投资者盈利也越大。

此时的潜在收益为：

下行潜在收益 = 执行价格 - 期货标的价格 - 总权利金

= 3 343.5 - 1 月豆粕期货价格

理论上，当期货价格跌至 0 时，下行最大潜在收益为 3 343.5 元/吨。

从以上计算得知，当 1 月豆粕期货合约价格处于 3 343.5 ~ 3 656.5 元/吨之间时，该投资者会出现权利金损失。尤其是当 1 月豆粕期货价格处于 3 500 元/吨时，将出现最大亏损 156.5 元/吨，也就是该投资者所支付的全部权利金。

总结买入跨式套利的特点发现，标的期货价格波动性越大，向 P_1 与 P_2 两端延伸得越远，对跨式套利越有利。因为涨得越猛，套利组合中买入的上涨期权就越能发挥效益，买入的下跌期权作废；跌得越凶，套利组合中的买入下跌期权就越能发挥效益，而此时买入的上涨期权作废。

图 46 是买入跨式套利损益图。

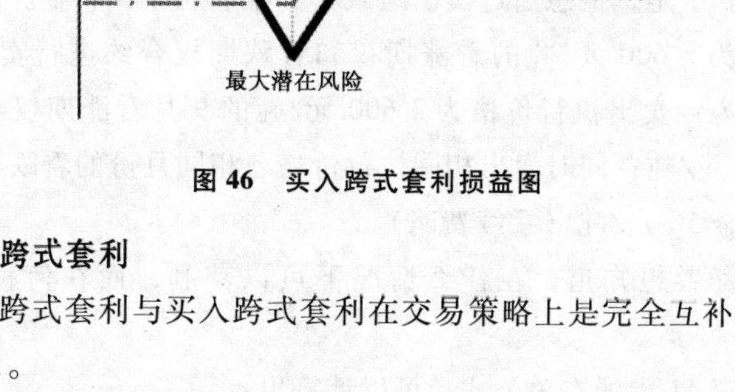

图 46 买入跨式套利损益图

卖出跨式套利

卖出跨式套利与买入跨式套利在交易策略上是完全互补的，其综合分析见表 41。

表 41　　卖出跨式套利综合分析表

套利策略	对后市涨跌方向不太容易确定，但认为期货价格不会有显著的价格变动或波动性很小。波动性越小，对该套利策略越有利。只要预计价格波动处于高平衡点或低平衡点之间就能获利
具体操作	卖出一种看涨期权 A 的同时，再卖出标的物、月份、执行价格都相同的对应看跌期权 B，也就是同时卖出两个条件都相同的期权，只是一个是看涨期权，一个是看跌期权
潜在风险	当价格上涨时风险增加，直至出现亏损 上行潜在风险 = 执行价格 - 期货标的价格 + 总权利金 当价格下跌时风险也增加，直至出现亏损 下行潜在收益 = 期货标的价格 - 执行价格 + 总权利金
最大潜在收益	所收取的全部权利金
损益平衡点	上行损益平衡点(P_1) = 执行价格 + 总权利金 下行损益平衡点(P_2) = 执行价格 - 总权利金

【例 66】7 月 8 日，大连商品交易所豆粕期权行情如下：

看涨期权价格/元/吨				行权价格/元/吨	看跌期权价格/元/吨			
9 月	11 月	1 月	3 月		9 月	11 月	1 月	3 月
55.0	75.5	90.0	110.5	3 500	36.0	48.5	66.5	86.0
35.5	40.0	62.5	86.5	3 550	45.5	62.0	80.5	101.0
20.5	31.5	45.0	58.0	3 600	56.0	73.0	98.0	121.5

某投资者感觉在 8 月中旬之前因消息真空而使得豆粕期价将会小幅波动或盘整。于是，他想通过卖出跨式套利赚取期权权利金。该投资者选取执行价格为 3 600 元/吨的看涨期权和看跌期权合约进行卖出跨式套利。具体操作为：卖出执行价格为 3 600 元/吨的 9 月看涨期权 1 手，收取权利金 20.5 元/吨；同时卖出相同执行价格、相同月份的看跌期权 1 手，再收取权利金 56 元/吨（手续费略）。

该投资者想知道，在什么情况下可以获利，而在何种情况下会有亏损？

根据表 41 中的有关公式，可以计算出：

最大收益 = 所收取的全部权利金 = 20.5 + 56 = 76.5 元/吨

上行损益平衡点(P_1) = 执行价格 + 总权利金 = 3 600 + 76.5
= 3 676.5 元/吨

下行损益平衡点(P_2) = 执行价格 - 总权利金 = 3 600 - 76.5
= 3 523.5 元/吨

当价格上涨时风险增加，直至期货价格向上突破 3 676.5 元/吨的上行损益平衡点后，该投资者将开始亏损。至于亏损多大就取决于 9 月豆粕期货合约价格能涨多高，期价涨得越高投资者亏损就越大。

上行潜在风险 = 执行价格 - 期货标的价格 + 总权利金
= 3 676.5 元/吨 - 9 月豆粕期货价格

作为看涨期权的卖方，此时的潜在风险在理论上可以是无限大的。

当价格下跌时风险也增加，直至期货价格向下跌破 3 523.5 元/吨的下行损益平衡点后，该套利投资者出现亏损。至于亏损多大也取决于 9 月豆粕期货合约价格能跌多低，期价跌得越低投资者亏损就越大。

下行潜在风险 = 期货标的价格 - 执行价格 + 总权利金
= 9 月豆粕期货价格 - 3 523.5 元/吨

理论上，当期货价格跌至 0 时，下行的最大潜在亏损风险 = -3 523.5元/吨

从以上计算得知，只有当 9 月豆粕期货合约价格处于 3 523.5 ~ 3 676.5 元/吨之间时，该投资者才会保持盈利，尤其是当 9 月豆粕期货价格处于 3 600 元/吨的执行价格时，将出现最大盈利 76.5 元/吨，也就是该投资者所收取的全部权利金。

总结卖出跨式套利的特点发现，标的期货价格波动性越大，向 P_1 与 P_2 两端延伸得越远，对卖出跨式套利越不利。因为涨得越猛，套利组合中卖出的上涨期权就越亏得厉害；跌得越凶，套利组合中卖出的下跌期权就越亏得厉害，而收取的权利金抵补作用很有限。

图 47 是卖出跨式套利损益图。

对比图 46 和图 47 不难发现，两者互为 180 度反转形态。

5. 宽跨式套利策略

宽跨式套利是对跨式套利的扩展，目的是为了使套利成本更便宜一

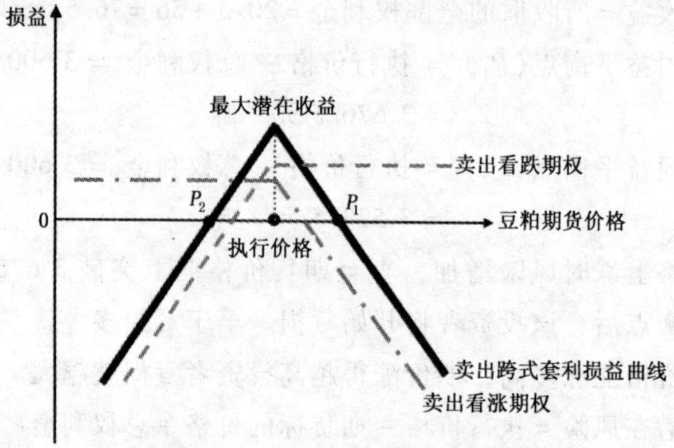

图 47　卖出跨式套利损益图

点。其特点是在套利组合中，同时买进或同时卖出一组看涨和看跌期权时，两种期权除执行价格不同外，其他条件都相同。也就是说，宽跨式套利与跨式套利的主要区别体现在买入或卖出的期权的执行价上。因此，宽跨式套利又称为“异价对敲”和“勒式期权组合”。

宽跨式套利同样分为买入宽跨式套利与卖出宽跨式套利。

买入宽跨式套利

买入宽跨式套利综合分析见表 42。

表 42　买入宽跨式套利综合分析表

套利策略	与“买入跨式套利”策略相同，总的判断是认为期货价格会有显著波动，优点是套利成本比同样条件下的买入跨式套利成本要低一些
具体操作	买入一种低执行价格的看跌期权 A 的同时，再买入标的物、月份都相同，但执行价格高的看涨期权 B。通常，上述两个期权的执行价格都处于虚值状态，因此支付的权利金成本较低
最大潜在风险	所支付的全部权利金
潜在收益	价格上涨必须要有一定的幅度才能盈利 上行潜在收益 = 期货标的价格 - 高执行价格 - 总权利金 价格下跌也必须要有一定的幅度才能盈利 下行潜在收益 = 低执行价格 - 期货标的价格 - 总权利金
损益平衡点	上行损益平衡点(P_1) = 高执行价格 + 总权利金 下行损益平衡点(P_2) = 低执行价格 - 总权利金

【例 67】7 月 8 日，大连商品交易所豆粕期权行情如下：

看涨期权价格/元/吨				行权价格/元/吨	看跌期权价格/元/吨			
9 月	11 月	1 月	3 月		9 月	11 月	1 月	3 月
55.0	75.5	90.0	110.5	3 500	36.0	48.5	66.5	86.0
35.5	40.0	62.5	86.5	3 550	45.5	62.0	80.5	101.0
20.5	31.5	45.0	58.0	3 600	56.0	73.0	98.0	121.5

某投资者无法准确预测在 7 月至来年 3 月期间豆粕期价的涨跌方向，但他预计在这期间，尤其是在第四季度或来年第一季度，豆粕期价将会受到 USDA 大豆和豆粕月度供需报告以及国内来年春季需求旺盛的影响而出现大幅波动。该投资者又觉得买入跨式套利需要支付的权利金成本太高，有些不太划算。于是，他买入宽跨式套利，这样既能赚取期权价格波动幅度值，又能降低套利成本。该投资者选取执行价格为 3 500 元/吨和 3 600 元/吨的两个不同执行价格的看跌期权和看涨期权合约进行买入宽跨式套利。具体操作为：买入低执行价格 3 500 元/吨的 3 月看跌期权 1 手，支付权利金 86 元/吨；同时买入高同执行价格 3 600 元/吨、相同 3 月的看涨期权 1 手，再支付权利金 58 元/吨（手续费略）。

该投资者想知道，在什么情况下可以获利，在什么情况下会有亏损？

根据表 42 中的有关公式，可以计算出：

最大潜在亏损风险 = 所支付的全部权利金

= 86 + 58

= 144 元/吨

上行损益平衡点(P_1) = 高执行价格 + 总权利金

= 3 600 + 144

= 3 744 元 / 吨

下行损益平衡点(P_2) = 低执行价格 − 总权利金

= 3 500 − 144

= 3 356 元 / 吨

当价格上涨到足够大幅度时，当 3 月豆粕期货价格向上突破 3 744 元/吨的上行损益平衡点后，该投资者才能盈利。至于能获得多大的盈利就取决于 3 月豆粕期货合约价格能涨多高。期价涨得越高，投资者盈利就

越大。此时的潜在收益为:

上行潜在收益 = 期货标的价格 - 高执行价格 - 总权利金

= 3 月豆粕期货价格 - 3 744 元/吨

此时的潜在收益在理论上可以是无限大的。

当价格下跌到足够大幅度时，也就是当 3 月豆粕期货价格向下跌破 3 356 元/吨的下行损益平衡点后，该投资者才能盈利。至于能获得多大的盈利就取决于 3 月豆粕期货合约价格能跌多低，期价跌得越低，投资者盈利就越大。此时的潜在收益为:

下行潜在收益 = 低执行价格 - 期货标的价格 - 总权利金

= 3 356 - 3 月豆粕期货价格

理论上，当期货价格跌至 0 时，下行最大潜在收益为 3 356 元/吨。

从以上计算得知，当 3 月豆粕期货合约价格处于 3 356 ~ 3 744 元/吨区间时，该投资者会出现权利金亏损。尤其是当 3 月豆粕期货价格处于 3 500 ~ 3 600 元/吨区间时，将出现最大亏损 144 元/吨，也就是该投资者所支付的全部权利金。与跨式套利相比，宽跨式套利的最大亏损值价位范围要比跨式套利宽泛得多，套利所承担的风险也相应大一些。

图 48 是买入宽跨式套利损益图。

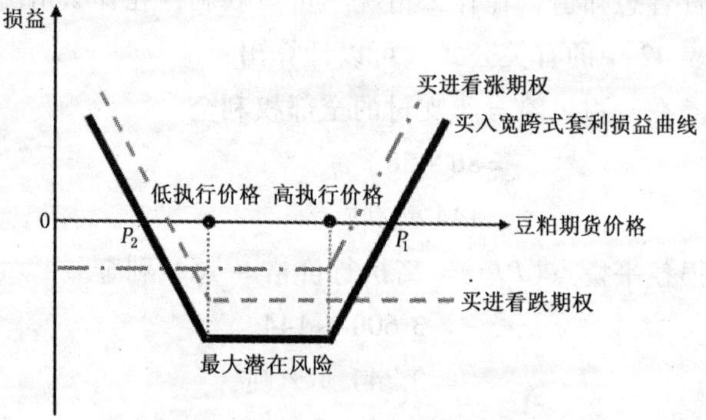

图 48 买入宽跨式套利损益图

总结买入宽跨式套利的特点发现，它与买入跨式套利的特点基本相同，不同的就是前者亏损的价格区间要比后者的亏损价格区间宽一些，所承担的风险也大一些，这就是降低支付权利金成本的代价，因为金融衍生品市场没有免费的午餐。

卖出宽跨式套利

卖出宽跨式套利与买入宽跨式套利在交易策略上是完全互补的，但目的不是降低交易成本，而是降低套利风险。其综合分析见表43。

表43 卖出宽跨式套利综合分析表

套利策略	与卖出跨式套利策略相同，总的判断是认为期货价格的波动不会太显著，优点是套利风险比同样条件下的卖出跨式套利风险要低一些
具体操作	卖出较高执行价格看涨期权A的同时，再卖出标的物、月份都相同但执行价格较低的看跌期权B。通常，上述两个期权的执行价格都处于虚值状态，因此买进期权的交易对方行权的可能性较低
潜在风险	当价格上涨到一定幅度后风险开始增加，直至出现亏损 上行潜在风险 = 高执行价格 - 期货标的价格 + 总权利金 当价格下跌到一定幅度后风险也开始增加，直至出现亏损 下行潜在收益 = 期货标的价格 - 低执行价格 + 总权利金
最大潜在收益	所收取的全部权利金
损益平衡点	上行损益平衡点(P_1) = 高执行价格 + 总权利金 下行损益平衡点(P_2) = 低执行价格 - 总权利金

【例68】7月8日，大连商品交易所豆粕期权行情如下：

看涨期权价格/元/吨				行权价格/	看跌期权价格/元/吨			
9月	11月	1月	3月	元/吨	9月	11月	1月	3月
55.0	75.5	90.0	110.5	3 500	36.0	48.5	66.5	86.0
35.5	40.0	62.5	86.5	3 550	45.5	62.0	80.5	101.0
20.5	31.5	45.0	58.0	3 600	56.0	73.0	98.0	121.5

某投资者预测在8月中旬之前因消息真空会使得豆粕期价将会小幅波动或盘整。他对风险非常厌恶，于是卖出了宽跨式套利，这样可以赚取期权权利金，所需承担的风险比卖出跨式套利还要低一些。该投资者选取执行价格为3 500元/吨和3 600元/吨的看跌期权和看涨期权合约进行卖出宽跨式套利。具体操作为：卖出执行价格为3 600元/吨的9月看涨期权1手，收取权利金20.5元/吨，同时卖出执行价格为3 500元/吨的相同月份的看跌期权1手，再收取权利金36元/吨（手续费略）。

该投资者想知道，在什么情况下可以获利，在什么情况下会有亏损？

根据表43中的有关公式，可以计算出：

最大收益 = 所收取的全部权利金

= 20.5 + 36

= 56.5 元/吨

上行损益平衡点(P_1) = 高执行价格 + 总权利金

= 3 600 + 56.5 = 3 656.5 元/吨

下行损益平衡点(P_2) = 低执行价格 − 总权利金

= 3 500 − 56.5 = 3 443.5 元/吨

当9月豆粕期货价格上涨到一定幅度后风险开始增加；当价格向上突破3 656.5元/吨的上行损益平衡点后，该投资者开始出现亏损。至于亏损多大就取决于期货价格能涨多高，期价涨得越高，投资者亏损就越大。作为看涨期权的卖方，此时的潜在风险在理论上可以是无限大的。

上行潜在风险 = 高执行价格 − 期货标的价格 + 总权利金

= 3 656.5 元/吨 − 9月豆粕期货价格

当9月豆粕期货价格下跌到一定幅度后风险开始增加；当期货价格向下跌破3 443.5元/吨的下行损益平衡点后，该投资者也将开始出现亏损。至于亏损多大也取决于期货合约价格能跌多低，期价跌得越低，投资者亏损就越大。作为看跌期权的卖方，此时的潜在风险在理论上也是很大的。

下行潜在风险 = 期货标的价格 − 低执行价格 + 总权利金

= 9月豆粕期货价格 − 3 443.5 元/吨

理论上，当期货价格跌至0时，下行的最大潜在风险为 −3 443.5 元/吨。

从以上计算得知，只有当9月豆粕期货合约价格处于3 443.5～3 656.5元/吨之间时，该投资者才会有权利金净收入。尤其是当9月豆粕期货价格处于3 500～3 600元/吨的执行价格区间时，将出现最大盈利56.5元/吨，也就是该投资者所收取的全部权利金。

图49是卖出宽跨式套利损益图。

总结卖出宽跨式套利的特点发现，它与卖出跨式套利的特点基本相同，不同之处的就是前者盈利的价格区间要比后者的盈利价格区间宽一些，所承担的风险也小一些，但代价就是收取的权利金要少一些。正应验了金融衍生品市场高风险高收益的特点。

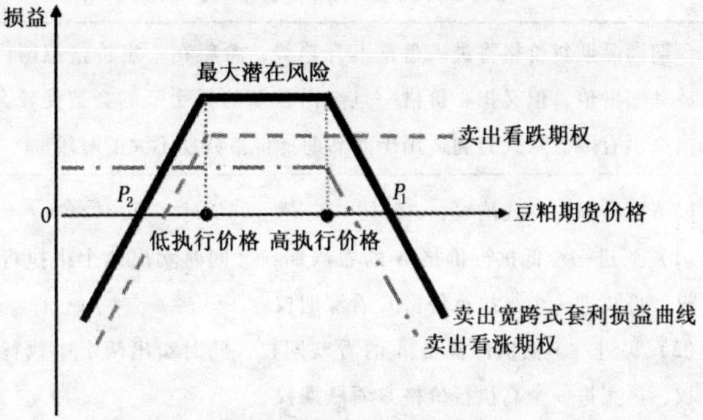

图 49　卖出宽跨式套利损益图

对比图 48 和图 49 不难发现，两者互为 180 度反转形态。

6. 蝶式套利策略

期权蝶式套利与期货蝶式套利的做法非常相似。整个套利涉及三个相同方向、相同到期期限但执行价格不同的期权合约。期货蝶式套利采用的三个合约分别是 1 份近期合约、2 份远期合约以及 1 份更远期合约。而期权蝶式套利采用的三个合约也分别是 1 份低执行价格的看涨/看跌期权、2 份中执行价格的看涨/看跌期权以及 1 份高执行价格的看涨/看跌期权。其中，低执行价格期权和高执行价格期权的交易方向一致，中执行价格期权的交易方向则和它们相反。需要注意的是，采用蝶式套利策略时，三个期权的执行价格间距要相等。

正是由于不同执行价格的期权合约在客观上存在着价格上的差异，而且随着市场供求关系的变动，中间执行价格的期权的价格比两旁低、高执行价格期权的价格还有可能会出现更大的价差，这就造成了套利者对蝶式套利的高度兴趣，即利用不同执行价格的期权价差的变动对冲了结，平仓获利。

根据交易方向不同，期权蝶式套利策略又分为买入蝶式套利与卖出蝶式套利两种。

买入蝶式套利

买入蝶式套利综合分析见表 44。

表 44 买入蝶式套利综合分析表

套利策略	预期商品期货价格将进入盘整上升趋势，希望在一定价格范围内赚取时间价值及波动幅度值，但又担心价格一旦超出预期的买卖范围会遭受较大风险，因此希望损失也有限。蝶式套利适用于商品期货价格波动不大的时段
具体操作	以下两种操作方式均可： （1）买进一个低执行价格 A 的看涨期权，同时卖出两个中执行价格 B 的看涨期权，再买进一个高执行价格 C 看涨期权 （2）买进一个低执行价格 A 的看跌期权，同时卖出两个中执行价格 B 的看跌期权，再买进一个高执行价格 C 看跌期权 注意：本策略中各期权执行价格间距要相等
最大潜在风险	权利金净支出 = 收取的权利金 - 支出的权利金
最大潜在收益	执行价格间距 - 权利金净支出
损益平衡点	上行损益平衡点(P_1) = 高执行价格 - 权利金净支出 下行损益平衡点(P_2) = 低执行价格 + 权利金净支出

【例 69】 1 月 12 日，郑州商品交易所 5 月白糖期货合约 SR405 盘中价格为 4 286 元/吨。同期，各期权行情价格如下：

期权合约代码	成交价格
…	…
SR405 C4100	285
SR405 C4200	178
SR405 C4300	101
SR405 C4400	82
SR405 C4500	43
…	…
SR405 P4100	38
SR405 P4200	56
SR405 P4300	110
SR405 P4400	195
SR405 P4500	302
…	…

某投资者预测白糖价格在5月之前将小幅上涨，波动幅度不会太大，又担心自己的预测出现较大失误，不想承担过大的风险。于是，他通过买入蝶式套利赚取期权时间价值及波动幅度值。该投资者选取执行价格为4 200元/吨、4 300元/吨、4 400元/吨的三个看涨期权合约进行买入蝶式套利。具体操作为：买入执行价格为4 200元/吨的看涨期权1份，支付权利金178元/吨；同时卖出执行价格为4 300元/吨的看涨期权2份，获得权利金收入202元/吨；再买入执行价格为4 400元/吨的看涨期权1份，支付权利金82元/吨（手续费略）。

该投资者想知道，在什么情况下可以获利，在什么情况下会有亏损？

根据表44中的有关公式，可以计算出：

最大潜在风险 = 权利金净支付

= 202 − 178 − 82

= −58元/吨

最大潜在收益 = 执行价格间距 − 权利金净支付

= 100 − 58

= 42元/吨

上行损益平衡点(P_1) = 高执行价格 − 权利金净支付

= 4 400 − 58 = 4 342元/吨

下行损益平衡点(P_2) = 低执行价格 + 权利金净支付

= 4 200 + 58 = 4 258元/吨

计算得知，当5月白糖期货合约价格处于4 258～4 342元/吨之间时，该投资者就能获利。尤其是当期货价格处于4 300元/吨时，该投资者将获得42元/吨的最大收益。如果期货价格上涨或下跌幅度较大，价格超过4 342元/吨或跌破4 258元/吨后，则该投资者会出现亏损，不过最大亏损也不会超过58元/吨。

假如该投资者开始时选取的不是看涨期权而是执行价格为4 200元/吨、4 300元/吨、4 400元/吨的三个看跌期权合约进行买入蝶式套利。具体操作为：买入执行价格为4 200元/吨的看跌期权1份，支付权利金56元/吨；同时卖出执行价格为4 300元/吨的看跌期权2份，获得权利金收入220元/吨；再买入执行价格为4 400元/吨的看跌期权1份，支付权利金195元/吨（手续费略）。结果如何呢？

期权合约代码	成交价格
…	…
SR405　C4100	285
SR405　C4200	178
SR405　C4300	101
SR405　C4400	82
SR405　C4500	43
…	…
SR405　P4100	38
SR405　P4200	56
SR405　P4300	110
SR405　P4400	195
SR405　P4500	302
…	…

根据表 44 中的有关公式，可以计算出：

最大潜在风险 = 权利金净支付

= 220 − 56 − 195

= −31 元/吨

最大潜在收益 = 执行价格间距 − 权利金净支付

= 100 − 31

= 69 元/吨

上行损益平衡点(P_1) = 高执行价格 − 权利金净支付

= 4 400 − 31

= 4 369 元/吨

下行损益平衡点(P_2) = 低执行价格 + 权利金净支付

= 4 200 + 31

= 4 231 元/吨

计算得知，当 5 月白糖期货合约 SR405 价格处于 4 231 ~ 4 369 元/吨之间时，该投资者就能获利。尤其是当期货价格处于 4 300 元/吨时，该投资者将获得 69 元/吨的最大收益。如果期货价格上涨或下跌幅度较大，价格超过 4 369 元/吨或跌破 4 231 元/吨后，则该投资者会出现亏损，不过最大亏损也不会超过 31 元/吨。

可见，不管是用看涨期权还是用看跌期权进行买入蝶式套利，过程和原理是一样的，只是因权利金价格的不同导致风险或收益略有差异。

图 50 是买入蝶式套利损益图。

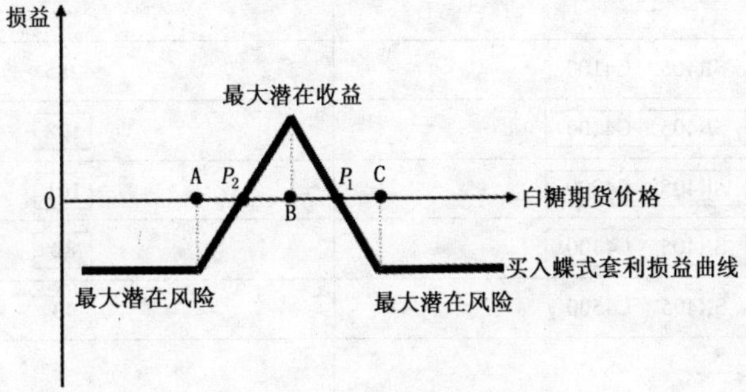

图 50　买入蝶式套利损益图

卖出蝶式套利

卖出蝶式套利与买入蝶式套利不仅在操作上是相反的，关键是在对期货价格波动性的判断上也是截然不同的。卖出蝶式套利综合分析见表 45。

表 45　卖出蝶式套利综合分析表

套利策略	预期商品期货价格可能会发生较大波动，出现向上或向下突破，但又嫌买入跨式期权套利支出太多权利金。此外，投资者并不在意价格方向，无论期货价格是涨是跌，只要一到某个价格水平，收益和风险都能够被限制住，没有必要保留市况无限上升或下跌的机会。这种策略风险有限，收益也有限，其风险收益比也许并不吸引人，但优点是可以不考虑后市的方向，以及套利成本低廉
具体操作	以下两种操作方式均可： （1）卖出一个低执行价格 A 的看涨期权，同时买进两个中执行价格 B 的看涨期权，再卖出一个高执行价格 C 看涨期权 （2）卖出一个低执行价格 A 的看跌期权，同时买进两个中执行价格 B 的看跌期权，再卖出一个高执行价格 C 看跌期权 注意：本策略中各期权执行价格间距要相等
最大潜在风险	执行价格间距 - 净权利金
最大潜在收益	净权利金 = 收取的权利金 - 支出的权利金
损益平衡点	上行损益平衡点（P_1） = 高执行价格 - 净权利金 下行损益平衡点（P_2） = 低执行价格 + 净权利金

【例 70】1 月 12 日，郑州商品交易所 5 月白糖期货合约 SR405 盘中价格为 4 286 元/吨。同期，各期权行情价格如下：

期权合约代码	成交价格
…	…
SR405 C4100	285
SR405 C4200	178
SR405 C4300	101
SR405 C4400	82
SR405 C4500	43
…	…
SR405 P4100	38
SR405 P4200	56
SR405 P4300	110
SR405 P4400	195
SR405 P4500	302
…	…

某投资者预测白糖价格在 5 月之前波动幅度会很大，期价向上突破 4 400 元/吨或向下跌破 4 200 元/吨的可能性较大，但又不太好判断期价到底是向上还是向下，不想承担过大的风险，也不愿意做期权跨式套利支付过多的权利金成本。于是，他想通过卖出蝶式套利赚取有限收益。该投资者选取执行价格为 4 200 元/吨、4 300 元/吨、4 400 元/吨的三个看涨期权合约进行卖出蝶式套利。具体操作为：卖出执行价格为 4 200 元/吨的看涨期权 1 份，收取权利金 178 元/吨；同时买入执行价格为 4 300 元/吨的看涨期权 2 份，支付权利金 202 元/吨；再卖出执行价格为 4 400 元/吨的看涨期权 1 份，收取权利金 82 元/吨（手续费略）。该投资者想知道，在什么情况下可以获利，在什么情况下会有亏损？

根据表 45 中的有关公式，可以计算出：

最大潜在收益 = 净权利金

$= 178 - 202 + 82$

=58 元/吨

最大潜在风险 = 执行价格间距 - 净权利金

=100 - 58

=42 元/吨

上行损益平衡点（P_1） = 高执行价格 - 净权利金

=4 400 - 58

=4 342 元/吨

下行损益平衡点（P_2） = 低执行价格 + 净权利金

=4 200 + 58

=4 258 元/吨

计算得知，当 5 月白糖期货合约 SR405 价格处于 4 258 ~ 4 342 元/吨之间时，该投资者会出现亏损。尤其是当期货价格处于 4 300 元/吨时，最大亏损为 42 元/吨。如果期货价格上涨或下跌幅度较大，价格超过 4 342 元/吨或跌破 4 258 元/吨后，该投资者就能开始获利，不过最大收益就是权利金的净收入 58 元/吨。

假如该投资者开始时选取的不是看涨期权而是执行价格为 4 200 元/吨、4 300 元/吨、4 400 元/吨的三个看跌期权合约进行卖出蝶式套利，具体操作为：卖出执行价格为 4 200 元/吨的看跌期权 1 份，获得权利金 56 元/吨；同时买入执行价格为 4 300 元/吨的看跌期权 2 份，支付权利金收入 220 元/吨；再卖出执行价格为 4 400 元/吨的看跌期权 1 份，获得权利金 195 元/吨（手续费略）。结果如何呢？

期权合约代码	成交价格
…	…
SR405 C4100	285
SR405 C4200	178
SR405 C4300	101
SR405 C4400	82
SR405 C4500	43
…	…
SR405 P4100	38

续表

期权合约代码	成交价格
SR405　P4200	56
SR405　P4300	110
SR405　P4400	195
SR405　P4500	302
…	…

根据表45中的有关公式，可以计算出：

最大潜在收益 = 净权利金
= 195 - 220 + 56
= 31 元/吨

最大潜在风险 = 执行价格间距 - 净权利金
= 100 - 31
= 69 元/吨

上行损益平衡点(P_1) = 高执行价格 - 净权利金 = 4 400 - 31 = 4 369 元/吨

下行损益平衡点(P_2) = 低执行价格 + 权利金净支付 = 4 200 + 31 = 4 231 元/吨

计算得知，当5月白糖期货合约价格处于4 231～4 369元/吨之间时，该套利会出现亏损，尤其是当期货价格处于4 300元/吨时，最大亏损为69元/吨。如果期货价格上涨或下跌幅度较大，价格超过4 369元/吨或跌破4 231元/吨后，该投资者就能获利，不过最大收益不会超过31元/吨。

可见，不管是用看涨期权还是用看跌期权进行卖出蝶式套利，过程和原理是一样的，只是因权利金价格的不同导致风险或收益略有差异。

图51是卖出蝶式套利损益图。

蝶式套利最大的缺点是交易手续费很高，从建立套利组合到平仓结束套利需要支付8笔手续费，因此，需要考虑交易成本与套利空间的匹配性。

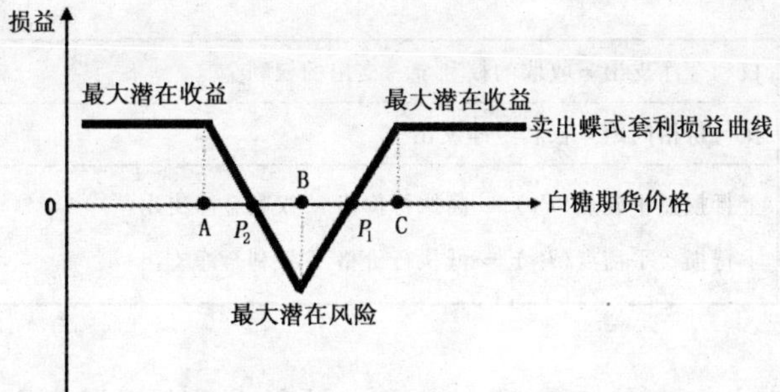

图 51　卖出蝶式套利损益图

7. 飞鹰式套利策略

在期权市场中，飞鹰式套利也叫秃鹰式套利或称铁秃鹰组合，是指分别卖出/买进两种不同执行价格的期权，同时分别买进/卖出较低与较高执行价格的期权。所有的期权都有相同的类型、相同的标的合约与到期日，而且执行价格的间距也相等。之所以叫飞鹰或秃鹰式套利，是因为其套利损益曲线像一只正在展翅高飞的老（秃）鹰（见图 52、图 53）。

根据交易方向不同，飞鹰式套利策略又分为买入飞鹰式套利与卖出飞鹰式套利两种。

买入飞鹰式套利

买入飞鹰式套利综合分析见表 46。

表 46　　买入飞鹰式套利综合分析表

套利策略	对期货后市涨跌方向判断没把握，但认为期货价格会在某个幅度内振荡，希望投资一个比蝶式更保守的组合，即扩大平衡点之内的价格范围，而损失则控制在一定水平之内
具体操作	以下两种操作方式均可： （1）买进一个低执行价格 A 的看涨期权；卖出一个中低执行价格 B 的看涨期权；卖出一个中高执行价格 C 的看涨期权；买入一个高执行价格 D 的看涨期权 （2）买进一个低执行价格 A 的看跌期权；卖出一个中低执行价格 B 的看跌期权；卖出一个中高执行价格 C 的看跌期权；买入一个高执行价格 D 的看跌期权 注意：本策略中各期权执行价格间距要相等

续表

最大潜在风险	权利金净支出 = 收取的权利金 - 支出的权利金
最大潜在收益	执行价格间距 - 权利金净支出
损益平衡点	上行损益平衡点(P_1) = 高执行价格 - 权利金净支出 下行损益平衡点(P_2) = 低执行价格 + 权利金净支出

【例 71】 1 月 12 日，郑州商品交易所 5 月白糖期货合约 SR405 盘中价格为 4 286 元/吨。同期，各期权行情价格如下：

期权合约代码	成交价格
…	…
SR405 C4100	285
SR405 C4200	178
SR405 C4300	101
SR405 C4400	82
SR405 C4500	43
…	…
SR405 P4100	38
SR405 P4200	56
SR405 P4300	110
SR405 P4400	195
SR405 P4500	302
…	…

某投资者预测白糖价格在 5 月之前将小幅上涨，但波动幅度不会太大，又担心自己的预测出现较大失误，不想承担过大的风险。于是，他想通过买入飞鹰式套利赚取期权时间价值及波动幅度值。该投资者选取执行价格为 4 200 元/吨、4 300 元/吨、4 400 元/吨、4 500 元/吨的四个看涨期权合约进行买入飞鹰式套利。具体操作为：买入执行价格为 4 200 元/吨的看涨期权 1 份，支付权利金 178 元/吨；同时卖出执行价格为

4 300 元/吨的看涨期权 1 份，获得权利金收入 101 元/吨；再卖出执行价格为 4 400 元/吨的看涨期权 1 份，获得权利金收入 82 元/吨；最后买入执行价格为 4 500 元/吨的看涨期权 1 份，支付权利金 43 元/吨（手续费略）。该投资者想知道，在什么情况下可以获利，在什么情况下会有亏损？获利或亏损程度如何？

根据表 46 中的有关公式，可以计算出：

最大潜在风险 = 权利金净支付

= 101 + 82 - 178 - 43

= -38 元/吨

最大潜在收益 = 执行价格间距 - 权利金净支付

= 100 - 38

= 62 元/吨

上行损益平衡点(P_1) = 高执行价格 - 权利金净支付

= 4 500 - 38

= 4 462 元/吨

下行损益平衡点(P_2) = 低执行价格 + 权利金净支付

= 4 200 + 38

= 4 238 元/吨

计算得知，当 5 月白糖期货合约价格处于 4 238 ~ 4 462 元/吨之间时，该投资者就能获利。尤其是当期货价格处于 4 300 ~ 4 400 元/吨时，该投资者将获得 62 元/吨的最大收益。如果期货价格上涨或下跌幅度较大，价格超过 4 462 元/吨或跌破 4 238 元/吨后，则该投资者会出现亏损，不过最大亏损也不会超过 38 元/吨。

假如该投资者开始时选取的不是看涨期权而是执行价格为 4 200 元/吨、4 300 元/吨、4 400 元/吨、4 500 元/吨的四个看跌期权合约进行买入飞鹰式套利。具体操作为：买入执行价格为 4 200 元/吨的看跌期权 1 份，支付权利金 56 元/吨；同时卖出执行价格为 4 300 元/吨的看跌期权 1 份，获得权利金收入 110 元/吨；再卖出执行价格为 4 400 元/吨的看跌期权 1 份，获得权利金收入 195 元/吨；最后买入执行价格为 4 500 元/吨的看跌期权 1 份，支付权利金 302 元/吨（手续费略）。结果如何呢？

期权合约代码	成交价格
…	…
SR405　C4100	285
SR405　C4200	178
SR405　C4300	101
SR405　C4400	82
SR405　C4500	43
…	…
SR405　P4100	38
SR405　P4200	56
SR405　P4300	110
SR405　P4400	195
SR405　P4500	302
…	…

根据表 46 中的有关公式，可以计算出：

最大潜在风险 = 权利金净支付

= 110 + 195 − 56 − 302

= −53 元/吨

最大潜在收益 = 执行价格间距 − 权利金净支付

= 100 − 53

= 47 元/吨

上行损益平衡点(P_1) = 高执行价格 − 权利金净支付

= 4 500 − 53

= 4 447 元 / 吨

下行损益平衡点(P_2) = 低执行价格 + 权利金净支付

= 4 200 + 53

= 4 253 元 / 吨

计算得知，当5月白糖期货合约价格处于4 253～4 447元/吨之间时，该投资者就能获利。尤其是当期货价格处于4 300～4 400元/吨时，该投资者将获得47元/吨的最大收益。如果期货价格上涨或下跌幅度较大，价格超过4 447元/吨或跌破4 253元/吨后，则该投资者会出现亏损，不过最大亏损也不会超过53元/吨。

可见，不管是用看涨期权还是用看跌期权进行买入飞鹰式套利，过程和原理是一样的，只是权利金价格不同导致风险或收益略有差异。

图52是买入飞鹰式套利损益图。

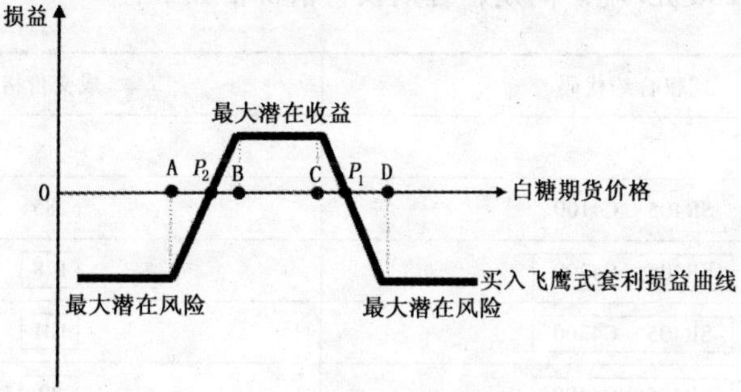

图52　买入飞鹰式套利损益图

卖出飞鹰式套利

卖出飞鹰式套利与买入飞鹰式套利在操作上是相反的，关键是在对期货价格波动性的判断上也是截然不同的。卖出飞鹰式套利综合分析见表47。

表47　卖出飞鹰式套利综合分析表

套利策略	预期商品期货价格可能会发生较大波动，出现向上或向下突破，但究竟是向上还是向下把握不准，此时又嫌卖出蝶式组合套利支出太多的权利金，因此愿意将平衡点的距离拉大，减少权利金支出
具体操作	以下两种操作方式均可： （1）卖出一个低执行价格A看涨期权；买入一个中低执行价格B的看涨期权；买入一个中高执行价格C的看涨期权；卖出一个高执行价格D的看涨期权 （2）卖出一个低执行价格A的看跌期权；买入一个中低执行价格B的看跌期权；买入一个中高执行价格C的看跌期权；卖出一个高执行价格D的看跌期权 注意：本策略中各期权执行价格间距要相等

续表

最大潜在风险	执行价格间距 - 净权利金
最大潜在收益	净权利金 = 收取的权利金 - 支出的权利金
损益平衡点	上行损益平衡点(P_1) = 高执行价格 - 净权利金 下行损益平衡点(P_2) = 低执行价格 + 净权利金

【例 72】 1 月 12 日，郑州商品交易所 5 月白糖期货合约 SR405 盘中价格为 4 286 元/吨。同期，各期权行情价格如下：

期权合约代码	成交价格
…	…
SR405 C4100	285
SR405 C4200	178
SR405 C4300	101
SR405 C4400	82
SR405 C4500	43
…	…
SR405 P4100	38
SR405 P4200	56
SR405 P4300	110
SR405 P4400	195
SR405 P4500	302
…	…

某投资者预测白糖价格在 5 月之前波动幅度会很大，期价向上突破 4 500 元/吨或向下跌破 4 200 元/吨的可能性较大，但又判断不好期价到底是向上还是向下，不想承担过大的风险，也不愿意做期权蝶式套利支付过多的权利金成本。于是，他想通过卖出飞鹰式套利赚取有限收益。该投资者选取执行价格为 4 200 元/吨、4 300 元/吨、4 400 元/吨、4 500 元/吨的 4 个看涨期权合约进行卖出飞鹰式套利。具体操作为：卖出执行价格为

4 200 元/吨的看涨期权 1 份，收取权利金 178 元/吨；同时买入执行价格为 4 300 元/吨的看涨期权 1 份，支付权利金 101 元/吨；再买入执行价格为 4 400 元/吨看涨期权 1 份，支付权利金 82 元/吨；最后卖出执行价格为 4 500 元/吨的看涨期权 1 份，收取权利金 43 元/吨（手续费略）。该投资者想知道，在什么情况下可以获利，在什么情况下会有亏损？获利或亏损程度如何？

根据表 47 中的有关公式，可以计算出：

最大潜在收益 = 净权利金

= 178 - 101 - 82 + 43

= 38 元/吨

最大潜在风险 = 执行价格间距 - 净权利金

= 100 - 38

= 62 元/吨

上行损益平衡点(P_1) = 高执行价格 - 净权利金

= 4 500 - 38

= 4 462 元 / 吨

下行损益平衡点(P_2) = 低执行价格 + 净权利金

= 4 200 + 38

= 4 238 元 / 吨

计算得知，当 5 月白糖期货合约 SR405 价格处于 4 238 ~ 4 462 元/吨之间时，则该投资者会出现亏损；尤其是当期货价格处于 4 300 ~ 4 400 元/吨时，最大亏损为 62 元/吨。如果期货价格上涨或下跌幅度较大，价格超过 4 462 元/吨或跌破 4 238 元/吨后，该投资者就能开始获利；不过最大收益就是权利金的净收入 38 元/吨。

假如该投资者开始时选取的不是看涨期权而是执行价格为 4 200 元/吨、4 300 元/吨、4 400 元/吨、4 500 元/吨的四个看跌期权合约进行卖出飞鹰式套利，具体操作为：卖出执行价格为 4 200 元/吨的看跌期权 1 份，获得权利金收入 56 元/吨；同时买入执行价格为 4 300 元/吨的看跌期权 1 份，支付权利金 110 元/吨；再买入执行价格为 4 400 元/吨看跌期权 1 份，支付权利金 195 元/吨；最后卖出执行价格为 4 500 元/吨看跌期权 1 份，获得权利金收入 302 元/吨（手续费略）。结果如何呢？

期权合约代码	成交价格
…	…
SR405 C4100	285
SR405 C4200	178
SR405 C4300	101
SR405 C4400	82
SR405 C4500	43
…	…
SR405 P4100	38
SR405 P4200	56
SR405 P4300	110
SR405 P4400	195
SR405 P4500	302
…	…

根据表47中的有关公式，可以计算出：

最大潜在收益＝净权利金

＝56－110－195＋302

＝53元/吨

最大潜在风险＝执行价格间距－净权利金

＝100－53

＝47元/吨

上行损益平衡点（P_1）＝高执行价格－净权利金

＝4 500－53

＝4 447元/吨

下行损益平衡点（P_2）＝低执行价格＋权利金净

＝4 200＋53

＝4 253元/吨

计算得知，当5月白糖期货合约SR405价格处于4 253～4 447元/吨之间时，则该投资者会出现亏损，尤其是当期货价格处于4 300～4 400元/吨时，最大亏损为47元/吨。如果期货价格上涨或下跌幅度较大，上涨价格超过 4 447 元/吨或下跌价格跌破 4 253 元/吨后，该投资者就能获利，不过最大收益不会超过 53 元/吨。

可见，不管是用看涨期权还是用看跌期权进行卖出飞鹰式套利，过程和原理是一样的，只是因权利金价格的不同导致风险或收益略有差异。

图 53 是卖出飞鹰式套利损益图。

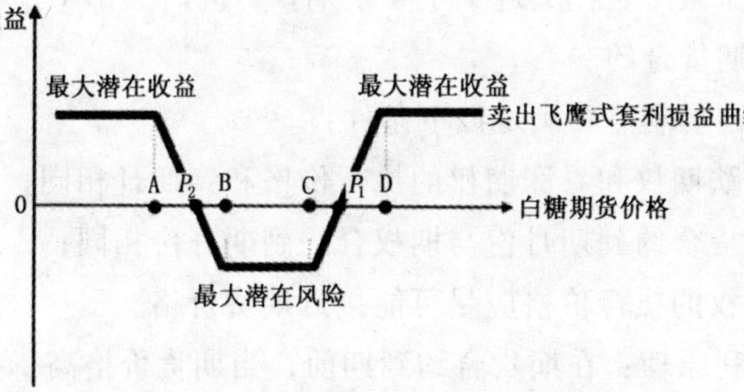

图 53 卖出飞鹰式套利损益图

飞鹰式套利最大的缺点与蝶式套利相同，也是交易手续费很高，从建立套利组合到平仓结束套利需要支付 8 笔手续费。因此，需要考虑交易成本与套利空间的匹配性。

对比蝶式套利与飞鹰式套利可以发现，其实飞鹰式套利只是蝶式套利的扩展。比起蝶式套利，飞鹰套利只是想比前者风险稍微小一点或支付的权利金少一点而已，因而蝶式套利是三个不同执行价格的期权之间的套利，而飞鹰式套利用了四个不同执行价格的期权来套利。

从蝶式组合和飞鹰式组合策略的运用环境来看，它们的套利盈亏并不是建立在对期货价格看多或看空的方向走势判断上，而是建立在投资者对于市场波动率的判断上，即有没有波动性的判断上。主要是从时间价值的消减中获得收益，并赚取期价的波动率收益。这种套利策略称之为中性策略，属于无方向策略中的一种。然而，由于蝶式与飞鹰式组合所涉及操作的期权数量较多，构建交易组合的成本也相应较高，对于普通投资者而言，并不适用。

8. 转换套利与反向转换套利策略

前面介绍的期权套利策略都是单纯利用期权合约进行的套利交易策

略，下面介绍的期权转换套利与反向转换套利策略是利用期权与期货合约进行的套利行为。

转换套利策略

转换套利，是指在买入看跌期权、卖出看涨期权的同时，买入相关期货合约的套利组合。目的是万一期权履约，可以将期权转换成期货合约进行对冲。具体做法是：买进1手看跌期权，同时卖出1手看涨期权，再同时买进1手期货合约。

进行转换套利需要满足以下条件：

（1）看跌期权和看涨期权的执行价格和到期日相同；

（2）期货合约到期月份与期权合约到期月份相同；

（3）期权的执行价格应尽可能接近期货价格。

转换套利原理：在期货合约到期前，当期货价格高于执行价格时，交易者卖出的看涨期权将被对方行权，并自动地与交易者手中盈利的多头期货持仓对冲，交易者买入的看跌期权作废。如果在期货合约到期前，期货价格低于执行价格，交易者买入的看跌期权将履约，并自动与自己手中亏损的多头期货持仓对冲，卖出的看涨期权则不会被行权。

【例73】5月，某投资者在上海期货交易所以30元/克的权利金买进1手执行价格为280元/克的9月黄金看跌期权，同时又以33元/克的权利金卖出1手执行价格为280元/克的9月黄金看涨期权，再以市场价格279元/克买进1手9月黄金期货合约。其套利过程见表48。

表48　　转换套利操作过程分析表

交易操作	买进看跌期权，执行价格为280元/克，支付权利金30元/克 卖出看涨期权，执行价格为280元/克，收取权利金33元/克 买进期货合约，买入价为279元/克，权利金收支为0
	权利金净收入：－30＋33＝＋3元/吨
期货价格上涨情形分析	假如期货价格涨至M元/吨，则有： 卖出的看涨期权被要求行权后转换成期价为280元/克的期货空头持仓，亏损280－M元/克 买入的看跌期权无价值不行权 手中的期货多头持仓盈利M－279元/克
	期货多、空持仓对冲后，总盈亏：（280－M）＋（M－279）＋3＝＋4元/克

续表

期货价格持平情形分析	假如期货价格保持在执行价格 280 元/吨，则有： 卖出的看涨期权不会要求行权 买入的看跌期权也不会要求行权 期货多头持仓盈亏：280 - 279 = +1 元/克
	总盈亏：1 +3 = +4 元/克
期货价格下跌情形分析	假如期货价格跌至 N 元/吨，则有： 卖出的看涨期权无价值，不会被要求行权 买入的看跌期权行权后转换成期价为 280 元/克的期货空头持仓，盈利：280 - N 元/克 手中的期货多头持仓亏损：N - 279 元/克
	总盈亏：（280 - N） + （N - 279） +3 = +4 元/克
转换套利收益	（看涨期权权利金 - 看跌期权权利金） - （期货价格 - 期权执行价格）

转换套利收益实际上由两部分组成：净权利金收入 + 期货价差收入。转换套利损益曲线见图 54。

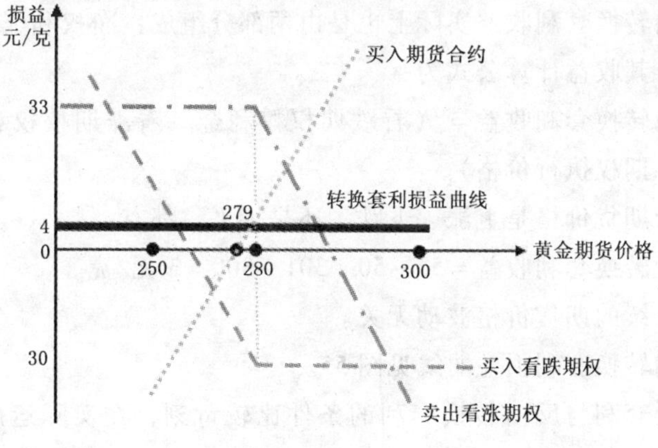

图 54　转换套利损益图

由图 54 可以看出，将买进看跌期权、卖出看涨期权和买入期货合约的盈亏曲线合在一起构成了转换套利的盈亏曲线。该曲线为一条水平线，截距为 4，这说明不论期货市场价格怎样变化，套利者都能获得 4 元/克的恒定收益。根据转换套利计算公式：转换套利收益 =（看涨期权权利金 - 看跌期权权利金）-（期货价格 - 期权执行价格），可以算出恒定收益为（33 - 30）-（279 - 280）= 4 元/克。

反向转换套利

反向转换套利与转换套利的操作方向是相反的。其操作手法是：买进 1 手看涨期权，同时卖出 1 手看跌期权，再卖出 1 手期货合约。

反向转换套利所需的条件与转换套利所需的三个条件是一样的。其套利原理与转换套利的原理也很类似：在期货合约到期前，当期货价格高于执行价格时，交易者买入的看涨期权将会行权，并自动地与交易者手中亏损的空头期货持仓对冲，交易者卖出的看跌期权不会被行权。如果在期货合约到期前，期货价格低于执行价格，交易者卖出的看跌期权将被要求行权，并自动与自己手中的空头期货持仓对冲，买入的看涨期权则不会行权。

【例 74】5 月，某投资者在上海期货交易所以 50 元/克的权利金买进 1 手执行价格为 300 元/克的 9 月黄金看涨期权，同时又以 52 元/克的权利金卖出 1 手执行价格为 300 元/克的 9 月黄金看跌期权，再以市场价格 301 元/克卖出 1 手 9 月黄金期货合约。其套利过程分析与转换套利类似。

反向转换套利收益实际上也是由两部分组成：净权利金收入 + 期货价差收入。其收益计算公式为：

反向转换套利收益 =（看跌期权权利金 - 看涨期权权利金）+（期货价格 - 期权执行价格）。

不管期货价格是上涨、下跌，还是持平，都有：

反向转换套利收益 = 52 - 50 + 301 - 300 = 3 元/克，

与后续的期货价格波动无关。

反向转换套利损益曲线见图 55。

转换套利与反向转换套利的条件比较苛刻，在实际运用中套利机会有限。

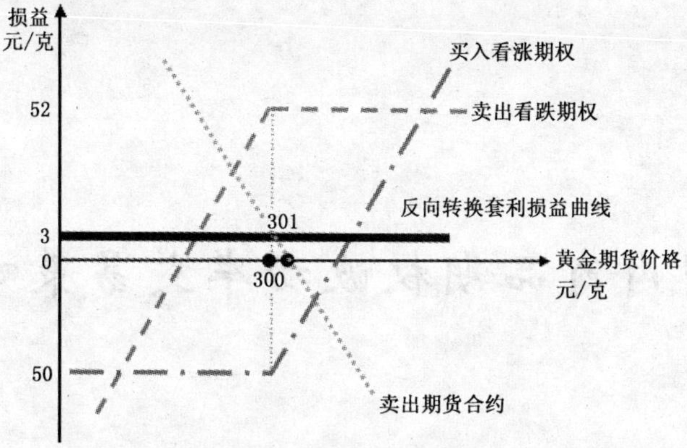

图 55 反向转换套利损益图

国内商品期权波动率交易策略

一个权利金为 3 元的期权和一个权利金为 30 元的期权哪个更便宜?答案是：不一定！权利金的大小不能说明任何问题。假如与前者相关联的商品期货价格几乎毫无波动性，则不会有多少人去买它，它就很贵；而后者虽然权利金表面看似很贵，如果与之相关的商品期货价格波动性很大，则会受到市场人士的关注，这就牵涉期权的波动率交易策略。

1. 什么是波动率交易策略

波动率是用于衡量期货标的价格变化幅度的指标，它不考虑价格变化的方向。如果在短期内商品的期货或期权价格有可能发生大幅度变化，则这个商品标的物是高波动性的。商品期货标的物的波动率大小跟其期权的价格成正比关系，即波动率增大，看涨/看跌期权的价格均会上涨；波动率缩小，则看涨/看跌期权的价格就会下跌。如果商品期货价格有大幅波动的风险，那么投资者将会提前买入期权来避险，这样的话，期权市场就会出现期权的净买入量，从而推高期权的价格。期权价格的上升也意味着期权隐含波动率的上升。如果期货价格大幅波动的风险降低，那么买入期权来避险的人就会减少，期权的净卖出量将会占据上风，从而导致期权价格的下跌，即隐含波动率下跌。因此，投机者在期权交易中，往往通过比较期权波动率的以往水平和现行水平，做出买入或者卖出期权的判断。假如期货价格没有波动，期权的设置也就毫无意义了。从这一点来说，期权交易的实质就是波动率交易。

波动率交易，是指交易者寻找期权波动率可能出错的情况，从而建立一个有利可图的头寸，其目的在于发现波动率是超高值还是超低值，对标的物本身价格走势并不考虑。从另一个角度看，波动率交易也是一种反向投资理论。当别人认为标的物不会有波动时，买入波动率；反之卖出波动率。

期权能够使投资者既可以进行方向性投机，也可进行波动率交易，还可以将二者有机结合以实现投资收益最大化，这是证券和期货等方向性金融产品所无法比拟的。一个期权职业投资者对波动率的关注往往高于对期权价格本身的关注，波动率是指导期权投资者进行交易的重要指标。

2. 为什么要研究波动率交易策略

俗话说“无利不起早”。参与期货交易的目的当然是为了获利，即便是规避风险的套期保值者也是冲着有利可图去的。但要想从期货市场获利，根本的做法就是要准确预测商品价格走势。于是，几乎每个期货交易者都使用某种分析工具或技术图表来帮助其决定买卖什么商品和什么时候买卖。但是，期货价格真的能够被准确预测吗？对这一点的争论自期货市场诞生之日起就从未中断过。但不管怎么说，长期准确预测期货价格是一件很难的事情。总结方向性交易者“灭亡”的原因，不外乎有回报的不稳定、繁杂巨大的工作量、主观的苦思臆想、涨也担心跌也害怕的神经质生活。于是，市场的交易者将对期货价格运动的预测转向对期货标的物波动性的预测。他们发现，选择波动率交易，比起方向性交易来说，很多时候有实质性的优势。波动率交易的最大的优点在于，可以不太关注对期货价格走势的方向性判断。当投资者发现方向性交易太耗费时间和精力，或者设置止损点很为难，或者交易因价格无方向趋势、上下摆动而不断亏损时，那么尝试运用波动率交易也许会“柳暗花明又一村”！简单地说，有时候预测波动率比预测价格走势要容易得多，这是因为几乎所有期货或期权的隐含波动率图形都有相似的模式：一个交易范围。

3. 历史波动率与隐含波动率

与商品期货价格关系密切的波动率中，较为重要的有两类：历史波动率和隐含波动率。

历史波动率

历史波动率是通过对商品期货过去一段时间的价格行为采用统计的方法计算出来的，是已经发生的、真实的、已知的波动率。历史波动率是从标的物价格变动的历史数据推导出的波动率。历史波动率使用的前提是假设标的物的历史波动率和未来波动率是相似的，即假定未来是过去的延伸。一般来讲，数据越多，估计的波动率精确度也越高。但波动率会随着时间变化而变化，用太旧的数据预测未来波动率的准确性会比较低，所以并不是时间区间越长越好。估计历史波动率可使用的数据频率有：交易日、日历日、星期、月份或季度。选择不同的数据频率，波动率的结果是不一样的。如果取得的系列数据不理想，就会造成较大的估计错误。要使统计误差最小，就要尽可能利用单位较小的每日数据。如果选择日变量，就要面临对日历天数、交易日、经济日的选择。日历天数是已过去的波动率估计日的实际值，交易日等于日历天数减去周末和节假日，经济日指一些影响资产价格变动的重要事件发生时波动率高的日子。在估计标的资产波动率时，究竟应该选用日历日还是交易日呢？很显然，因为有交易才会引起波动率变化，从而导致价格发生变化。所以，在进行历史波动率估计时，最好采用交易日观察值。通常选择的是 30 ~ 90 天内每个交易日的收盘价数据。

历史波动率的计算方法和过程如下：

（1）获取标的物在固定时间间隔上的价格数据（例如每天、每周或是每月）；

（2）计算在固定时间间隔上的标的物收益率；

（3）求出收益率的标准方差，即为该时间间隔的波动率；

（4）再将所求得的波动率转换成年波动率。

具体计算方法是：先求出商品期货今日收盘价和昨日收盘价之比的对数，可得到一组序列，再计算这组序列的标准方差从而得到日波动率，然后乘以一年中交易天数的平方根，所得值就是历史波动率。

【例 75】 年底，某投资者对上海期货交易所黄金 6 月期货合约的历史波动率进行了计算，过程如下。

黄金 6 月期货合约的日波动率为 1.3925%，假设一年有 252 个交易日，将日波动率转换成年波动率的方法为：日波动率 $\times \sqrt{\text{交易日天数}} = 1.3925\% \times \sqrt{252} = 22.1058\%$

实际上，许多期货行情软件都有各商品期货或期权的历史波动率数据，投资者一般不需要自己计算就能及时查到。

日期	当日收盘价 P_i	价格比率 = P_i/P_{i-1}	每日收益率 = ln（P_i/P_{i-1}）
11.6	225.90	—	—
11.7	226.50	1.00266	0.002652521
11.10	232.05	1.02450	0.024207921
11.11	228.10	0.98297	-0.017168736
11.12	231.75	1.01600	0.015875075
…	…	…	…
…	…	…	…
12.25	238.05	0.99811	-0.001888575
12.26	239.50	1.00609	0.006072681
12.29	241.60	1.00877	0.008730049
12.30	240.00	0.99338	-0.006644543
12.31	241.65	1.00688	0.006851475
		标准方差 = 0.013925	

隐含波动率

隐含波动率，顾名思义，就是隐含在期权价格中的波动性信息。目前，可以通过各类数学模型来计算出期权的理论价格。但现实的期权价格是交易者相互竞价得出的，与模型算出的期权理论价格不同。那么，是什么原因造成了理论价格与现实价格的差异呢？答案就是隐含波动率。很显然，要确定隐含波动率，需要的是一个实际的期权价格和一个理论上的期权价格模型，只要将期权的执行价格、标的资产价格、到期日、无风险利率和实际期权价格，输入理论期权价格模型就可计算出隐含波动率。

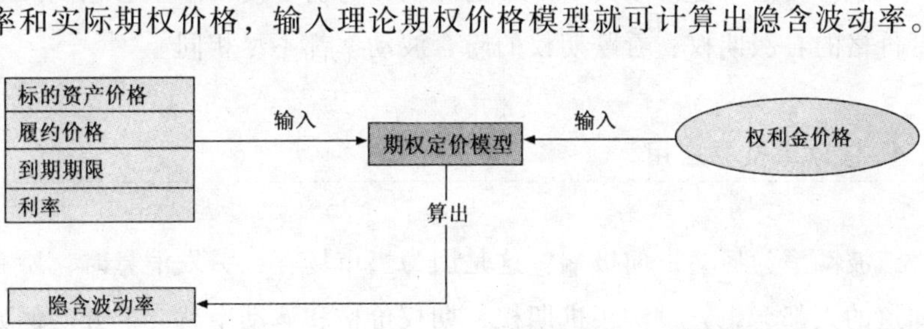

从隐含波动率的计算过程发现，隐含波动率只与期权有关，它是期权交易中的一个重要的修正值。从根本上说，隐含波动率是期权市场对标的物在期权有效期内即将出现的统计波动率的预测。隐含波动率是由期权市场价格决定的波动率，是市场价格的真实映射，因此，隐含波动率反映的是市场对期权波动率的看法。在实际交易中，隐含波动率更受交易者的重视。

隐含波动率的计算比较复杂，但好在通常期货行情软件上都有各期权合约的隐含波动率数据（见图 56），投资者可以及时查阅到。

标的 豆粕 m1505	最新	涨跌	涨幅%	成交量	持仓量	日增仓	开盘	最高	最低	昨收	昨结
到期日 20150422	2693	14	0.52%	2102920	2196896	-39528	2670	2720	2669	2674	267

溢价率	隐含波动率	成交量	涨幅%	持仓量	日增仓	认购	行权价	认沽	溢价率	隐含波动率	成交量	涨幅%	持仓量	日增仓
1.11	12.51%	120	0.00%	214	-20	C	2550	P	5.31	0.00%	0	0.00%	278	0
0.20	0.00%	5700	-33.67%	3028	-2844	C	2600	P	5.12	17.79%	644	-37.93%	8700	-2
3.43	20.02%	7186	11.98%	2782	-3400	C	2650	P	3.75	16.64%	1994	-38.95%	7364	-650
5.22	24.94%	6978	37.63%	4046	-3588	C	2700	P	6.61	37.05%	2024	52.89%	1440	-30
6.80	27.91%	3300	64.71%	2228	-1512	C	2750	P	4.34	29.64%	4160	15.61%	12576	738
10.14	39.66%	3420	178.99%	1126	-1086	C	2800	P	3.77	30.63%	5430	13.62%	3044	324
6.20	9.96%	2938	-78.02%	3444	210	C	2850	P	3.23	31.39%	5976	11.16%	2720	-1796
8.95	19.05%	2404	0.00%	12654	822	C	2900	P	3.03	33.62%	4058	11.82%	4128	524
14.44	43.18%	2006	417.65%	6456	278	C	2950	P	2.84	35.69%	4016	11.35%	6896	-502
13.26	28.15%	1718	170.27%	8096	250	C	3000	P	2.28	35.36%	2800	7.59%	4410	-108
17.69	46.38%	2256	819.23%	4302	-276	C	3050	P	5.09	54.18%	4216	27.48%	4254	-776
19.42	48.31%	13941121.05%		6446	192	C	3100	P	4.94	56.20%	1998	24.57%	4566	1128
21.17	50.21%	11841638.46%		3688	190	C	3150	P	-0.28	23.19%	2868	-6.45%	2484	116
22.95	52.22%	16262366.67%		6004	394	C	3200	P	1.89	43.07%	3356	5.58%	1508	-1038
24.75	54.23%	10363550.00%		8848	-218	C	3250	P	1.21	40.50%	3278	2.08%	1710	-106
26.57	56.27%	7165325.00%		4758	-136	C	3300	P	1.23	42.77%	3700	2.15%	1402	-440
28.39	58.23%	9040650.00%		3100	60	C	3350	P	1.84	49.35%	2824	4.51%	1480	-64
30.25	60.23%	2081400.00%		1134	-16	C	3400	P	-0.26	32.56%	2052	-3.51%	2050	-940
32.08	56.69%	5921300.00%		2730	-218	C	3450	P	-0.17	35.49%	970	-2.97%	736	-408
31.54	46.48%	3148400.00%		1190	-138	C	3500	P	-0.35	35.13%	1222	-3.22%	1792	-634

图 56 行情软件上的豆粕期权隐含波动率数据

隐含波动率受市场买卖力量的影响，与历史波动率未必相同。不同执行价格的看涨期权、看跌期权的隐含波动率都不尽相同。

4. 波动率交易应用

波动率为何会走向极端？这是因为当市场存在突发消息时，所有提前知道的人都会想方设法买进期权，期权价格和波动率就会上升。例如，谷物报告或政府经济数据的发布均可能造成商品期货或期权高波动局面。当期权交易量激增和波动率突然上升同时出现，或只出现其一时，波动率卖方应该马上意识到警告信号的存在。在波动率看起来走极端时，无论便宜还是昂贵，波动率交易者都应该持怀疑态度去思考是否适合建立头寸。

历史波动率的运用

（1）利用历史波动率估计商品期货价格变动范围。历史波动率究竟有什么作用呢？每个参与期权交易者最想知道也最关心的就是期货标的物未来价格变动的情形。一旦交易者得知了期货标的物未来的波动率，就等于掌握了正确的波动概率，从而在期权交易中获利。尽管由于标的物未来的波动数值在没有实现之前很难被精确地预测，但在运用理论模型给期权定价时，常常要对未来波动率进行估值，这时历史波动率就是最先可考虑的参考值。如果在过去的 10 年里，标的物市场的波动率从未高过 30%，也从未低过 10%，则预测未来波动率为 5% 或 40% 都是不明智的。当然，这并不等于说出现这些极端值的概率为零，但是基于标的物市场的历史表现，以及并未有重大事件发生时，将未来波动率的估计值定于 10% ~ 30% 的区间内更为合理一些。此外，在大多数期货市场，历史波动率还有一个回归均值的特性，也就是说，历史波动率总是围绕着一个平均值在上下波动：当波动率越来越远离均值时，它就有回归均值的趋向，并且离开越远，回归的速度就越快。这一点与期货价格截然不同，后者往往在某一时间段内，总是单向地不断往上或往下走，创出“历史新高”或“历史新低”。因此，参考历史波动率，给交易者预测未来波动率提供了极大的帮助。例如，铜期权的当前波动率与其历史波动率相比处于低位，就有理由预计随着时间的推移，其波动率将是向上走的趋势；反之，铜期权的当前波动率与其历史波动率相比处于高位，就有理由预计随着时间的推移，其波动率将是往下的趋势。当然，在上述例子中，预测未来波动率位于 10% ~30% 的区间内仍然是一个不太精确的估值，但至少历史波动率提供了一个范围，而缩小这个区间将需要更多的其他方面的信息，隐含波动率就是其中之一的手段。

需要提醒投资者注意的是，估计的历史波动率与实际波动率可能存在差异，导致在预测未来波动率方面出现误差，有时这种误差还非常大。造成这种后果的原因：一是在计算历史波动率时，选择的时间长度不是典型的波动率时间长度，导致估算的历史波动率比实际波动率更高或更低；二是事物都处于变化之中，用过去的历史数据来预测未来本身就具有不确定性。因此，采用历史波动率预测未来的波动性，只是定性的大概估计，精确度不应指望太高。

（2）指导投资资金合理配置以分散交易风险。期货交易中不同品种的价格波动幅度不同，给交易资金带来的风险也不一样。一般而言，波动幅度越大，所带来的风险也越大，潜在收益也越大；波动幅度越小，风险也越小，潜在收益也越小。对于期货投资者来说，品种间的资金配置一方面要尽量地控制好风险，同时也要尽可能地放大潜在收益，一个平衡风险与收益的方法是将交易资金分配到不同波动等级的品种上。

利用价格波动率对资金进行品种组合配置的具体做法是：

第一步是计算每个品种的价格波动率。参照对历史波动率的计算方法，根据需要选取几种商品期货计算或查找各自波动率。

第二步是取计算得到的系列价格波动率或其平均值，作为一定时期内该期货品种的价格波动率数值。

第三步是将得到的各品种的波动率按照数值大小划分类别。例如，按照波动率的大小可以将商品期货品种划分为三类：第一类是高波动性品种；第二类是中等波动性品种；第三类为低波动性品种。

最后，从上述几类不同波动性类别中各抽出 1～2 个品种进行搭配交易。例如，某账户的交易资金按价格波动率大小选取了 6 个品种进行组合，所配置的品种为：高波动性品种白糖和棉花、中等波动性品种大豆和铜、低波动性品种黄金和豆粕。

通过这种波动性的组合搭配，既扩大了交易机会的选择范围，同时也达到了合理分散风险的目的。

隐含波动率的运用

（1）买/卖看涨期权策略。在期权市场里，隐含波动率是判断期权价格的主要指标。如果说“期权是昂贵的”，往往表示期权是以较高的隐含波动率在交易；如果说“期权是便宜的”，往往表示期权是以较低的隐含波动率在交易。波动率交易的核心就是赚取隐含波动率与历史波动率之间的价差。通过对比当前隐含波动率与历史波动率水平，投资者可以比较同一期权不同历史时段上的期权价格水平。如果隐含波动率高于历史波动率，那么投资者可以认为期权价格被高估了，应选择卖出期权的策略；相反，如果隐含波动率低于历史波动率，那么投资者可以认为期权价格被低估了，应选择买入期权。

隐含波动率爆发性增长是期权买方的福音，而对期权卖方来说可能是一场灾难。波动率的增长可以抵补期权几天甚至几个星期的因时减值。研究表明，隐含波动率常常会在市场崩盘中猛然上涨。在隐含波动率创出高点时也往往是市场开始反转或反向之时。而过低的波动率则预示着市场将会在方向上做突破，或者向上，或者向下，通常和当时市场趋势相一致。因此，投资者在建立一个期权头寸时，意识到波动率的存在非常重要。低隐含波动率时买进期权，获利的可能性更大。反过来，期权卖出一方也必须警觉隐含波动率的存在。如果卖出期权时隐含波动率过低，那么隐含波动率增大或暴涨就对卖方有很大威胁。隐含波动率的增长可能完全会使由于因时减值而存在的盈利消失，对长期期权来说更是如此。反过来，如果买进太贵的期权，因隐含波动率过高，即使标的物价格朝着有利方向运动也未必能获利。

（2）买/卖波动率策略。当波动率太低时，一旦市场回归正常，波动率就会上升，此时期权投资者应以多头策略为主，例如买入看涨期权、买入看跌期权、多头跨式套利、多头宽跨式套利等；而当隐含波动率与历史波动率相比太高时，则应主要选用空头策略，这样做的目的是，波动率一旦回到正常水平，就可以获利。此时常用的策略有卖出看涨期权、卖出看跌期权、空头跨式套利、空头宽跨式套利等。表 49 整理出了在不同市场条件下可运用的波动率策略。

表 49　　　　不同市场条件下可运用的波动率策略

期货价格	预测波动率增大	预测波动率减少
标的期货价格上涨	（1）买入看涨期权 （2）保护性看跌期权 （3）多头跨式套利 （4）多头宽跨式套利 （5）牛市套利 （6）看涨期权反向比率套利	（1）卖出看跌期权 （2）空头跨式套利 （3）空头宽跨式套利 （4）牛市套利 （5）比率看涨期权套利 （6）比率看涨期权空头策略
标的期货价格下跌	（1）买入看跌期权 （2）多头跨式套利 （3）多头宽跨式套利 （4）熊市套利 （5）看跌期权反向比率套利	（1）卖出看涨期权 （2）空头跨式套利 （3）空头宽跨式套利 （4）熊市套利 （5）比率看跌期权套利 （6）比率看跌期权空头策略

下面以买/卖跨式套利或宽跨式套利组合为例，来描述买/卖波动率是如何获利的。

跨式套利买方在低隐含波动率时买进，有两种盈利的可能：一是期货标的物价格波动大到足以超出跨式套利最初成本；二是隐含波动率增长快到足以克服因时减值的消极影响。相反，跨式套利卖方如果遇到隐含波动率急剧增长，则会有潜在的灾难性亏损发生。不过，如果隐含波动率下降，跨式套利卖方就可以抓住速度比因时减值更快的收益。

就隐含波动率而言，宽跨式套利表现与跨式套利基本相同。

图 57 将卖出 1 手跨式套利组合与卖出 1 手宽跨式套利组合在到期日的潜在盈利做了比较。图中显示，如果在到期日之前，期权的隐含波动率大幅上升，超过 P_1 或 P_2 价格点，则跨式套利卖方将出现亏损；如果期权的隐含波动率继续上升，超过 P'_1或 P'_2价格点，则不仅跨式套利卖方亏损严重，宽跨式套利的卖方也将出现亏损。当市场的波动率由太高回归正常水平，即波动率水平降低时，两种策略都有盈利的机会。其中，对宽跨式套利组合来说，当市场的波动率回归到 $P'_1 \sim P'_2$范围内时就能获利，而波动率降低到 $P_1 \sim P_2$ 范围内时跨式套利组合才能开始获利。如果在到期日时期货标的物价格接近期权的执行价格 A，也就是期权的隐含波动率大幅下降，则跨式套利可以获利更多，不过卖出宽跨式套利组合可以获利的范围更宽一些。总之，对一个期权交易者来说，知道隐含波动率如何影响其头寸和应采取的相应策略是十分必要的。大部分有经验的期权交易者在任何时候对波动率的风险都会有所计划。交易者对所持有的期权头寸波动率暴露的一面有了警觉，就能够对是否出现不利的波动率运动进行估量和预防。

可见，懂得处理好波动率风险对期权交易获利会产生积极的影响。因此，在期权交易中要避免做对了方向，做错了波动率。否则，期货价格的有利变化将会被波动率的不利变化所抵消。

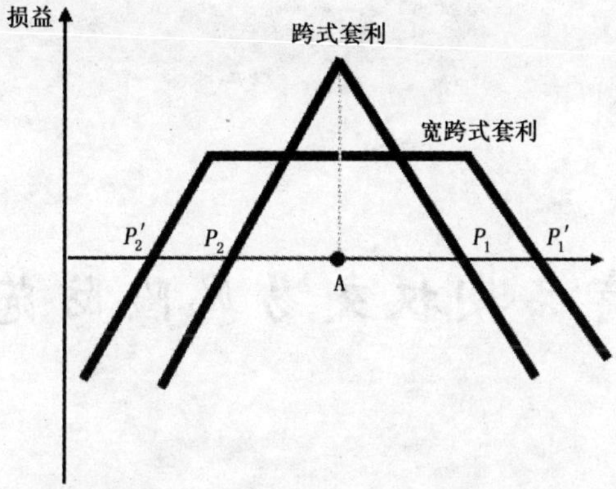

图 57 卖出跨式套利与卖出宽跨式套利损益曲线示意图

商品期权交易风险防范

期权交易中，买卖双方的权利义务不同，使买卖双方面临着不同的风险状况。对于期权交易双方来说，买方与卖方均面临着价格不利变化的风险。这点与期货相同，即在价格范围内，如果买得低而卖得高，平仓就能获利；相反则亏损。与期货不同的是，期权多头的风险底线已经确定和支付，其风险控制在权利金范围内；期权空头持仓的风险则存在与期货交易类似的不确定性。由于期权卖方收到的权利金能够为其提供一定的资金，从而在价格发生不利变动时，能够抵消期权卖方的部分损失。因此，在进行期权投资之前，投资者一定要全面客观地认识期权交易的风险。

1. 期权买方面临的风险及防范

买入期权，对投资者来说风险有限，而收益无限，听上去当然很诱人；卖出期权，对投资者来说风险无限，而收益却有限，听起来当然很可怕。但是任何事物都有其两面性。对期权交易者来说，是否能够盈利主要取决于以下两个因素：一是判断涨跌概率，二是期权本身时间价值的损耗。

规避买入期权后的方向判断错误风险

期权价格是跟随商品期货价格的涨跌而同方向波动的，因此判断期货价格的涨跌方向也是交易期权获利的关键所在。此外，虽然期权本小利大，但若将本金全数投入，也有可能血本无归。因此，一次性入市资金比例不要过高。

规避买入期权因时间价值贬值造成的风险

期权本身是一种随着时间的推移而耗损的资产。时间是期权买方的敌人，是期权卖方的朋友。期权的时间价值随时日而逐渐减少并趋于零。如果对应的期货价格保持不变，那么每过一天，期权的价格都会有所下降。临近到期日，期权时间价值衰减会加速。特别是对于虚值期权，由于权利金低，常常吸引投资者购买，但这类期权越接近到期日，越没有可能从平仓或行权中获利，即使到期时侥幸成为实值，也需要实值额超过时间价值损失才可以获利。事实上，这类期权获利概率很低，需要注意未来损失权利金的可能性。大量购买此类期权，打算利用杠杆效应赚取大额利润的投资者更应该特别小心。总体上来说，期权买方处于时间上的劣势，也就是期权买方虽然存在收益无限的可能，但是这种收益受时间限制，在到期日前最终实现的概率却相对较小，买方最终失去权利金的概率却很大。因此，虽然期权买方的风险有限，但买入的期权在到期时没有价值的话，其亏损的比例却有可能是100%，权利金有可能连一分钱也收不回来，有限的亏损加起来就变成了较大的亏损，这样积少成多的风险是不可忽视的。因此，期权买方不可一直抱着不平仓的心态。成功的期权买方在行情不利于自己的头寸时，并不会让权利金全数损失。一旦发现行情分析错误，就要果断平仓，勇于止损，收回部分权利金，然后伺机再进入。

例如，投资者以100元/吨的价格购买了一个月后到期的大商所豆粕看涨期权，两周后，如果期权的价格下跌50元/吨，那么他是应该亏损平仓，还是继续持有下去，寄希望于在剩下的两周内豆粕价格出现上升呢？其实这是一把双刃剑。如果及时平仓，那么损失是确定的；如果等待下去，而标的资产的价格并没有出现足够的上涨，仍然会遭受损失。假如投资者继续持有一周，在剩下的最后一周内，豆粕价格也朝有利的方向上涨，但随着到期日的临近，期权的时间价值会迅速消失，这抵消了豆粕价格上涨所带来的收益，最终仍很难盈利。因此，买入期权后应当制订好合理风险控制方案，规避买入期权因时间价值贬值造成的风险。

买入期权后的亏损风险管理措施

本书曾经在期权垂直套利【例63】中介绍过，通过将单一期权持仓转换为垂直价差组合，能够在保持投资成本不变的情况下，降低盈亏平衡点，提高获胜概率。下面再以买入白糖看涨期权为例说明买入期权后的亏损风险管理方式。

【例76】6月初，当郑州商品交易所白糖9月期货合约价格为4 100元/吨时，某投资者买入1手执行价格为4 100元/吨白糖9月平值看涨期权，希望期价上涨获利。他付出权利金 80 元/吨，该策略的损益平衡点为 4 180 元/吨。假设一周后，9 月白糖期货价格不涨反跌，跌到 4 000 元/吨，期权价格也随之下跌至 50 元/吨，浮亏 30 元/吨。

为降低期权亏损，投资者可考虑将手中单一期权持仓变换为垂直价差组合：可卖出 2 手执行价格为 4 200 元/吨的 9 月白糖看涨期权，假设权利金为 25 元/吨，则获得权利金 25 × 2 = 50 元/吨；同时买入 1 手执行价格为 4 000 元/吨的 9 月白糖看涨期权，付出权利金 50 元/吨。算上最初买入期权所支付的权利金 80 元/吨，构造该组合的成本仍为付出权利金 80 元/吨不变。而此时组合净头寸变为：卖出 2 手执行价格为 4 200 元/吨的白糖看涨期权，以及买入执行价格为 4 100 元/吨和 4 000 元/吨的白糖看涨期权各 1 手，即构成垂直价差组合。也可看成是：卖出执行价格分别为 4 300 元/吨和 4 100 元/吨的白糖看涨期权各 1 手，以及买入执行价格为 4 100 元/吨和 4 000 元/吨的白糖看涨期权各 1 手，即净持仓为：卖出执行价格为 4 300 元/吨的白糖看涨期权 1 手，以及买入执行价格为 4 000 元/吨的白糖看涨期权 1 手。该组合的损益平衡点为 4 000 + 80 = 4 080 元/吨，较原来单一期权持仓时的 4 180 元/吨损益平衡点下降了 100 元/吨。但是最大收益 = 4 300 - 4 000 - 80 = 220 元/吨，获利空间也受到限制。

对比持仓调整前后的风险指标发现：经过调整，在构造成本不变的情况下，调整后组合头寸损益平衡点大幅下降，但其代价是最高收益将受限。当然，在浮亏出现的情况下，避免损失比赚钱盈利更为重要。

这种调整方式可以循环使用，即当调整完成后，若价格继续下跌，则投资者依然可以对期权多头头寸进行相同操作，将损益平衡点不断降低，增加获胜概率。当然，这样也会累积大量期权空头头寸，需要根据行情和权利金的变化择时平仓处理。

买入期权后的止盈风险管理

当买入期权盈利后，投资者往往会陷入是平仓落袋为安还是继续持有期权以期待获得更多盈利的两难当中。选择平仓提取利润，会错失赚取更多利润的机会；选择继续持有期权头寸，虽然保留了赚取更大利润的机会，可一旦价格向反方向运动，最初利润也将消失殆尽。如何管理盈利后的期权风险呢？

【例 77】 5 月初，在大连商品交易所 9 月豆粕期货价格涨到 2 950

元/吨时，某投资者买入1手执行价格为3 000元/吨的9月期货豆粕看涨期权，支付权利金80元/吨，该策略的损益平衡点为3 080元/吨。1个月后，9月豆粕期货价格上涨到3 000元/吨时，期权价格随之变为125元/吨，浮盈45元/吨。

此时，投资者可以采取以下几种风控方式：

一是平仓，落袋为安。该方法的优点在于简单方便，虽然没能赚取更多利润，但也杜绝了亏损的后果。

二是什么都不做，继续持有以期待获取更多利润。但价格一旦下跌，浮盈消失，甚至产生亏损。其实，应该将盈利价位逐步上移，施行止盈策略。例如，可把平仓价位上移至期权价格为100元/吨时，跌破就平仓离场，确保能盈利20元/吨。

三是移仓。做法是：先平仓提取盈利，再利用盈利买入虚值看涨期权：首先平仓赚取45元/吨的盈利，然后买入执行价格为3 200元/吨的9月豆粕期货的看涨期权，付出权利金30元/吨。如果价格继续大幅上涨，还可以赚取额外利润，即使没能上涨甚至下跌，也最少锁定15元利润。

四是转换为套利组合。该方法是指期权多头在具有一定浮盈后，卖出虚值期权，构成垂直价差策略，锁定部分盈利。例如：该投资者在9月豆粕期货价格涨到3 000元/吨时，可卖出执行价格为3 100元/吨的9月豆粕期货看涨期权，获得权利金60元/吨，由此构成垂直价差策略。一旦价格继续上涨超过3 100元/吨，可以稳定赚取（3 100 - 3 000）-（80 - 60）=80元/吨的权利金净收入；而当价格下跌到3 000元/吨以下时，则最多损失20元/吨权利金。

很明显，移仓或构造套利组合有效限制了亏损，同时保留了进一步赚取更多利润的可能性。通常，在任何状况下，将期权持仓转换为套利组合，都不会是最差的策略，这主要是因为卖空的期权头寸会带来时间价值，而时间价值的获得和价格涨跌无关。

2. 期权卖方面临的风险及防范

对于期权卖方来说，无限的风险体现在价格的波动性上。市场出现的巨大波动性会导致期权卖方出现重大亏损，这种价格波动的不确定性也是投资者买入期权的重要原因。尽管商品期货价格不可能跌至零，也不可能无限上涨，但从资金管理的角度来讲，对于许多交易者来说，此时很大的损失已相当于“无限”了。在此情况下，期权卖方需要拥有多种对冲的手段和渠道来控制这种价格的不确定性（波动性）。也正是在这种情况下，才衍生出越来越多的期权交易策略。就商品期货的价格走势来说，期权的卖方在价格不变或者朝自己头寸有利的方向变化的情况下，都能够获得权利金；只有在价格朝自己头寸不利方向波动时，才具有风险。

从国外期权市场来看，卖方盈利的概率还是很高的。以韩国市场为例：韩国市场中个人投资者占一半以上，期权价格被高估的现象较为常见。权利金高估也就是波动率被高估。这样从概率上卖方的胜算要大于买方。因此，有买 10 次期权赔 9 次的说法。相应的，卖 10 次期权赚 9 次。但波动率的高低是基于市场的正常情况，而一旦市场发生意料之外的大幅波动，卖方 1 次就可能把 9 次赚的钱赔完。这就是期权卖方的风险特点。国内期权推出后的市场结构与韩国类似，但波动率的状况与特点还有待于市场给出答案。无论如何，卖方要注意风险。卖方回避风险的方法：一是入市前准确分析行情；二是入市后密切关注行情，一旦发现行情与预测相差较大，则应及时止损或用其他策略避险。

3. 期权套期保值风险及防范

尤其值得注意的是，采取卖出期权策略进行套期保值，在获得权利金的同时，也伴随着巨大的风险。从国内来看，许多大中型企业运用卖出期权策略保值导致巨额亏损的案例历历在目。虽然企业利用期权保值无可厚非，管理团队不可谓不强，人才知识储备不可谓不足，但是只要在保值方向、头寸比例、对冲策略方面稍有不慎便有可能一败涂地。

【例 78】中航油风险事件

中航油，一个因成功进行海外收购曾被称为“买来个石油帝国”的企业，一个被评为 2004 年新加坡最具透明度的上市公司，一个被作为中国国有企业走向世界的明星企业，却于 2004 年 12 月 1 日向新加坡高等法院申请破产保护。究竟是什么原因导致中航油巨亏破产呢？

中国航空油料集团公司核心业务包括：负责全国 100 多个机场供油设施的建设和加油设备的购置；为中外 100 多家航空公司的飞机提供加油服务（包括航空燃油的采购、运输、储存直至加入飞机油箱等），堪称国内航空界的航油巨无霸。1997 年，在亚洲金融危机之际，作为中航油总公司唯一的海外“贸易手臂”——新加坡中国航油，便开始捏住了国内航空公司的航油命脉，在中国进口航油市场上的占有率急剧飙升：1997 年不足 3%，1999 年为 83%，2000 年达到 92%，2001 年采购进口航油 160 万吨，市场占有率接近 100%。2001 年，中国航油（新加坡）在新加坡交易所主板挂牌上市。

最初，中航油新加坡公司经中航油集团公司授权，开始进行油品的套期保值业务。2002 年 3 月，中航油新加坡公司擅自扩大业务范围，从事石油衍生品期权交易。对期权交易毫无经验的中航油新加坡公司最初只从事背对背期权交易，即只扮演期权做市商的角色为买卖双方服务，从中赚取佣金，没有太大风险。自 2003 年开始，中航油开始进行风险更大的投机性期权交易，而此业务仅限于由公司的两位外籍交易员进行。在 2003 年第三季度前，由于中航油新加坡公司对国际石油市场价格判断与走势一致，中航油卖出期权尝到了甜头，盈利了 580 万美元，于是一场更大的冒险也掀开了序幕。

2003 年第四季度，中航油预估油价将有所下降，于是公司调整了期权交易策略，卖出了原油看涨权并买入了看跌期权。中航油对未来油价走势的这一判断为整个巨亏事件埋下了根源，且没有意识到仅仅一次判断失误将引来一连串不利的连锁反应。

由于油价并未向中航油预计的走势发展，而呈现持续攀升的局面，导致中航油期权交易在 2003 年第四季度出现 120 万美元的账面亏损（以市值计价）。2004 年第一季度，持有的期权到期，公司开始面临实质性的损失。当时正在与新加坡国家石油公司（SPC）、英国富地、淡马锡等多家外国企业洽谈合作的中航油顾虑重重，最终选择了在没经过任何商业评估的情况下于 2004 年 1 月进行了第一次移仓，即平仓掉原有的期权持仓，同时再开仓卖出期限更长、持仓量更多的新期权。卖出的期权多是在 2004 年第二季度至 2005 年第一季度之间到期，但也有一些甚至延展到 2005 年第四季度到期的期权。

随着油价持续升高，2004 年第二季度，公司的账面亏损额增加到 3 000 万美元左右。公司决定进行第二次移仓，卖出的新期权期限延后到 2005 年和 2006 年才行权；持仓量再次增加。

2004 年 10 月，油价再创新高，公司此时卖出的期权持仓已达 5 200

万桶（相当于710万吨）原油，账面亏损再度大增。10月10日，面对严重资金周转问题的中航油新加坡公司，首次向母公司呈报交易和账面亏损。为了补交需要追加的保证金，公司已耗尽近2 600万美元的营运资本、1.2亿美元银团贷款和6 800万元应收账款资金，账面亏损高达1.8亿美元，另外已支付8 000万美元的额外保证金。

10月20日，母公司提前配售15%的股票，将所得的1.08亿美元资金贷款给中航油新加坡公司，补缴需追加的保证金，但公司继续遭到期权市场对手的逼仓。截至10月25日公司的实际亏损达3.81亿美元。

2004年12月1日，在亏损5.5亿美元后，中航油宣布向法庭申请破产保护令。公司总裁也因隐瞒公司巨额亏损且涉嫌内幕交易等罪被判刑四年零三个月。这个消息如同一个重磅炸弹，一时舆论哗然，将此事件称为“中国的巴林银行事件”（见图58）。

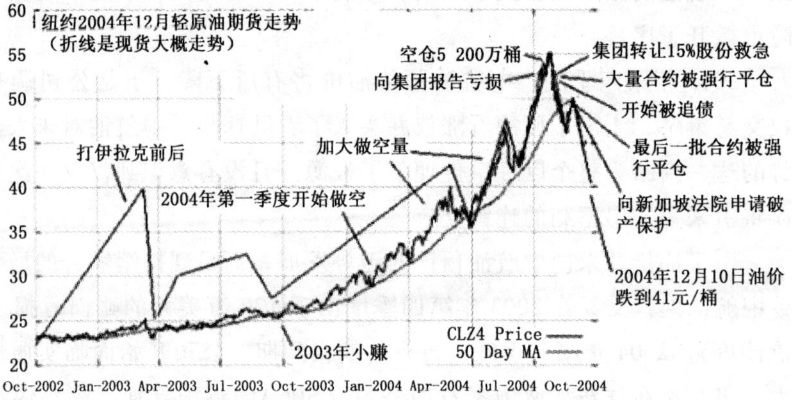

图58 中航油事件发生过程

在中航油风险事件中，除了该公司风控制度形同虚设、管理不善外，最大的问题是完全违背套期保值的宗旨，进行疯狂的投机交易。作为原油的中下游贸易企业，中航油在国际市场上应该是原油的买家，按套期保值原理只能做买入套期保值——买进与原油用量相匹配的原油期权数量，而不应该卖出原油期权投机。但实际上，公司不但卖空期权，而且卖空数量巨大，接近当时中国全年原油进口量的15%。

从中航油事件中应汲取的套期保值风险教训有：首先，保值方向一定要严格执行对冲策略，绝对要避免单边投机。为了取得良好的保值效果，企业一定要按需在期权市场进行与现货需求相反方向的期权保值操作。其次，从期权保值头寸来看，企业所持有的期权合约所对应的仓位，不可以超越企业持有现货的总量，否则可能导致过度的避险保值，从而使得部分风险不能完全对冲，成为投机部位。如果企业持仓远远超过现货实际需求，那么当价格发生剧烈波动时，过于巨大的未对冲风险敞口将导致巨额亏损。

参考文献

1．郑州商品交易所：魏振祥、武魏巍，《美国商品期权市场研究》。

2．“期权市场的发展概况及应用”，《期货日报》，2014 年 1 月 21 日。

3．郑州商品交易所：《期权交易策略》，2005 年 9 月。

4．郑州商品交易所：《期权套期保值》，2005 年 9 月。

5．大连商品交易所：《豆粕期货期权产业套保简明手册》。

6．中国期货业协会：《期货投资分析》，中国财政经济出版社 2011 年版。

7．[美] 劳伦斯·G. 麦克米伦：《期权投资策略》，机械工业出版社 2013 年版。

8．上海期货交易所：张敏，《波动率介绍及隐含波动率的应用》。

后记

虽然期权对于国内大多投资者来说还略显陌生，然而从全球视角看，期权早已经是金融市场中重要的风险管理、套利投机的衍生工具了，与股票、债券、期货等金融工具一样，是金融市场不可分割的重要组成部分。

在我国，期权的推出已经拉开了序幕。上海证券交易所已在2015年2月9日率先挂牌上证50ETF期权。各期货交易所也都在积极准备、争取尽快推出期权产品。2015年已成为国内的期权元年，未来期权将成为中国衍生品市场创新发展的又一重要突破口，并将成为市场体系中不可或缺的工具。

期权是中国衍生品市场发展的必然产物，期权创新也是中国实体经济发展的内在要求。加快期权创新步伐，有利于丰富中国衍生品市场的内涵和层次，尽快形成期货和期权联通互动的衍生品市场格局，深化衍生品市场与现货市场的紧密联系。

当前，国内开展期权交易也面临不少挑战，包括投资者不了解、不熟悉期权工具，投资机构和交易者对于期权理论、运行规律和实践操作等还缺乏深刻认知等。尤其是市面上出版的期权著作，大部分都是介绍以金融资产为标的物的期权，如股指期权、股票期权、外汇期权和利率期权等，专门论述商品期权的相关书籍不多。为此，遵循基础性、通俗性、实用性和规范性原则，本书从商品期权基础的定义出发，重点介绍了国内三家商品期货交易所拟首批推出的白糖期权、棉花期权、豆粕期权、黄金期权和金属铜期权在投机交易、套期保值、套利策略及波动率交易策略方面的实际应用。全书力图通过通俗易懂的语言与近80个案例，将看似庞杂的期权理论与策略生动、具体地加以说明，尽可能做到深入浅出，实用性非常强。考虑到商品期权几乎都是美式期权这一特点，本书对理论性较强的期权定价理论和定价模型均未过多涉及，一是想化繁为简，二是考虑大多数期权定价模型主要针对的是欧式的金融期权，对美式商品期权的适用性尚有待研究，为便于初学者快速掌握整个商品期权体系的框架，只能将理论定价部分的内容忍痛割爱，把论述的重点放在期权的实际交易和操作方面。

本书在编写过程中，除得到国内相关商品期货交易所专家的大力支持和华联期货有限公司同事的协助外，还参阅了大量近年来国内外报刊及网络上期权方面的文章，并引用了部分资料，在此特作说明并表示衷心的感谢！书中错误之处，敬请批评指正。

“不下水永远不知道河流的深浅，真正的技术需要在实践中掌握。”但愿本书能成为期权交易者随身携带的参考工具。

需要强调的是，期权交易有风险，入市需谨慎！投资者在参与期权交易之前，应当全面评估自身能力，审慎决定是否参与，并遵循“买卖自负”的原则，承担期权交易的履约责任。

作　者

2015 年 1 月 28 日初稿于东莞

2015 年 2 月 13 日第二稿于武汉